理解
中国
社会

张海东 / 主编

Understanding
Chinese
Society

社会科学文献出版社
SOCIAL SCIENCES ACADEMIC PRESS (CHINA)

序　言

　　改革开放 40 年来，中国社会的各个方面都发生了巨大的变化，既包括社会结构变迁等"有形"变化，也包括隐藏于人们内心中的"中国体验"（周晓虹等，2017）变迁。社会学、经济学以及政治学等学科都从社会转型的视角对这些变化进行了解读，并且达成了很多共识，但是其中也有一些我国特有的现象，很难根据已有的理论进行分析。"从现实情况来看，当前我国社会阶级阶层结构，既不同于马克思主义经典作家设想的社会主义社会，也在本质上不同于现代资本主义社会，与改革开放以前的情况也有了很大的差异"（李培林，2017）。实质上，这些独特的现象都是与改革开放以来我国逐渐形成的多维二元结构紧密联系在一起的。"所谓多维二元结构是指我国社会由一系列二元结构及其相互交织作用而呈现出来的一种结构性特征"（张海东，2018）。这种多维二元结构不仅使社会阶层结构日益多元化，催生了新社会阶层、农民工等很难根据现有社会分层理论进行解释的社会群体，而且导致区域以及城乡间的社会现代化程度存在明显的差距，这种差距不仅仅体现在经济发展水平上，更体现在人们的价值观念上。此外，多维二元结构也使原有的单位体制在社会治理中的作用逐渐式微，从而导致一些社会问题的出现。例如，不同部门和户籍群体所享有的公共服务水平有明显差异，一些新兴的社会群体由于没有被整合到已有的社会治理体系中而相对缺乏利益诉求的表达渠道，等等。

　　"由于社会学的想象力对不同类型个人的内在生命和外在的职业生涯都是有意义的，具有社会学的想象力的人能够看清更广阔的历史舞台，能看到在杂乱无章的日常经历中，个人常常是怎样错误地认识自己的社会地位的"（米尔斯，2005）。根据社会学的相关理论对社会问题和现象进行系统的解读，将有助于我们更好地认识所处的社会，理解个人的生活机遇和生命历程会受到哪些因素的影响。出于这种考虑，我们从2012年开始在上海大学开设面向全校本科生的通识选修课程——"理解中国社会"，旨在通过"授之以渔"的方式帮助在校大学生更好地掌握分析社会问题和社会现象的理论框架，认识中国社会的特征，了解个人的生命历程是如何与社会整体的变迁紧密联系在一起的。"理解中国社会"课程是由上海大学社会学院社会学、人口学等相关专业的专家学者共同讲授的，经过几年的不断探索和积累，课程的内容安排与设计已经大致成熟，在此基础上，我们组织相关专家学者共同编写了《理解中国社会》一书。为了系统地认识转型时期中国社会的突出特征和问题，在本书中，我们提出了一个由社会结构、社会问题和社会生活三个维度的内容构成的理解中国社会的分析框架，该框架是以多维二元结构为基础展开的，着重突出了多维二元结构给当前中国社会的方方面面带来的影响。根据这一分析框架，全书由三编八章的内容构成。

第一编"社会结构"主要分析多维二元结构给社会阶层分化带来的显著影响。从社会结构看，多维二元结构是导致改革开放以来社会阶层分化与社会不平等问题的重要原因。与此同时，多维二元结构还催生了新社会阶层、农民工等具有中国特色的一些社会群体。第二编"社会问题"由三章的内容构成，主要分析的是多元二维结构下社会治理领域所面临的一些挑战。改革开放以来经济的快速发展也得益于庞大的劳动力人口数量所释放出来的"人口红利"，但是，从人口的年龄结构来看，我国已经进入老龄社会，"人口红利"将不复存在，这既为"夕阳产业"的蓬勃发展提供了机遇，也对如何进一步创新养老服务模式提出了新的挑战。此外，基层社会治理也是当前中国社会结构转型过程中衍生出来的一个突出问题。社会结构与社会治理体制之间是相对应的，只有通过社会治理创新才能建立起与社会结构相适应的社会治理格局。第三编"社会生活"由两章内容构成，主要分析的是多维二元结构下家庭结构和社会信任发生的变迁。改革开放以来，受到计划生育政策等因素的影响，中国的家庭结构发生了明显变化，家庭类型日益变得多样化，核心家庭的数量快速增长是其中最为突出的特征。与家庭结构变化同样显著的是，家庭内部的代际关系逐步走向平等。在社会转型时期，人们的社会生活还受到科技进步的影响。随着互联网技术的不断普及，人们的生活变得越来越便利，但是不同人享受到的"数字红利"有着明显的差异。此外，社会的信任机制也在发生急剧变化。

中国传统的社会信任是"熟人信任",但是随着中国社会转型的深入,中国社会中也出现了吉登斯所说的"脱域"(吉登斯,2011)现象,传统社会的熟人信任机制受到了猛烈的冲击,但现代的社会信任机制却没有形成,因而"杀熟"等问题随之出现,这也要求从传统的特殊信任向现代的一般信任转变。

本书的分工如下:第一章,张海东、杨城晨;第二章,张海东、杜平;第三章,贾文娟;第四章,李贞;第五章,黄苏萍、苗瑞;第六章,汪丹;第七章,陈蒙;第八章,谢宝婷、袁浩、王菁玥。

参考文献

吉登斯,2011,《现代性的后果》,田禾译,译林出版社。

李培林,2017,《改革开放近 40 年来我国阶级阶层结构的变动、问题和对策》,《中共中央党校学报》第 6 期。

米尔斯,2005,《社会学的想象力》,陈强、张永强译,生活·读书·新知三联书店。

张海东,2018,《多维二元结构社会及其转型》,《江海学刊》第 4 期。

周晓虹等,2017,《中国体验:全球化、社会转型与中国人社会心态的嬗变》,社会科学文献出版社。

张海东

目 录

第一编

社会结构 ────

第一章　阶层分化与社会结构变迁

　　"龙生龙，凤生凤，老鼠的儿子会打洞"，这句谚语生动形象地反映了社会阶层的差别能够通过代际更迭而呈现一定的"遗传性"。近年来，伴随着网络文化的兴起以及网络传播的发展，"富二代"这一具有时代特征的词逐步进入人们的视野。它指的是我国改革开放以来最早一代民营企业家的子女，与同龄人相比，他们拥有优越的生活条件，在公众的眼中，他们是含着金汤匙出生的，成长在父母的光环下，往往开名车、戴名表、住豪宅，无须努力就可以过上普通人无法想象的优越生活。而从"富二代"引申出的诸如"贫二代"、"星二代"、"农二代"、"独二代"等称谓，近年来也开始被媒体和社会公众广泛关注，这种现象即"二代现象"。"X"二代也就成为描绘社会阶层位置"遗传性"的流行用语。本质上说，这种现象反映的是改革开放以来我国的社会阶层结构分化与流动问题。随着市场化改革的深入，我国的社会阶层结构迅速地分化与重组，计划经济体制下"两个阶级、一个阶层"的社会结构发生了明显的变化，社会结构变得日益复杂和多样，从而成为名副其实的复杂社会。本章主要从我国阶层分化与社会结构变迁的角度试图解析这一现象产生的原因、过程与结果。

第一节　社会阶层分化

一　社会阶层分化及其测量

（一）阶级与阶层

　　在现实生活中，存在着不同人群由于职业、收入、财产等各种资源占有的不同而产生的层级分化现象，社会学家将其称作社会分层（李强，

2013）。而社会分层的实质就是由于人们的社会地位不同而产生的阶层分化。谈到阶层分化，阶级与阶层就是我们无法回避的概念。卡尔·马克思、马克斯·韦伯以及之后的社会学家都对社会中的阶级与阶层进行过深入的研究。

1. 马克思阶级分析理论中的阶级

卡尔·马克思是社会学三大理论流派之一的奠基人，是经济理论与社会分层理论的大师，他所开创的阶层分析对后世的影响十分深远。在马克思的理论中，阶级（class）现象被认为是同社会生产发展的一定历史阶段相联系，阶级的产生源于社会分工与私有制的出现。虽然马克思没有对阶级这一概念做过明确的定义，但从他的相关著作以及后人的总结与发展中，我们可以看出，他所认为的阶级是指占有同样经济地位的群体，尤其是指一个集团与生产资料之间的关系。经济因素是马克思判定阶级形成与阶级划分的唯一标准。根据对生产资料的占有与否，马克思将资本主义国家的阶级划分为雇佣工人、资本家和土地所有者，这三者是建立在资本主义生产方式基础上的现代社会的三大阶级，其中最基本的两大对立者是雇佣工人和资本家（马克思、恩格斯，1972）。

马克思认为，由于对生产资料占有的不同，不同阶级之间的利益必然存在根本对立，这势必导致阶级之间的对抗和冲突，正是这种对抗和冲突推动了阶级社会向前发展，并最终导致社会由阶级社会进入无阶级社会，即共产主义社会，这就是马克思的阶级分析思想。而马克思的阶级分析方法指出，在阶级社会，由于各个阶级有着不同的利益和要求，会产生各种矛盾、冲突和斗争，形成错综复杂的社会现象，人们只有用阶级的观点观察、分析和研究阶级社会中的社会现象，才能透过纷繁复杂的社会现象认识社会的本质。

2. 韦伯多元分层体系中的阶层

作为社会学领域的巨擘，马克斯·韦伯的社会分层思想同样在学界产生了极为深远的影响。韦伯认为，社会分层的标准应当是多元的，在这些多元的标准中，财富、权力与声望占据了主导地位，是社会分层的三个基本维度（李强，2013：32～33）。财富标准，是指社会成员在市场中的机会，即个人能够占有商品或劳务的能力，也就是经济收入和财富的多少；权力标准，是指一个人或一群人对他人实施控制和施加影响的能力；声望标准指个人在他所处的社会环境中得到的声誉或尊敬，取决于个人的身份、受教育水平以及生活方式等，在多数情况下，声望来自较高的社会地位。在韦伯看来，财富、权力与声望这三者是互相独立的，但有时又是相互交织、相互重叠的，因此，他主张综合上述标准将社会中的不同群体划分成不同的阶层（classorstratum）。

虽然韦伯的多元阶层理论同样关注社会差别与社会不平等，但有别于马克思的生产资料决定论，韦伯的多元分层观点更强调文化与身份认同的因素；而其采用的财富、权力、声望等多元划分标准，更是确认了社会各个阶层、各个群体之间的界限是模糊的，它们的关系是错综复杂与互相交织的，因此在韦伯主义者看来，阶层在很大程度上只是学者用来进行研究的一种分类，在现实社会中不同阶层之间很难形成一种共同的集体意识，这与马克思主义者认为的阶级是现实社会中客观存在的社会事实、阶级之间有着明确的阶级意识和阶级利益迥然不同。

3. 阶级与阶层概念的辨析

在马克思与韦伯之后，迪尔凯姆（Durkheim）、达伦多夫（Dahrendorf）、吉登斯（Giddens）等社会学家均对阶级与阶层问题进行了研究，他们对于阶级或阶层的划分标准纷繁多样，但究其来源，均离不开马克思或韦伯的社会分层思想。在他们的有关论述中，"阶级"与"阶层"两个概念并不存在明显区别，大多数理论家采用同一个词"class"，它既可以被译成"阶级"，也可以被译成"阶层"。一般认为，英文中的"class"一词的含义较为广泛，包括中文中的"阶级"与"阶层"这两个词的含义。而"stratum"一词的意思则比较窄，一般指的是等级分化（stratification）造成的连续性的等级排列。在多数人看来，"阶级"这个词往往是指传统马克思主义意义上的阶级概念，即根据生产资料占有情况来进行划分的相互之间存在利益冲突、对立、斗争关系的群体，这个词让人联想到的是严重的社会冲突、动荡，有些学者和民众对这个词还带有反感情绪与否定倾向。而"阶层"常常被认为是不那么具有冲突性并带有等级特征的群体概念。两者真正的区别并不在于词的含义，而在于采用哪种思路来分析。因此，在本章中，我们不去特意区分"阶级"与"阶层"在具体含义上的区别，除有特殊说明的以外，两者可以通用。

（二）阶层分化与社会不平等

随着社会的发展，不同群体对各种资源的占有能力也随之发生改变。社会的变化最终体现为人的变化，体现为各种不同职业、身份的人的分化与重组，因此，社会阶层分化的结构性特征也随之发生变化。放眼世界与中国，社会阶层结构的变迁是社会变化与社会转型的重要标志之一，在西方社会，以往由资本家、农场主以及工人、农民构成的简单的阶层结构演化为当今包括企业主、管理人员、技术工人等在内的多样的社会阶层结构；而对中国而言，改革开放的进程使"平均主义"特征明显的社会结构让位于差异日益明显的阶层结构，原有的"两个阶级、一个阶层"的社会阶级阶层结构逐步分化，新的社会阶层和群体不断涌现，人们之间的社会差异也不断扩大。那么，体现这些差异的阶级阶层结构的特征是什么？阶层分化的结果究竟是一种怎样的分层体系？对于这些问题，吉登斯的阶层结构化理论能为我们提供有益的借鉴。

1. 市场能力与阶层结构化

在吉登斯的阶层结构化理论中，市场能力（market capacity）是一个至关重要的概念，是个人可以带到市场上提升其讨价还价地位的各种形式的相关属性。他认为有三种重要的市场能力，即对生产资料的财产占有、对教育或技术资格的占有和对体力劳动的占有。基于这三种不同的市场能力形成了发达资本主义社会的三个基本阶层——上层阶层、中产阶层和下层工人阶层（Giddens，1973）。而在市场能力与阶层形成之间，结构化（structuration）因素在其中发挥了作用，具体来看，相关的结构化主要包括劳动分工、权威关系以及消费能力等直接决定和构造阶层结构的"直接结构化"以及不同的社会流动机制导致阶层再生产的"间接结构化"。吉登斯认为，阶层是一种结构化的现象，它使得阶层内部成员中产生了一种相对类似的态度或信仰，塑造了内部相近且区别于其他阶层的阶层意识。这也就是阶层结构的"二重性"特征。

2. 我国社会阶层结构化的相关特征

现阶段中国社会结构变迁机制及对阶层结构变化的整体判断问题引起了各界学者的广泛关注，也成为当前社会阶层研究中争论的焦点问题之一。其中，陆学艺的"层化论"观点、李强针对中国社会的"碎片化"分析以及孙立平的"社会断裂"理论较有代表性。现代化的社会分层结构雏形在现阶段的中国社会已经形成，阶层要素的建构呈现一种稳定的趋向。社会不同群体之间经济地位的分化、社会地位的分化以及其他方面的分化趋于一致，而且这种身份地位趋于稳定化、持续化，我国社会在阶层分化领域呈现多层分化的结构化趋势（李春玲，2005），这种阶层分化影响着社会成员工作生活的方方面面。

（三）阶层分化的测量

面对日益分化的社会结构与阶层结构，如何对其进行科学准确的测量成为一个重要的议题。在现实中，学界一般使用数量化、指标化的方法，来描述和分析社会阶层的整体结构与社会分化状况。一般来说，当前测量社会阶层分化的主要方法有五等分法、恩格尔系数法以及基尼系数法等。

1. 五等分法

五等分法是按照人均收入的高低将人口分为五等份，然后测量每20%的人口的收入在总收入中所占的比例。也就是把人口分为五等，即五分之一最穷的，五分之一次穷的，五分之一中等的，五分之一次富的，五分之一最富的，从这五等人的收入占全国总收入的比例来看贫富差距以及社会分化的具体状况。

据《中国统计年鉴（2018）》数据，2017年我国城镇居民中最高20%的高收入家庭的人均可支配收入达到77097元，其后20%的中等偏上收入家庭的人均可支配收入为45163元，中间20%的中等收入家庭、次低20%的中等偏下家庭以及最低20%的低收入家庭的人均可支配收入分别为33781元、24550元和13723元。最高20%的高收入家庭的人均可支配收入是最低20%的低收入家庭的5.62倍。而在农村，最高20%的高收入农村家庭的人均可支配收入为31299元，是最低20%的低收入农村家庭的9.48倍（国家统计局，2018）。而在2013年，城镇与农村居民中最高20%高收入家庭与最低20%低收入家庭的收入差距分别为5.84倍和7.55倍（国家统计局，2018）。这些数据表明，当前中国家庭收入和贫富不均现象较为突出，少部分人拥有较高的收入，阶层之间的差异逐步增大。

2. 恩格尔系数法

恩格尔系数（Engel's coefficient）是食品支出总额占个人消费支出总额的比例。19世纪，德国统计学家恩格尔根据统计资料对消费结构变化的研究得出一个规律：一个家庭收入越少，家庭收入（或总支出）中用来购买食物的支出所占的比例就越大，随着家庭收入的增加，家庭收入（或总支出）中用来购买食物的支出所占的比例会下降。推而广之，一个国家越穷，每个国民的平均收入（或平均支出）中用于购买食物的支出所占的比例就越大，随着国家的富裕程度提高，这一比例呈下降趋势。

根据联合国粮农组织的界定标准，恩格尔系数在60%以上为贫困，在

50% ~59% 为温饱，在 40% ~49% 为小康，在 30% ~39% 为富裕，在 30%
以下为最富裕。有关统计资料显示，中国城镇居民家庭恩格尔系数在 1995
年末下降到 50% 以下，1999 年继续下降到 41.9%，2000 年下降到 40% 以
下，达到了富裕水平。2017 年城乡居民恩格尔系数为 29.3%。从这一数据
看，我国城乡居民的生活水平逐年提高。

3. 基尼系数法

基尼系数（Gini coefficient）是 1943 年美国经济学家阿尔伯特·赫希
曼根据洛伦兹曲线定义的判断收入分配公平程度的指标。基尼系数是比例
数值，在 0 ~1 之间，是国际上用来综合考察居民内部收入分配差异状况的
一个重要分析指标。0 表示居民之间的收入分配绝对平均，即人与人之间
收入完全平等，没有任何差异；1 表示居民之间的收入分配绝对不平均，
即 100% 的收入被一个单位的人全部占有。基尼系数越小，收入分配越平
均；基尼系数越大，收入分配越不平均。根据联合国的相关标准，这一系
数若低于 0.2 表示收入绝对平均；在 0.2 ~0.3 之间表示比较平均；在
0.3 ~0.4 之间表示相对合理；在 0.4 ~0.5 之间表示收入差距较大；在 0.6
以上表示收入差距悬殊。国际上通常把 0.4 作为贫富差距的警戒线，大于
这一数值则预示着社会动荡可能发生。

1978 年，我国的基尼系数仅为 0.18，属于绝对平均的水平，但到
2000 年已经达到 0.417。2012 年，国家统计局发布的基尼系数数据显示，
我国的基尼系数为 0.474，已经大幅超过国际警戒线水平，收入分配不平
等以及社会分化加剧现象在社会中日益凸显。值得注意的是，虽然基尼系
数可以体现收入分配情况，但无法有效描述不同收入阶层的流动性和开放
性。如果在一个机会相对公平和程序正义的社会，不同收入群体始终处于
动态，不同阶层之间的流动阻力小，低收入群体一般不会有仇富心理，且
大多会认为自己有机会和希望改善生存境遇，或把自身的低收入作为一种
激励；与之相反，在机会不公平、程序相对缺乏正义的社会，收入差距才
容易滋生不稳定因素。

二　对我国社会分化状况的总体判断

40 年的改革开放导致中国社会的方方面面都发生了巨大变化。从社会
阶层结构方面来看，我国的社会结构也发生了翻天覆地的改变，这一改变
不仅推动了社会的整体进步，也使社会发生了巨大的变化。回顾这 40 年的

发展历程，我们可以发现，改革开放前那种依靠政府权威、行政命令管理社会，社会成员之间差异不大的"总体性社会"逐渐式微，市场经济体制的确立与完善使社会转型不断加速，我国社会已经形成一种分化程度较高的"异质性"社会。在这种异质性社会中，社会分工极大地提高了生产效率，人们的社会角色多元化和职业等级差异对阶层多元化、社会流动和教育普及起到了促进作用。但是，这种社会分化也引发了诸如贫富差距扩大、弱势群体增加等诸多社会问题。因此，我们需要对当前中国社会分化的基本状况做出总体判断。笔者认为，当前我国社会分化存在以下三个明显特征。

（一）贫富差距不断扩大

贫富差距是指因社会财富分配不均造成的人与人之间的财富差距。若贫富差距控制在一定范围内，还是有利于营造良性的竞争氛围，对社会进步也是有益的；若失控超过警戒线，造成贫富悬殊的两极分化并长时间得不到改善，就会对社会稳定带来消极影响。然而，正如前文提到的那样，从测量收入分配差距状况的基尼系数来看，我国的贫富差距是不断扩大的，改革开放之初的基尼系数为 0.18，可以看作"绝对平均社会"，而国家统计局公布的 2016 年基尼系数为 0.465，收入差距较大。

笔者认为，当前贫富差距扩大的表现是多方面的，背后隐含着多元、深层的机制性原因。市场经济改革打破了计划经济体制下的平均分配与"大锅饭"，提高了劳动生产率，但并没有打破城乡二元结构的束缚，城乡之间存在的制度性壁垒阻碍了资金、技术、劳动力等生产要素在城乡之间的流动，也造成了农村发展的滞后，使得城乡收入差距进一步扩大；而在职业与行业领域，由于垄断行业缺乏竞争机制，使得行业平均利润大大高于社会平均利润，拉大了职业之间、行业之间的收入差距；在地区方面，由于东部地区在地理位置上具有优势，在改革开放初期国家在资源配置与政策支持方面的倾斜使得东部地区的社会经济发展水平迅速提高，远远超过了中西部地区，造成了贫富的地域差异。

在贫富差距问题上，我们需要警惕"马太效应"的形成。在社会中，由于富裕阶层自身占据较高的社会经济地位，他们的受教育程度、职业收入以及生活技能普遍较高，而贫困者往往由于自身在收入、教育、职业技能等方面处于劣势，可能导致"富者愈富，穷者愈穷"的问题，给社会和谐稳定造成巨大的隐患。

（二）一些社会群体弱势化

市场化改革前的中国，由于长期实行高度集中的计划经济体制，整个社会只存在"两个阶级、一个阶层"，即工人阶级、农民阶级和知识分子阶层，工人与农民是最为主要的社会阶层与社会群体。改革开放进程的加快使得原有的社会结构发生了变化，私营企业主、个体工商户、经理人员、专业技术人员、高级管理人员等众多新的社会群体开始出现，而这些群体或有着丰厚的财富积累，或拥有较高的受教育水平或专业技术能力，因此在计划经济体制向市场经济体制转型的过程中有较强的市场竞争能力，获得了较为丰厚的经济回报。由于城市国企改制等，一些工人失去了原先体制内的工作，成为下岗失业人员。而在原先计划经济体制城乡分割分治的二元体制下本就身处劣势的农民群体的利益在市场化进程中也没有得到合理保障，农民依靠微薄的农业收入无法维持其家庭基本生活，同时城市化进程中的征地政策使得诸多农民失去了赖以生存的生产资料，进城务工成为他们唯一的选择。

而从当前来看，弱势群体并非一个单一的社会阶层，而是一个结构复杂、分布广泛的群体，大致涵盖了下岗失业人员、农民工、城乡低收入人员等。这些群体由于处于弱势且能力弱，普遍处于困难之中，突出表现为就业难、生活难、住房难、医疗难、子女教育难以及法律救助难"六难"现象（崔凤、张海东，2003），这不仅给这些社会群体的生存与发展权益造成了损害，而且损害了社会的公平正义，不利于社会的和谐与稳定。

（三）富人群体的兴起以及中产阶层①的规模化

市场化改革打破了计划经济体制下的平均主义分配制度，一部分高收入群体应运而生。近年来，由于社会分化的加剧使得国内出现了拥有巨额财富的富人群体。可以说，中国的富人群体已经开始兴起并粗具规模。从职业上看，以企业主、大型企业集团以及跨国公司的高层人士为代表的"金领"是中国富人群体的主要职业，他们通过公司股份、高额年薪、分红等来保证稳定的高收入。

从富人群体的生成机制看，流通领域的市场化以及生产资料领域的市场化使得一些个体户迅速成长为企业主，造就了早期的富人群体。而随着

---

① 中产阶层、中间阶层、中等收入群体指的是同一人群，在本书中，作者会视上下文情况交替使用这三个词。

市场化进程的推进，金融领域的市场化使得有价证券、房产等资产成为能够自由流动的资源，部分富裕阶层通过买卖股票、证券以及房产，获取了巨额利润，金融化成为财富积累与阶层再生产的重要机制。此外，富人群体的兴起在城市中造就了另一种生活方式："昂贵的劳斯莱斯座驾，精美的手工定制服装，坐落在高档社区内的豪宅——这些不过是生活标配。结束工作后，男士们喜欢在夜店内啜饮巴黎之花香槟，女士们则可能为了一瓶新款的美白乳液一掷千金。"① 这些奢侈的生活方式造成了人们财富与心理上的双重区隔，也给转型时期中国社会成员的社会心态带来了一些消极的影响。

与富人群体的兴起同时出现的，是中产阶层的规模在中国逐渐扩大。市场化造就了一批以从事脑力劳动为主，拥有一份较高的收入、较好的工作环境以及相应的家庭消费能力，有一定的闲暇时间并享受较高的生活质量，对其工作对象拥有一定的支配权，具有公民公德意识及相应修养的社会地位分层群体（陆学艺，2002；2010）。以专业技术人员、管理人员等"白领"为主体的中产阶层日趋庞大。改革开放以来，随着经济的高速增长、工业化与城市化的快速推进以及市场经济体制的确立和人们物质文化水平的提高，中产阶层这一社会群体的确呈现不断扩大的趋势。研究者们普遍认为，中产阶层具有正向的、稳定的价值观，对社会主流价值具有认同感与归属感，对社会的有序进步与发展可以起到稳定和推动的作用（李强，2001；李春玲，2003；周晓虹，2005）。

三 社会分化的影响

综观"大转型"时期的中国社会，基于职业分化、财富分化和阶层分化形成的社会分化现象日趋明显，而社会成员在利益格局、社会分工、价值观念和生活方式等多方面、多层次的深刻变动，又进一步加剧了我国社会分化的进程。从社会分化的趋势看，社会分化产生了职业层面的水平分化以及社会成员在经济、政治、社会地位方面具有等级意义上的分化。因此，社会不平等是社会分化的必然后果。从当前看，我国的社会分化一定程度上促进了社会经济的发展，但同时也隐含着一些问题与风险。

---

① 《上海 80 后富豪一掷千金的奢靡豪宅生活》，http://home.163.com/15/0123/06/AGKFS-LQU00104J5U.html。

（一）适度的社会分化有助于保持社会的竞争与活力

传统的功能主义理论认为，社会分化源自社会需要，而不是个人愿望。社会的分化与分层在社会中往往会起到一种正向作用。美国功能主义分层理论的学者戴维斯（Davis）和莫尔（Moore）就指出，任何社会都需要建立某种机制，来保证处在不同社会位置上的成员能够有效地发挥作用、保障社会的有效运转，而这个机制就是社会分层。分层使社会发生了分化，将不同的报酬和不同的待遇给予处在不同社会位置上的成员，这种不均等的资源配置可以使社会运行更有效率。在这个意义上，戴维斯和莫尔认为，显赫的声望、丰厚的报酬、充足的闲暇时间是对高级人才的奖励，也是吸引稀缺人才的重要机制（Davis & Moore，1945）。

从现实生活来看，戴维斯－莫尔的分层理论具有一定的合理性。在计划经济时期，城市国有与集体企业奉行平均主义的原则，长期实行基本工资制度，农村实行工分制度，这严重打击了劳动者的劳动积极性，窒息了社会的生机和活力，阻碍了社会经济的发展。改革开放以来，我国在确立市场经济发展目标的同时引入了竞争机制，大锅饭的分配方式逐渐被打破，社会成员之间的收入、社会地位差距开始拉开，这在一定程度上促进了竞争，推动了社会的进步与发展。

（二）过度的社会分化给社会运行造成了一些消极影响

中国有句古语叫"过犹不及"，说的是任何事物超过了一定限度均会朝着相反的方向发展，社会分化也是如此。当前，中国的社会分化程度逐渐提高，在某些地区或某些领域甚至出现了过度分化的现象。这种过度的社会分化不但制造了贫富人群之间的差别与对立，而且使社会阶层流动的渠道不畅。

1. 导致贫富差距扩大

正如前文所述，改革开放40年来，贫富差距现象日益严重。少数富人群体占有社会的大量财富，而众多低收入者的生存权与发展权却难以得到保障。富人群体利用职业、财产、权力等方面的优势，对住房、证券等金融资产进行投资，从而获得了高额利润，与这种财富和利润相比，劳动者劳动收入显得微不足道。贫富差距就在这种机制下不断被拉大，贫富差别也由此形成。贫富差距的扩大并不是最可怕的，比这种财富上的差距更可怕的是基于贫富差距而形成的不同社会阶层之间情绪、心态的对立和敌视

（李培林，2001）。中国历史上长期存在的"不患寡而患不均"的历史传统与社会心态，社会中财富分配失衡的现状以及部分富人在财富积累上存在的"失范行为"和生活中的炫耀性消费，导致部分社会成员产生了"仇富"心理。这种心理的产生增加了社会的非理性因素，加深了贫富群体之间的隔阂与矛盾，在一定程度上导致社会价值观扭曲与变形。

2. 社会阶层流动面临一些障碍

一些弱势群体，由于经济实力不足，面对就业难、高物价、高房价等日益突出的社会问题，难以在贫富分化悬殊的社会中获得竞争优势。城市社会中出现的农民工群体、下岗失业工人以及"蚁族"、"草根"等低收入群体的生活较为艰难，没有均衡地享受到社会发展的成果。另外，社会阶层的流动会受到身份背景、家庭等因素的影响，使社会底层成员的向上流动变得更加困难。例如，在教育这个现代社会使不同阶层实现向上流动的渠道上，由于教育资源配置的不均衡，富裕阶层可以通过购买价格高昂的"学区房"让子女接受更好的义务教育，他们也有能力让子女上各种收费高昂的课外辅导班，接受特长与才艺培训；而贫困阶层以及农村地区居民的子女所接受的教育，往往是"弱势的累积"。

第二节　我国社会结构的变迁

一　"两个阶级、一个阶层"格局的形成

1949 年中华人民共和国成立，宣告了帝国主义、封建主义与官僚资本主义在中国统治的结束，人民第一次实现了当家作主，成为国家的主人。与此同时，新中国在各个方面发生了翻天覆地的变化，阶层结构与社会构成发生了史无前例的巨变。有的阶级从此在历史上消亡，有的阶级开始壮大。学界一般认为，在改革开放之前，我国社会的阶层结构比较简单，主要是两大阶级和一大阶层，即工人阶级、农民阶级和知识分子阶层。那么，"两个阶级、一个阶层"这一格局是如何形成的？这一社会结构格局对计划经济时期的中国社会产生了什么影响？在本部分，笔者试图从这一格局的形成过程入手来回答上述问题。

（一）新中国成立以来原有阶层结构的巨变

自步入封建社会以来，我国一直是一个由皇权和封建官僚集团控制的

农业社会，地主和农民是我国封建社会阶层结构的两大主体，手工业者和商人规模很小，且在"士农工商"的等级序列下备受压迫和歧视。随着中国步入近代社会，西方资本主义的传入以及近现代工商业在我国生根发芽，我国近代社会出现了工商业资产阶级和工人阶级，开始走上了由农业社会向工业社会转变的道路（陆学艺，2010）。但是，由于帝国主义、封建主义和官僚资本主义长期的压迫，地主阶级与买办阶级的人数虽少，却占据了较高的社会阶层位置，垄断了各种社会经济资源，而弱小的民族资产阶级和众多小资产阶级、农民阶级、无产阶级一样，过着夹缝中求生存、斗争中求发展的生活。

1949 年中国革命胜利打破了原先的阶级体系（李强，2013）。首先进行的土地改革将土地分给广大缺乏生产资料的贫农、雇农，实现了"耕者有其田"的社会理想。在这一阶段，地主作为社会的一个阶级基本被消灭，富农阶层也受到了限制，农民阶级的社会地位得到了空前的提高。在对农业、手工业和资本主义工商业进行社会主义改造的第二阶段，广大手工业者通过加入各级合作社的方式成为工人阶级的一员，而国家通过"赎买"和"公私合营"的方式，将民族资产家的工厂、企业收归国家和集体所有，民族资产家也被改造成自食其力的劳动者。相应地，工人阶级和农民阶级成为我国城市与农村社会中最主要的阶级。在消灭了敌对阶级以后，从原先社会各个阶级出身、从事脑力劳动的知识分子，由于摆脱了阶级压迫，从而能与工人和农民一样，占有生产资料并从事劳动，因此被看作利益与共、目标一致的共同体，"两个阶级、一个阶层"的格局就此形成。

（二）户籍制度的确立强化了这一阶层结构

户籍制度是学界以及社会其他各界老生常谈的话题，因为户籍制度深刻影响着社会生活的方方面面。它规定了"城镇人口"与"农业人口"在身份上的差别，造成了不同省份、地区之间的差异，也成为社会分层的一个重要机制。户籍制度的确立强化了计划经济体制时期"两个阶级、一个阶层"的社会阶层结构。

新中国成立初期，政府对城乡之间人口流动的控制尚不严格。但是，随着 20 世纪 50 年代中期工业化的发展，农民开始大量流入城市，由此引发了粮食供应、住房保障、城市交通以及社会治安等诸多问题，因而政府采取了严格措施限制农民流入城市。1958 年 1 月，以《中华人民共和国户口登记条例》为标志，我国正式从法律上确立了户籍制度，第一次明确将城乡居民区分为"农业户口"和"非农业户口"。伴随着户籍制度的确立，我国城市与农村相互分割的社会结构开始逐步形成。城市中的工人、知识分子与干部群体不但在收入、消费、社会福利、就业保障等方面拥有较为优越的条件，而且他们的子女往往通过"顶岗招工"等方式继承父辈体制内的职业。反观农村地区，国家开始对粮食和农副产品实行"统购统销"政策，利用工农业产品价格"剪刀差"为城市化与工业化建设积累了大量资金，但广大农民却被牢牢地束缚在土地上，除了有限的升学和招工的途径外，他们及其后代几乎失去了流动的自由，农民这一身份被一直传递和延续下去。户籍制度制造了城市与农村两个不同的世界，形成了两种迥然不同的生活方式，人为地制造了城市中的工人、知识分子与农村中的农民之间不可逾越的鸿沟。"两个阶级、一个阶层"社会格局从此固定下来，直到改革开放之后才发生了改变。

（三）由财富分层向职业和身份分层转变

1949 年革命的胜利以及社会主义制度的全面建立，打破了原先我国社会中以地主、资本家为代表的财富分层秩序，社会中的每个成员都不拥有巨额财富，也不占有生产资料，基于财产所有权形成的差异消失殆尽。"两个阶级、一个阶层"社会结构的确立，表明在计划经济时期，社会分层由财富分层转向了职业和身份分层。在城乡分立的户籍制度的约束下，"两个阶级、一个阶层"社会格局中农民阶级的内部分化较少，生活水平普遍较低。而在城市社会中，工人阶级与知识分子阶层内部存在着一些明显的差异。其中，干部与普通工人的差异、干部与干部之间的差异以及不同单位工人之间的差异最为明显。第一，在计划经济体制下，干部群体不但拥有独立的身份特征，而且在收入、福利待遇、社会声望等方面处于社会的上层。他们与工人阶级之间的流动也不是很畅通的，因此被列入"干部编制"是很多人一生追求的目标。第二，干部与干部之间存在着级别、身份与待遇之间的巨大差别，这套干部分层体系完全符合韦伯所描述的"科层制"的制度设计，给之后的干部人事制度设计带来了深远影响。第三，计划经济时期单位制的确立使得工作单位成为一个"小社会"，单位与人们的生活息息相关。而不同单位在大小、等级、隶属关系上的差别，也影响了单位中干部和工人的身份。以上事实表明，"两个阶级、一个阶层"这一社会结构，是社会分层机制转变的结果，将计划经济时期的财富分层转向了新时期的身份分层。

二 改革开放后的社会分层与社会流动

改革开放以来，我国的所有制形式、社会治理方式、社会分工以及产业结构等都发生了深刻的变化。经济社会领域所发生的这些新变化对我国的社会结构产生了重要的影响，使得计划经济体制下"两个阶级、一个阶层"的社会结构迅速分化重组，从而导致社会阶层结构的构成变得更加复杂和多样。而伴随着社会阶层结构的巨大变迁，这一时期社会流动也呈现多样的特点。总的来说，笔者认为，市场化改革以来，我国社会呈现社会分层多元化、社会流动复杂化以及社会差异扩大化三个主要特征。

（一）社会分层多元化

伴随着工业化与现代化的深入，在市场化浪潮的冲击下，计划经济体制下的"两个阶级、一个阶层"社会结构中的农民阶级首先发生了分化。具体来看，"分田到户"家庭联产承包责任制的实行极大地激发了农民的生产积极性，凭借辛勤的劳动，部分农民的收入和生活水平有了很大的提高。随着乡镇企业的发展，部分农民进入乡镇企业务工，成为"离土不离乡"的工人，甚至还有部分经济条件较好的农民直接创办或者承包企业，成为第一代个体工商户和私营企业主。与农村相比，城市社会中的阶层分化更为明显。在部分国有和集体企业改制的过程中出现了众多的下岗工人，在社会主义改造之后消失的私营经济得以恢复并飞速发展，一大批私营企业在市场化浪潮中孕育而生，而这些非公有制经济组织又吸收了大量的就业人口，雇用了诸多劳动力，从而改变了我国工人阶级的构成。最后，随着市场化程度的进一步提高，各种新经济组织、社会组织呈现快速发展的态势，社会阶层结构中又出现了一批民营企业和外商投资企业管理技术人员、中介组织和社会组织从业人员、自由职业人员、新媒体从业人员。这些人员被统称为新的社会阶层人士（张海东，2017）。

在纷繁复杂且日益变化的社会中，如何认识改革开放以来我国的阶层构成状况成为摆在社会学家面前的一大课题。我国著名社会学家陆学艺认为，新时期中国社会的阶层分化主要受到劳动分工、权威等级、生产资料占有以及制度分割四种主要机制的影响。他根据不同阶层占有不同的组织资源、经济资源和文化（技术）资源，划分出当时中国社会的十大阶层，即国家与社会管理者阶层、经理人员阶层、私营企业主阶层、专业技术人员阶层、办事人员阶层、个体工商户阶层、商业服务业员工阶层、产业工人阶层、农业劳动者阶层以及城乡无业、失业、半失业阶层（陆学艺，2002）。刘欣（2001；2002）根据再分配权力、寻租能力和市场能力的差异，认为我国社会存在着有技术的权力精英、无技术的权力精英、国有企业经理和管理人员、私营企业主和经理、高级专业技术人员、低级专业技术人员、职员办事人员、自雇者、技术工人以及非技术工人的等级序列。当然，还有很多社会学家提出了自己对改革开放以来中国社会分层的观点与判断。通过梳理这些文献，笔者认为，其共同点为：中国社会已经从"两个阶级、一个阶层"的简单社会走向了多元阶层结构的复杂社会，也形成了阶层多元化带来的各种权利与利益诉求以及如何让各阶层的成员共享改革开放的成果等问题。

（二）社会流动复杂化

社会流动（social mobility）研究起源于美国社会学家索罗金（Sorokin）。在他的相关著作中，社会流动被定义为个人或社会对象或价值——被人类活动创造的或修改的任何变化——从一个位置到另一个位置的任何转变，如职业、收入、贫困、福利、教育等（Sorokin，1927）。任何社会中都存在社会流动的现象，社会流动是社会的固有属性之一。改革开放的进程在很大程度上打破了原先计划经济时期限制自由流动的种种不合理的制度与机制，社会成员在不同职业、不同阶层、不同地域之间频繁流动，呈现复杂化的特征。

例如，在地域流动方面，社会流动的研究中最有影响力的理论和分析范式是"推拉"理论。其中，"推"的力量是指原居住地不好的条件，包括人口过多、恶劣的气候条件、居住条件不好、缺乏机会等；"拉"的力量是指吸引移民迁居别地的因素，包括丰富的就业机会、适宜的气候、吸引人的生活方式、廉价的土地等。人口迁移和移民行为在流出地的推力以及流入地的拉力的共同作用下得以发生。市场化改革以来，流动人口的规模迅速扩大。初期的人口流动多是源于突破计划经济体制各方面束缚的制度因素，但随着市场经济导向的经济改革的深入，经济因素特别是产业结构因素成为更加重要的影响人口流动的因素。具体来看，改变职业类型、追求更高的收入成为人口迁移的主要动力。"农民工"群体的出现就是典型的地域流动的结果：相对较低的农业收入迫使他们离开土地，进城寻找一份工资较高的工作。在职业流动上，改革开放带来的市场化使得社会成员可以凭借自身的一技之长进入新的职业，教育成为个人获得较高地位初职的一个重要因素。但是包括"父亲职业地位"在内的先赋性因素仍然在职业流动中发挥着重要的作用。在阶层流动方面，市场化进程使得阶层流动的机会大大增加，社会变得越来越开放，打破了传统计划经济塑造的那种社会阶层结构，在体制外初步开辟了新的流动渠道，使中国社会的开放程度有所提高。计划经济时期那种家庭出身对阶层的影响逐步消失，不少社会成员凭借自身的学识和能力实现了向上流动，阶层流动率明显增加。另外，市场化改革打破了公有制经济在大部分行业的垄断地位，导致职业流动中出现了"跨体制流动"的现象，尤其是从公有制部门流向收入、待遇较高的市场部门的流动率明显增加。上述几种形式的流动成为改革开放后社会流动的主要表现，四种类型的流动相互影响，使社会流动呈现复杂化的特征。

（三）社会差异扩大化

多元化的阶层体系以及复杂的社会流动使得当前我国各个阶层之间的社会差异呈现扩大化的趋势。这种差异不仅表现为职业的分化和收入上的差距，还体现在人们衣、食、住、行等日常生活的方方面面。在这个意义上，改革开放以来社会分层与社会流动的进程，就是一个社会成员之间差异逐步扩大的过程。

首先，市场化改革的深入逐步消除了计划经济时代"两个阶级、一个阶层"的"身份"对人的巨大影响，严格的户籍制度、档案制度以及工人与干部区分的制度日渐式微，相关政策对人们职业获得的限制也不再像先前那样严格，人们可以在很大程度上自由地选择职业。而经济的飞速发展又促使社会分工领域进一步分化，社会中出现了诸如个体户、职业经理人、经纪人以及新媒体等新兴的职业与行业，人们之间的职业差异凸显。另外，市场化改革使人们的收入也变得多元化和差异化，除了工资收入以外，部分社会成员还拥有股份收入、证券收入、房地产收入等多样化的经营性收入和财产性收入。职业和收入的差异化是改革后社会分层与流动的必然结果，同时这种差异化又导致社会阶层进一步分化。

其次，社会成员日常生活领域的差异也十分明显。例如，在住房领域，住房市场化改革使福利分房的时代一去不复返，住房被作为一种商品纳入消费流通领域，这意味着住房已然成为一个人必须有一定的消费能力才能拥有的东西。这就造成了不同社会成员之间在住房产权、面积大小、质量评价等多方面的差异，城市中出现了一大批"房爷"、"房叔"以及"房奴"和无房者。而原先单位制下单位管理、提供衣食住行的格局被打破，人们的社会生活从单位内的家属大院转移到了单位外的社区。住房小区成为人们彰显阶层地位、生活品质的重要载体。在城市社会，一些迎合中产阶层和上层品位的别墅区、高级商品房小区在住房市场化改革后应运而生。部分城市居民不仅仅满足于"我要买房子"、"我住多大的房子"，更开始关注"我要买什么样的房子"、"我要住哪个小区的房子"，住房成为象征身份的"地位商品"和个体财富的指示器。住房不仅是社会财富的象征，而且是城市居民表达"我是谁"、体现其阶层身份的一种函数（张海东、杨城晨，2017）。这种住房的差异反映了社会各阶层之间的差异，同时在一定程度上又建构了各阶层之间的差异。而奢侈品消费、境内外旅游、参加高雅的运动或音乐会等，也成为众多社会上层和中产阶层日常生活的"格调"。

最后，多样的阶层结构和复杂的社会流动使人们在教育、医疗、社会保障等多方面形成了明显的差异，中国社会在市场化的改革进程中发生了巨变，这些变化使得改革开放以来的社会成为一个名副其实的复杂社会。

三　从"金字塔型"社会向"橄榄型"社会转型

国内外社会学界在分析社会结构的时候，通常使用画结构图的方法。比如，按照人们的收入或者阶层分布，将高收入者或者上层群体放在上面，低收入者放在下层，这样就可以直观地表现社会阶层结构的构成状况。其中，"金字塔型"与"橄榄型"是社会结构的两种典型特征。在"金字塔型"社会中，贫富分化现象较为严重，阶层之间的矛盾和冲突较为激烈，容易诱发大规模的群体性冲突，带来的最大危险就是社会不稳定。而"橄榄型"社会的形状是中间大、两头小，在社会阶层结构中中产阶层占比很大，约为70%~80%，极富和极贫的阶层占比较小。"橄榄型"社会中庞大的中产阶层，使得原本对立的贫富两极之间有了过渡"踏板"，让更多的社会成员能够看到拾阶而上的希望，是沟通精英和底层的桥梁和纽带，有助于缓解贫富差距引发的对立情绪，减少各种社会问题。社会结构由"金字塔型"向"橄榄型"转变，既是社会发展进步的重要表现，也是传统社会结构变革的必然结果。

（一）我国的社会阶层结构正在向"橄榄型"结构转型

从世界发达国家和地区的社会发展历程来看，社会结构的变化、社会阶层的分化是与现代化过程同步的一个漫长的历史过程。工业化进程的深入促使农业人口大规模减少，导致有产者和工人阶级的形成与壮大。城市化的推进进一步使农业人口向工业领域转移，与此相伴生的是，服务业等第三产业从业人口大量增加，使城乡差距和阶层差距得以缩小；而现代科学技术的发展和经济结构的优化必然导致劳动力由劳动密集型的第二产业向资本密集型和技术密集型的第三产业转移，产业工人数量减少，专业技术人员、管理人员和"白领"的比重扩大，逐渐成为社会阶层结构中的重要群体。有关资料显示，在美国，诸如专业技术人员、管理人员、办事员及销售人员等中间阶层的职业群体，其比例已在 50% 以上（张蕴岭，2001），成为一个以白领阶层为主的"中产社会"（米尔斯，2006）。日本在经历了"二战"后的短暂复苏以后，从 20 世纪 50 年代起开始了经济腾飞，随着产业革命的深入，服务业在产业结构中的比重大幅提高，大量白领涌现出来。知识精英和一般职员、政府行政人员、学校教师、医生、律师等掌握各种专业技能的群体快速成长，从而在 20 世纪 80 年代形成了一个"一亿总中流"的"橄榄型"社会（三浦展，2007）。

从中国的情况来看，改革开放以来户籍制度的松动以及城市化与工业化的加速推进使一部分农民尤其是青壮年农民脱离了农业劳动，转向第二产业，收入水平得以提高。国家鼓励和支持非公有制经济发展的政策造就了一批个体户、私营企业主以及在企业中从事技术研发、经营管理、财务核算等的专业技术人员和管理人员。在社会领域，城乡分立的二元社会结构以及单位制的日渐式微为中产阶层的壮大创造了良好的政策环境。虽然我国的社会结构转型体现了发达国家和地区走向"橄榄型"社会的一般规律，但是，综观全国的情况，我们必须承认的是，当前中国社会中收入偏低的农民和工人仍占大多数，社会阶层结构的底部基数仍然较大，我国的社会阶层结构正处于从"金字塔型"向"橄榄型"过渡的过程中，还没有完全形成"橄榄型"社会。而一些针对我国大城市的研究表明，北上广等特大城市市场化程度较高，教育水平和市场能力也较高，因而其阶层流动渠道和中产阶层生成渠道较为畅通（仇立平，2014），这些特大城市"橄榄型"结构可能已经初具雏形。一项针对上海的研究表明，30 多年来上海市中等收入群体的比重从 28.5% 增至 79.8%。机关企事业单位负责人、各类专业技术人员、办事人员和有关人员及商业服务业人员均有不同程度的增长，尤其是办事人员和有关人员增长了 23.9%；而以产业工人为主的生产运输设备操作人员下降了 29.5%，以农民为主的农林牧副渔业生产人员下降了 21.8%；从 1982 年到 2015 年，上海的社会阶层结构已经由底层十分庞大的"土字型"结构过渡到标准的"金字塔型"结构，再到接近标准的"橄榄型"结构（姚烨琳、张海东，2017）。

（二）扩大中等收入群体比重是形成"橄榄型"社会结构的重要途径

扩大中等收入群体比重，是缩小收入分配差距、形成"橄榄型"社会结构一个极为重要的途径。回顾世界发达国家和地区的经济发展进程可以发现，一个国家或地区发展到中等收入阶段（人均国内生产总值 3000 美元左右）后，可能出现两种结果：一是经济持续发展，逐渐成为发达国家或地区；二是出现贫富悬殊、环境恶化甚至社会动荡等问题，导致经济发展徘徊不前，后者被称作"中等收入陷阱"（李培林，2015）。中等收入群体由于拥有一定的经济实力，消费潜力巨大，可以拉动内需，促进社会经济持续发展，从而避免"中等收入陷阱"出现。巴西、墨西哥、阿根廷等拉美国家在 20 世纪 80~90 年代经济快速发展，进入了中等收入阶段，但这些国家由于没有处理好社会财富分配、职业流动等相关问题，导致贫富两极分化，中等收入者比重持续降低，社会发展的平衡被打破，社会发展停滞不前。

同时，中等收入群体的成长与发展可以优化社会结构，减少上层和底层的社会冲突，大大缓和社会矛盾，让资源财富能在更大的范围内为社会成员共享，从而有利于缓解社会贫富分化、社会排斥、阶层对立和冲突等问题，进而有利于维护社会稳定。中等收入群体还是现代价值观的创建者和引导者，他们通过自己的努力改变生活状况，通过向上的阶层流动过上体面的生活，在社会上树立了勤劳致富的良好形象，给底层群体的努力向上流动带来了希望、做出了示范；中等收入群体还是社会的"安全阀"和稳定器，他们是随着改革开放发展起来的，是改革的受益者，希望社会政治经济的发展能够保持稳定，以维护其利益不受损害。因此，扩大中等收入群体比重对形成"橄榄型"社会结构具有重要意义。为此，政府和社会应当从理顺收入分配关系、提高收入水平、加强职业教育与专业技术教育、完善政策、畅通社会流动渠道等多方面出台有效政策和措施，切实扩大全社会中等收入群体的规模和比重。

第三节　社会结构转型中的社会问题

一　社会阶层流动问题

社会阶层流动是社会分层与流动的重要内容，具体来看，笔者认为教育不平等、住房阶层化是当前社会阶层流动问题的主要表现。

（一）教育不平等

教育是提高人们社会地位的重要途径。西方社会流动研究的经典理论中，无论是布劳－邓肯的地位获得模型，还是体现现代化国家和地区一般流动机制的 FJH 假设，都强调自身受到的良好教育是实现阶层向上流动的重要途径。因此，教育公平是带有基础意义的社会公平。但我国的教育资源分布较为不合理，农村与城市、市区与郊区、大城市与中小城市、东部地区与西部地区之间的差异较大。这些明显的差异直接影响了不同阶层居民在义务教育阶段和高等教育阶段享受公平教育的权利，教育不平等成为社会阶层再生产的一个重要影响因素。

在义务教育阶段，政府一般采用"划片入学"的方式，即根据户籍或居住所在地指定一所中小学，该片区居民的子女均在这所学校上学。这一制度的初衷是保障教育公平，同时最大限度地减少学生上下学的时间，维护他们的合法权益。但是，由于我国社会中长期存在的"重点学校"与"非重点学校"之分，学校与学校之间在师资力量、经费投入、教学环境等方面存在明显差别，重点学校的教学质量和水平要明显高于普通学校。在这种情况下，"择校费"和"学区房"在就近入学政策下红火起来，家庭经济实力较强的居民可以通过缴纳数额不菲的"择校费"让自己的子女进入理想的学校，或者通过购买重点学校片区内的"学区房"获得进入这所学校的资格，而这些学区房的价格一般要远远高于市场平均价，这在北上广等特大城市表现得尤为明显。在这里，财富成为获得优质教育资源的基础，而收入水平较低的群体的子女只能进入指定的学校就读，失去了选择的机会。

在非义务教育阶段的高级中学和高等院校，选拔性的升学考试成为学生能否接受更高层次的教育以及进入何种层次的学校的主要手段。然而，义务教育阶段学校的教学质量不同，导致在重点高中、重点高等院校中农村生源和城市底层居民子女的比例逐步走低，城市中产阶层子女的比例持续上升，义务教育阶段"累积的教育质量不平等"影响了农村和城市底层子女接受高质量教育的机会（李春玲，2014；田北海、王珂，2017）。我国重点高等院校对各省份名额分配的不平等以及高等教育资源配置的不均也严重影响了中西部农村地区学生公平接受教育的权利，而高等院校以各种素质才艺和自然科学竞赛成绩作为自主招生的考察依据，更是增加了城市中产阶层子女进入重点院校的可能性，家庭阶层地位与财富转换成了他们"累积的教育优势"。

"出身越底层，上的学校越差，找的工作越差"的"下沉螺旋"一旦成为常态，就有可能扩大不同社会阶层之间的鸿沟。近年来，为了有效缓解这一现象，政府出台了一系列政策和措施，例如在义务教育阶段推行教师轮岗制度，实现校际优质师资共享；完善贫困地区教育财政转移支付制度，吸引更多的优秀人才投身农村教育事业，努力实现城乡义务教育资源均等化。在高等教育阶段，开始实行"弱势补偿"政策，重点院校拿出一定比例的招生计划指标向中西部地区和贫困农村地区倾斜，这些措施带给寒门学子更多的希望，但是实现教育公平，仍然任重而道远。

（二）住房阶层化

回顾中国的传统文化，"安家置业"一直是个人生命历程的必经阶段，因此，"家"对社会中每个人的重要性都不言而喻，而住房是家的物质载体。随着人类社会生产力的发展，住房条件得到了极大的改善，住房也被赋予更多的场所感与财富感。而住房市场化改革导致的住房商品化，使社会成员在住房产权、面积、市值、居住环境等方面发生了分化。在此过程中，"住房阶层化"现象开始隐现。

早在 20 世纪 60 年代，一些城市社会学家就提出了"住房阶层"（housing class）理论，他们认为，位于社会结构上层的群体的住房状况也会处于结构上层，否则就只能是下层（Rex & Moore，1967）。在现代生活中观察一个人的住房情况要比留意他的工作更重要，可以按照人们的住房状况划分不同的阶层（Saunders，1984）。住房阶层理论告诉我们，由于住房资产在个人或家庭的总财富中占据着重要位置，因此拥有住房使得一些人能够很快积累起巨额财富并获得更高的社会阶层位置，与其他社会阶层之间形成财富占有上的区分并最终导致不同社会阶层之间的区隔。由此看来，住房成为一种新的社会阶层划分标准。韩国学者孙洛龟（2007）就指出，当前以房产和土地为基础的不动产财产分化才是韩国社会贫富分化的主因，韩国社会已经成为由房地产决定个人和家庭社会地位的"房地产阶级社会"。

自从中国实行住房市场化改革以来，随着住房价格不断高企，利用金融手段炒房成为一种能够获得巨额回报的方式，通过这种方式，一些群体积累了巨额财富，这种收益比一个中产阶层家庭30多年的工资收入高得多，成为财富分层的再生产机制。而房产具有可继承的属性，能够作为财富传递给下一代。在城市化建设的过程中，一些"城中村"居民通过拆迁补偿获得了巨额的财富，这些群体一夜间就成为"富人"，"拆二代"就此诞生。另一方面，整个社会中弥漫的"住房拜物教"情结促进了阶层认同的定型化。住房成为人们街头巷尾热议的话题，"有房阶层"在与"无房阶层"交流时，多是向其建议尽快购买住房，"有房阶层"内部的交流往往是围绕住房价格上涨而展开，而"无房阶层"多是在为住房价格的上涨而焦虑，对"有房阶层"充满羡慕，哀叹自身购买住房的种种困难。在城市中出现的众多景观优美、物业管理严格的高档住宅小区，在醒目位置往往标示着"私家园林、闲人免进"，造成了城市空间和不同阶层心理认同的双重区隔。在转型期的中国，住房阶层化已经初露端倪，成为影响社会阶层流动的一个重要因素。党的十九大报告强调"房子是用来住的，不是用来炒的"，说明国家已经注意到了住房市场上存在的问题，一些新的政策将会陆续出台。

二 贫富分化过程中的社会心态

随着改革力度的不断加大和社会转型的持续深入，社会心态也在发生着变化。一般认为，社会心态指的是在一段时间内弥散在整个社会或社会群体中的社会共识、社会情绪和感受，以及社会价值取向（杨宜音，2006）。社会心态与每个人息息相关，在社会急剧变化的过程中，社会心态也会随之发生剧烈变化，无论对社会成员还是对社会组织和制度都产生了明显的影响。总的来说，我国的社会心态是积极的、乐观的、向上的，对社会稳定和社会发展具有正向作用，但不可否认的是，今天，在部分社会群体的生存发展权益和合法利益得不到充分保障的情况下，社会上出现了一些负面消极的认知和情绪，需要引起注意，并切实加以引导。

（一）贫富差距的扩大引发了公众对公平正义的担忧

不平衡的利益格局和利益分配必然导致不平衡的社会心态。当前社会中不断扩大的贫富差距以及城乡之间、区域之间、不同行业与职业之间的收入差距对部分社会成员尤其是弱势群体的认知产生了显著影响。而改革进程中一些不恰当、不合理的制度设计不但让失地农民、下岗工人等弱势群体的权益无法得到充分的保障，反而让他们受到了不公平的对待，与社会中"富者愈富"的情况形成了鲜明的对比，他们的"被剥夺"心态极有可能导致对社会公平正义信心的缺失和对社会现实的不满。此外，社会中存在的一些潜规则、行业垄断与权力寻租的问题在媒体的报道中被放大，更是加剧了公众对社会公平正义的担忧。最后，在贫富分化的过程中，腐败导致的财富分配不公问题使不少社会成员对富人致富手段的合法性与正当性产生了怀疑，而少部分政府官员贪污腐败、肆意敛财的行为更是导致政府公共部门的公信力下降。不少大型社会调查的结果显示，当前中国居民对基层政府官员、企业经理等群体的信任度偏低，整个社会呈现信任缺乏的特点。

（二）制度规则的缺位导致社会的迷茫与冷漠

在我们的社会中，集体主义的文化与价值观念一直是社会的主流，"助人为乐"、"舍己为人"的精神一直被主流文化所推崇。但是，随着社会竞争压力的加大、自我价值的凸显，人们越来越感受到人际关系的功利化、冷漠化，计划经济时期"人人为我、我为人人"的温馨场面成为一种历史回忆。近几年来，一些地方出现老人摔倒、路人搀扶"反被诬告"的现象着实反映出社会在制度规则缺位的情况下，公众普遍存在的无助感和受挫感。由于现有的制度规则不能很好地保护"好人做好事"的利益，在做了好事反而要承担赔偿损失的风险的情况下，"各人自扫门前雪，莫管他人瓦上霜"就成为不得已的选择，从而导致社会的迷茫和冷漠。

三　公平正义与社会制度

"治天下也，必先公，公则天下平矣。"新中国成立以来特别是改革开放以来我国的发展取得的巨大成就，为实现社会公平正义提供了物质基础和有利条件。随着社会主义市场经济的发展和社会的深刻变革，影响社会公平正义的一些矛盾和问题日益突出，人民群众对维护社会公平正义的呼声越来越高。"仓廪实而知礼节，衣食足而知荣辱"，人们在物质生活极大丰富后，必然对公平正义有更高的要求。对我国社会变迁与阶层分化中出现的一些不公平、不合理的社会现象与社会问题，需要公正合理、行之有效的社会制度加以纠正，为公平正义保驾护航。正如罗尔斯在《正义论》中所说的："正义是社会制度的首要价值，正像真理是思想体系的首要价值一样。"（罗尔斯，2009）公平正义的社会需要公正的社会制度，社会制度也必须彰显人民群众对公平正义的认知。

（一）打破多维二元体制，统筹社会均衡发展

今天，改革进入了"深水区"和攻坚克难的阶段，但长期实行的计划经济体制仍然给社会遗留了诸多"路径依赖"式的影响。"城乡分立"的户籍制度导致"市民与农民"、"本地人和外地人"的区隔，而垄断性行业的存在也造成了"体制内外"的区别。因此，当前我国必须在制度设计上统筹城乡、区域与行业的均衡发展，打破社会中存在的多维二元体制。一是要建立城乡统一、城乡间基本"平权"的户籍制度，消除阻碍人口流动的制度性壁垒，做到基本公共服务的均等化。可喜的是，近年来，部分城市已经着手进行户籍制度改革，取消了农业户籍与非农户籍的区别，在国家层面上也出台了相应政策。这意味着除了人口承载量已达极限的特大城市外，人们可以在不同城市自由定居落户，在教育、就业、医疗、养老、保障性住房等方面平等享受基本公共服务。二是在农村中继续加大财政转移支付力度，推进农村土地合理流转，完善征地补偿办法，切实维护农民的合法权益，缩小城乡之间的收入差距。三是继续推进市场化改革，除了少数确实事关国家安全和国计民生的行业外，其余的国有垄断行业都应接受市场竞争的洗礼，在职位招聘、薪酬发放、晋升途径等方面做到公开透明，消除"萝卜招聘"、"子承父业"等不公平的现象，缩小职业与行业之间的差距。

（二）深化收入分配制度改革，防止"两极分化"产生

从"效率优先，兼顾公平"、"初次分配注重效率，再分配注重公平"，到"初次分配和再分配都要处理好效率和公平的关系，再分配更加注重公平"，说明在收入分配的制度设计上，公平越来越受到政府和社会的重视。而当前日益明显的贫富分化急需公平的社会制度介入和纠正。因此，在初次分配中，应当重视规则和制度的作用，运用法律手段防止分配过程中的

"灰色收入"现象；在再分配过程中，政府应当切实履行公共服务职能，通过税收手段调节过高收入者的收入，财政支付向弱势群体倾斜。同时加大教育、医疗、公共服务、公益事业等方面的投入力度，维护弱势群体的权益，防止"富者愈富，穷者愈穷"等两极分化现象的产生。

（三）继续推动"精准扶贫"，扩大中等收入群体比重

贫困本身不是正义。目前贫困者没有能够享受到改革开放的成果，他们中大多数人的权益可能还因为社会的结构性因素受到了损害，这才是对社会稳定和公平正义的挑战。政府和社会应当进一步建立健全"精准扶贫"的各项社会制度，做到精确识别、精确帮扶、精确管理，因人、因地制宜，使他们脱离贫困。例如，通过完善社会保障制度满足他们的基本生活需要，加大农村医疗保险的支付力度，防止"因病致贫"、"因病返贫"现象的出现；通过教育和职业技能培训使他们能够在市场竞争中拥有一席之地；加大贫困地区的基础设施投入力度和产业扶持力度，使市场要素能够得以进入和流动，增加贫困人口的收入；加大基础教育的投资力度，努力实现城乡教育资源、城市间教育资源的均衡配置，避免教育成为贫困传递和贫困再生产的机制。只有消除了"金字塔"底端的贫困人口，使他们向上层流动，社会结构才能向更为健康的"橄榄型"结构过渡。

而扩大中等收入群体的比重是扩大内需、促进社会经济发展、缩小收入差距、实现公平发展、促进社会稳定的重要举措。深化供给侧结构性改革，推动经济持续健康发展，为社会成员收入的增加打下坚实的基础；要发挥市场在资源配置中的决定性作用，完善市场要素的流通机制，增加居民获得收入的渠道，使更多的居民能够拥有经营性或财产性收入；要加强对非公有制经济产权的保护，加强知识产权保护，增强人民群众的财产安全感，切实维护新社会阶层等群体的合法利益。

（四）加强社会主义法治建设，维护司法公正

"奉法者强则国强，奉法者弱则国弱。"加强法治建设的作用在于维护社会的公平正义。当前，我国形成了较为完备的社会主义法律体系，司法改革也在稳步推进，但是仍然存在一些不足，影响了社会的公平正义。首先，社会保障和社会服务领域的法律仍不完善，为此政府应当在完善现有法律的基础上，加快社会领域的立法，尤其要加强涉及教育公平、医疗卫生保障、社会公益事业以及涉及弱势群体的城市管理等方面法律的制定和

修订工作，使其更加符合公平正义的理念，用法制的手段建立权利公平、机会公平、分配公平的分配制度体系；其次，近年来司法部门对于贪污腐败、权力滥用等严重影响政府部门公信力的案件的处理，极大地缓解了社会成员尤其是底层群众对贪腐和巨额灰色收入的不满情绪，增强了他们对司法公信力的信心，但是法治建设仍然需要进一步加强。

参考文献

陈光金，2005，《从精英循环到精英复制——中国私营企业主阶层形成的主体机制的演变》，《学习与探索》第 1 期。

崔凤、张海东，2003，《社会分化过程中的弱势群体及其政策选择》，《吉林大学社会科学学报》第 3 期。

费孝通，2007，《乡土中国》，上海人民出版社。

甘犁、尹志超等，2012，《中国家庭金融调查报告（2012）》，西南财经大学出版社。

国家统计局编，2018，《中国统计年鉴（2018）》，中国统计出版社。

李春玲，2003，《中国当代中产阶层的构成及比例》，《中国人口科学》第 6 期。

——，2005，《断裂与碎片：当代中国社会阶层分化实证分析》，社会科学文献出版社。

——，2014，《教育不平等的年代变化趋势（1940～2010）——对城乡教育机会不平等的再考察》，《社会学研究》第 2 期。

李培林，2011，《中国社会》，社会科学文献出版社。

——，2015，《中产阶层成长和橄榄型社会》，《国际经济评论》第 1 期。

李强，2001，《关于中产阶级和中间阶层》，《中国人民大学学报》第 2 期。

——，2013，《社会分层十讲》（第二版），社会科学文献出版社。

刘欣，2001，《转型期中国大陆城市居民的阶层意识》，《社会学研究》第 3 期。

——，2002，《相对剥夺地位与阶层认知》，《社会学研究》第 1 期。

陆学艺主编，2002，《当代中国社会阶层研究报告》，社会科学文献出版社。

——，2010，《当代中国社会结构》，社会科学文献出版社。

罗尔斯，2009，《正义论》，何怀宏等译，中国社会科学出版社。

马克思、恩格斯，1972，《共产党宣言》，《马克思恩格斯选集》第一卷，人民出版社。

米尔斯，2006，《白领：美国的中产阶级》，周晓虹译，南京大学出版社。

仇立平，2014，《上海社会阶层结构转型及其对城市社会治理的启示》，《国家行政学院学报》第 4 期。

三浦展，2007，《下流社会》，陆求实、戴铮译，文汇出版社。

孙立平，2002，《总体性资本和转型期精英的形成》，《浙江学刊》第 5 期。

孙洛龟，2007，《房地产阶级社会》，芦恒译，译林出版社。

田北海、王珂，2017，《累积的教育质量不平等：基于重点学校入学资格的视角》，《学习与实践》第 5 期。

杨宜音，2006，《个体与宏观社会的心理关系：社会心态概念的界定》，《社会学研究》第 4 期。

姚烨琳、张海东，2017，《中等收入群体的扩大与橄榄型社会的形成——以北上广特大城市为例》，《河北学刊》第 5 期。

张海东等，2017，《中国新社会阶层——基于北京、上海和广州的实证分析》，社会科学文献出版社。

张海东、杨城晨，2017，《住房与城市居民的阶层认同——基于北京、上海、广州的研究》，《社会学研究》第 5 期。

张蕴岭，2001，《亚洲现代化透视》，社会科学文献出版社。

周晓虹，2005，《再论中产阶级：理论、历史与类型学兼及一种全球化的视野》，《社会》第 4 期。

Davis, Kingsley & Wibert E. Moore. 1945. "Some Principles of Stratification." *American Sociological Review* 10.

Giddens, Anthony. 1973. *The Class Structure of the Advanced Societies*. New York: Harper & Row Publishers.

Parkin, Frank. 1979. *Marxism and Class Theory: A Bourgeois Critique*. New York: Columbia University Press.

Rex, J. & R. Moore. 1967. *Race, Community and Conflict*. Oxford: Oxford University Press.

Saunders, P. 1984. "Beyond Housing Classes: The Sociological Significance of Private Property Rights in Means of Consumption." *International Journal of Urban and Regional Research* 9.

Sorokin, Pitirim A. 1927. *Social Mobility*. New York: Harper & Brothers.

第二章　新二元体制社会

　　近年来，公务员报考热一直是社会各界广泛关注的现象，不断增加的报考人数以及令人惊叹的职位考录比等都是人们关注的焦点。据相关媒体报道，在 2018 年国家公务员招录的过程中，有 165.97 万人在报名环节最终通过了用人单位的资格审核，有 113.4 万人参加了最终的国家公务员考试，考录比约为 40 : 1。此外，在以往的国家公务员招录考试中，有些职位的考录比被称为"千里挑一"、"万里挑一"，也就是出现了上千人竞争同一个职位的现象，甚至个别职位的报考人数接近万人。随之而来的问题就是：为什么人们如此热衷于公务员考试？相关研究主要从社会保障水平的差异、工作稳定性的差别等方面对这种现象进行解释。相比较而言，公务员有较高的社会保障水平和工作稳定性，导致公务员报考热的现象。从社会结构的视角来看，公务员报考热现象反映的是中国改革开放以来逐渐形成的新二元体制社会的结构性特征。改革开放之前，城乡二元结构是中国社会结构的特征，在城市实行的是单位制。改革开放之后，随着新经济社会组织的快速发展、户籍制度的改革以及单位制的式微，传统的城乡二元结构发生了明显变化，在传统的城乡二元结构基础上又形成了由政府和市场构成的新二元体制社会，国有部门和民营企业在社会保障等方面存在较为明显的差异，条件较好的部门会产生更大的吸引力。多种二元结构交织在一起，使中国的社会结构呈现多维二元结构的特征。这种多维二元结构对社会流动以及社会整合等都提出了新的要求，而如何打破这种多维二元结构则是中国社会治理面临的一项重要课题。在这一章，笔者主要介绍并分析单位社会的特征和产生背景、新二元体制社会的形成、新二元体制社会的影响。

第一节　单位社会及其特征

单位是我们日常生活中非常熟悉的一个概念，我们一般习惯将所在的工作组织称为单位，尽管我们所在的工作组织在性质和行业上都存在明显的差异。在社会交往的过程中，我们也经常会问别人在哪个单位工作或者被问到在哪个单位工作等问题。这说明，"我国的各种社会组织都具有一种超出其各自社会分工性质之上的共同性质——'单位性质'"（路风，1989）。从时间上看，单位这一概念在新中国成立之后就出现了，但是单位现象成为学术研究的对象却要晚一些——直到改革开放之后才出现相关研究。"中国改革开放以来巨大而快速的社会变迁，造成社会结构的深刻变动。这种社会结构的变动，是理解和解释中国社会变迁的重要方面"（李培林，2011）。改革开放以来，随着市场化改革的持续深入，如何更好地理解中国的社会转型成为国内外学术界关注的焦点问题。在这一过程中，陆续有研究开始从单位这一现象切入，对中国的社会转型问题进行了深入的研究，单位现象对于理解中国社会转型的重要意义也逐渐被发掘出来。其重要意义体现为，"单位体制是中国社会主义社会的一个独特和关键的方面。但这种作为现代工业关系模式、国家行政体制基石的组织形式在中国的社会传统中并没有先例"（路风，2003）。社会学、政治学以及经济学等不同学科都对社会转型中的单位现象给予了高度的关注。从学术研究的视角来看，单位不仅仅是工作的组织，同时还具有制度层面上的含义，"制度是一个抽象的概念，单位是一个具体的组织形式，将制度与单位联系在一起的是社会主义理性精神在中国五十年的实践"（杨晓民、周翼虎，1999）。也有学者认为，"单位现象是由单位和单位制所引发出来的一系列问题的综合表征，尤为重要的是所有这些问题都是以单位为原点展开的"（刘建军，2000）。在对单位现象的研究中，除了组织视角之外，单位制也是一个重要侧面，其中的区别在于，单位更多地指涉一种组织形式；而单位制更多地指涉以单位组织为基础的某种社会体制、制度结构（李路路，2002）。与此同时，在单位体制下，每个具体的工作单位所承担的功能都是多元化的，从而呈现明显的"单位办社会"特征，这又使得中国社会呈现明显的"单位社会"特征。综合来看，单位、单位制以及单位社会都是我们理解单位现象的重要支点。

一　单位与单位制

（一）单位

国内外学术界普遍认为，华尔德是最早对单位现象进行研究的学者。虽然没有明确使用单位这一概念，并且相关观点也存在较为明显的局限和不足，但是华尔德（1996）对计划经济体制下国有企业车间中的权威关系问题进行的研究与单位现象的一些特征是紧密联系的。自从单位现象进入学术研究的视野之后，陆续有研究对单位的含义、具体形式等进行了分析，比较有代表性的有如下一些。

路风（1989）是较早对单位现象进行系统研究的国内学者，他在《单位：一种特殊的社会组织形式》一文中将单位界定为"我国各种社会组织所普遍采取的一种特殊的组织形式，是我国政治、经济和社会体制的基础"。此外，在单位所包含的具体组织形式这一问题上，路风（2003）主张，"严格地讲，只有国营部门的机构才具备最完整的单位形式。它们包括：党和国家的机构，合法的民主党派和人民团体（如工会、共青团等组织）的机构，等等；所谓不创造物质财富的机构，如研究所、各种教育机构、医疗卫生机构和文化团体等；所谓创造物质财富的机构，即各类国营企业"。与此同时，路风（2003）还认为，"城市集体所有制企业可以被看作一种近似于国营企业的单位"，但是，一些乡镇企业、集体企业以及街道居民委员会等并不属于单位组织的形式。

李猛、周飞舟和李康（2003）将单位界定为，"再分配体制中的制度化组织。从这个定义可以看出，城市内居于再分配体制中心的技术性最差的事业单位、行政单位是最典型的'单位'"；"企业单位也具有典型的单位性质。农村基层组织由于处于再分配体制的边缘，并且制度化、组织化程度都很差，只是具有某种'单位'特征，不是单位。改革后形成的许多私营企业、合资企业既不在再分配体制之内，也不是制度化组织，因而不属于'单位'"。在实质上，这种对单位具体形式的理解和路风（2003）的观点基本上是一致的，都认为农村基层组织不属于单位组织。有较多的研究支持这一观点。例如，杨晓民、周翼虎（1999）认为，"单位是国家管理公有体制内人员的组织形式，它的组织元素以公职人员（拥有公职、享受社会主义福利承诺、包括干部与工人）为主体，按照一定的宏观结构，形成国家权力均衡机制的基本细胞"。雷洁琼（2001）则认为单位指的是

"我国当代社会生活中广泛流行的一个名词，它主要指人们就业于其中的社会组织或机构，如工厂、商店、学校、医院、研究所、文化团体、党政机关等"。李汉林（2014）认为，"单位组织，主要是在中国社会中具有国家所有或全民所有制性质的各种类型的社会、经济和政治组织。在改革开放以前，中国社会中各种类型的社会组织几乎全都是这种类型的单位组织"。

与以上界定不同的是，曹锦清和陈中亚（1997）将单位界定为，"一种一元化的集体组织形态，是隶属于国家的职能部门。国家是一个耸立在单位之上的大单位，它是由千百万块'单位基石'逐级垒造而成的金字塔。农村政社合一的组织和城市中所有的集体组织均被视为单位"。也就是说，该定义认为农村的一些组织也属于单位的范畴。

此外，也有学者从社会调控与整合的视角出发对单位进行了界定。单位是"在中国社会调控体系中以实现社会整合和扩充社会资源总量为目的的制度化组织形式，是国家与个人之间的连接点"（刘建军，2000）。

综观以上对单位的几种比较具有代表性的界定，我们可以发现，这些界定之间既存在一些差别，也有一定的共同点。首先，从差别上看，有的学者主张单位主要包括国营部门，但也有学者主张农村基层组织也是单位的具体形式。其次，从共同点来看，上述定义普遍认为单位在经济社会中具有基础性的作用。本书倾向于从如下三个方面来理解单位的含义。其一，单位是计划经济体制时期出现的一个概念，突出体现在其再分配的特征上，是再分配的一个载体和方式。其二，单位指的是计划经济体制下城市中的一种组织形态，是工作组织的一个统称，具体包括多种不同形式的社会组织，但需要注意的是，不仅私营企业和农村的基层组织不能被称为单位，而且大约从20世纪80年代开始大规模成立的厂办大集体同样也不能被称为单位。其三，单位在国家的经济社会发展进程中具有极为重要的作用，是国家政治、经济和社会体制的重要基础。

（二）单位制

1. 单位制的含义

"在市场经济充分的国家，劳动组织并没有像单位那样在中国人头脑中具有如此丰富的含义，它仅仅代表着工作场所，是一个经济意义上的概念"（杨晓民、周翼虎，1999）。这说明中国的单位现象更为复杂，除了从组织层面上对其进行理解之外，单位制也是认识单位现象的一个重要视角。基于这种认识，有研究提出了单位制（又称单位体制）这一概念。在单位制的研究中，比较有代表性的观点有如下几种。

杨晓民和周翼虎（1999）认为，"所谓单位制，即指中华人民共和国自1949年以来为了管理公有体制内人员而设立的组织形式。在宪法保证公有制至高无上地位的同时，也赋予了单位成员掌握国家权力的合法性"。路风（1989）则认为，"从社会组织的角度出发，可以将整个社会的运转不得不依靠单位组织形式的结构定义为'单位体制'。这个体制的基本内容是：一切微观社会组织都是单位，控制和调节整个社会运转的中枢系统由与党的组织系统密切结合的行政组织构成"。此外，路风（2003）还主张，单位制"是现代中国在经历了一场由共产党领导的社会革命并由这个夺取了政权的党运用国家行政力量对社会进行大规模重新组织之后形成的"。雷洁琼（2001）认为单位制是"对国家以每个具体'单位'为中介来对人们的社会生活进行全面管理这样一种社会管理体制的简称，它是我国传统的计划经济条件下社会管理体制的核心"。刘建军（2000）则认为，"单位制是由单位这一实体所构成的社会调控体系。单位按照其级别高低和职能与行业分布不同，被政党和行政的力量分割成若干个平行林立的调控领域，任何单位都是这一领域中的一个构成要素"。

综合以上对单位制含义的分析，我们可以发现其中存在几个明显的共同点。其一，单位制是中国现代化进程中社会整合形式的一个重要体现，在传统社会中并不存在类似的制度和组织；其二，单位制是由数量庞大、多种不同形式的单位共同组成的；其三，单位制是国家运用行政力量对社会进行系统整合的基础；其四，单位制的形成过程是渐进的，因而也必然会随着经济社会的发展而发生变化。此外，还有一点需要注意的是，受到多种因素的影响，不同地区的单位制也存在一定程度的差异，但是相关研究却没有将单位制放到不同空间和地域背景下进行审视和分析，这也在某种程度上影响了对单位制的深入剖析。为了更好地认识单位制的地区性差异，有学者尝试将"地方性"这一关键变量引入单位制的研究中，在此基础上提出了"典型单位制"的概念，并且立足东北老工业基地的实践对"典型单位制"的特征等进行了分析（田毅鹏、漆思，2005）。而支持"典型单位制"这一观点的主要理由是，"东北老工业基地特殊的历史背景和空间条件，使得单位体制的诸要素在这里出现得最早，贯彻得最为彻底，持续时间最长，其内在结构也更为单一，其消解过程也非常缓慢"（田毅鹏、漆思，2005）。从这个意义上看，这种"典型单位制"给东北地区带来的影响是双重的，也使东北地区在单位社会的解体过程中遇到更多的困难。

2. 单位制的主要特征

华尔德（1996）主要从制度性依附以及制度文化两个不同的方面对计划经济体制下国有企业的相关特征进行了分析。制度性依赖是指工人在经济上依附于工厂企业，在个人关系上依附于车间直接领导；制度文化是指领导和下属之间的关系、工人之间的关系以及工人在特定的环境中所采取的维护自身利益的策略和方法等。

路风（1989）认为，单位制的特征主要体现为功能合一性、生产要素主体之间的非契约关系以及资源的不可流动性。其中，功能合一性指的是，任何单位都同时具有政治的、社会的以及自身专业分工的多种功能；生产要素主体之间的非契约关系指的是，工厂的工人不是单位从劳动力市场上以契约的形式雇来的，而是由政府的劳动部门按照国家计划分配来的；资源的不可流动性指的是，无论是单位内部的成员，还是单位所拥有的资产，都很难实现流动。

李猛、周飞舟和李康（2003）将单位制的特征概括为以下四个方面。其一，短缺经济和福利的单位分配制。在短缺经济以及福利再分配制度下，单位需要向其成员提供住房、医疗卫生等市场经济条件下可以由市场来提供的商品或服务。其二，多重控制参数，也就是单位内部成员的许多行为受到上级的控制。其三，"结构"科层化与"功能"科层化的分离。虽然建立起了现代的组织形式，但是并没有将相关的程序性规定付诸实践。其四，永久性就业，也就是单位成员拥有永久性的工作保障，单位领导并不能将解雇作为管理方式进行管理。

曹锦清和陈中亚（1997）将单位制的主要特征概括为：所有社会成员都隶属于单位。所有社会成员终身隶属于某一单位，使单位与其成员之间形成了保护与服从、控制与依附的人身关系；单位具有相同的权力结构及相似的机构设置；单位本身具有经济、政治、社会和文化等多种功能；单位间只存在纵向行政隶属关系，缺乏横向联系。除了上述特征之外，曹锦清和陈中亚（1997）还认为，整体主义和平均主义同样也是单位制的主要特征。其中，"整体主义强调整体的利益、意志和秩序，故对于整体内的所有个体来说，整体必然主张个体的克己和服从"；平均主义"即不是按劳动者提供的劳动量进行分配，而是按'人头'进行分配。只要你是单位成员，就拥有同等分配的权利。'干好干坏一个样，干与不干一个样'就是平均主义的通俗的准确的说明"。

李汉林（2014）主要从结构和功能两个不同的方面对单位制的特征进行了分析："这样的一种单位组织，在结构上，政治组织与具体的专业组织合二为一；在行为取向上，专业取向和意识形态的行为取向融为一体。与此同时，个人和单位的关系由于资源主要由单位垄断性分配的机制而变得异常紧密，功能多元化是这种单位组织的一个显著的社会特征。"

此外，在单位制下，每个成员都属于某个特定的单位组织，单位为每个成员建立了相应的个人档案，因此，档案制度也是单位制的一个重要特征和组成部分。"单位人的一些生存状态和所作所为又都会反映到一个更为凝固的制度上来，同时这种制度也更加规约着每一个单位人，这种制度就是单位档案制度。在中国单位社会中，每一个中国的单位人都有一个属于自己的，但永远见不着的档案材料"（陈潭，2007）。进一步来看，也正是这种个人的档案管理制度的存在，使得人们的社会和职业流动变得更为困难。

综合以上对单位制相关特征的分析，我们可以发现单位制主要有如下几个方面的特征。其一，在单位制下，每个社会成员都属于某个特定的单位，这也就意味着，在单位制下，"没有单位，一个城里人就无法生存，他不仅没有稳固的经济来源，也没有保障他合法权益的组织，完全被排斥在社会之外"（杨晓民、周翼虎，1999）。其二，在单位制下，单位向成员提供相应的各种社会福利，单位成员与单位之间是依附关系而不是契约关系。其三，在单位制下，每个单位都承担着多种不同的功能，从而呈现明显的"单位办社会"特征，也正是由于这个原因，不同单位之间的横向联系并不多，从而导致不同单位之间形成"蜂窝"状结构。其四，在单位制下，每个单位都有着大致相同的机构设置，但是不同单位之间存在一定的级别差异，这种差异导致资源获得的不同——单位级别越高，就越有可能获得更多的资源。其五，在单位制下，单位内部实行的是平均主义的分配制度，"干好干坏一个样，干与不干一个样"是对这种平均主义分配制度最为生动和形象的表述。

二 单位社会及其形成

"在改革之前我国的总体性社会结构中，国家几乎垄断着全部重要资源。这种资源不仅包括物质财富，也包括人们生存和发展的机会（其中最重要的机会）及信息资源"（孙立平等，1994）。新中国成立以来，在社会结构上，中国的社会呈现"总体性社会"的特征，国家计划一切、管理一切，不仅所有制形式单一，而且市场发挥作用的空间十分有限。这种社会结构在城市的具体体现是，单位在资源分配等方面发挥着重要作用。随着单位制的逐渐完善，单位社会最终形成，每个单位都可被看作一个微型社会。在单位现象的研究中，有研究对单位社会的形成原因进行了分析。单位社会形成的原因是多方面的，不仅受到根据地时期形成的经验的影响，而且是应对近代以来所面临的"总体性危机"的需要。单位社会是与计划经济体制相对应的。近年来，随着中国改革开放进程的持续推进，单位所承担的一些社会福利职能陆续被剥离出来，单位的职能逐渐变得单一化，与此同时，城乡以及区域之间的社会流动也在不断增强，相应地，单位社会逐渐走向解体。

（一）单位社会形成的原因

围绕单位社会形成的原因，主要有以下几种具有代表性的观点。

曹锦清和陈中亚（1997）认为单位制的形成原因主要有：其一，所有单位——工矿企业、农村、商店、学校、医院和机关——内部都设立党的组织机构，具有明显的党政合一的特征，这与"支部建在连上"这一政治传统有关；其二，从更广泛的文化背景来考察，单位体制还与我国传统的村落文化有关；其三，单位这种组织形态并不是从社会内部自发地产生的，而是通过政权的力量人为地建构，并依靠行政力量和意识形态力量加以维系的；其四，从根本上说，单位制是与传统的社会主义公有制和计划经济相适应的，单位是回应公有制和计划经济的需要而建立起来的。

刘建军（2000）从新政权巩固的社会基础、社会资源总量有限的情况下推进社会主义现代化建设的需要等方面对单位社会的形成原因进行了分析。从前一个方面来看，单位社会的形成是有效解决社会调控机制不足问题的必然要求。如何有效实现社会整合是中国现代化建设进程中的一项重要内容，而单位制的确立有效实现了国家对社会的全面整合。从后一个方面来看，单位社会的形成是在社会资源总量不足的情况下有计划地推动现代化建设的需要。由于社会资源总量不足，因此需要通过政府的力量来有计划地推动中国的现代化进程。

路风（2003）认为，"单位体制产生的基本原因是国家用行政手段来组织人民。在社会主义中国，国家对社会的控制较少地依靠正式的国家机器，而更多地依靠以就业场所为基本环节的行政组织网络；这种组织方式造成劳动者个人对团体或组织的全面依附"。

也有研究认为，单位社会的形成和中国的传统文化有着密切的联系。例如，李汉林（2014）认为，单位社会"和我们传统的家族文化以及传统的家族组织与制度有着割不断的联系和影响"。

与以上分析不同的是，田毅鹏和漆思（2005）将单位社会形成的原因归结为以下五个方面：西力东侵与中国社会的"总体性危机"；在回应社会危机的过程中，社会政治思潮不断演化；不断演化的相关社会思潮作用于社会运动领域，对社会进行全方位和根本的改造；苏联的影响；根据地模式的影响。

综合以上对单位社会形成原因的分析，我们可以发现，虽然不同学者所提出的主张有所差异，但其中也存在着一些明显的共同之处。具体来看，这些共同之处主要体现在以下几个方面。

第一，单位社会的形成是应对近代以来所面临的"总体性危机"的需要。

在一般的意义上，现代化所指的是人类社会从农业社会向工业社会过渡的过程。社会的现代化体现在多个不同的方面，而政治共同体的构建便是其中的一个方面。中国的现代化进程始于19世纪40年代的鸦片战争。在西方列强坚船利炮的冲击下，中国传统社会的"一盘散沙"问题日益暴露出来，这一问题的实质是社会面临"总体性危机"，这也就意味着中国现代化进程中的一项重要内容就是通过现代国家的建设来应对所面临的"总体性危机"。正是从那时起，探索救亡图存的道路便成为中华民族的重要使命。亨廷顿（2015）认为，"复杂社会里的政治共同体依赖于该社会政治组织和政治程序的力量"，因此通过政治共同体的建设实现国家对社会的有效整合便是中国现代国家建设的一项重要内容。

在传统的中国社会，由于"皇权不下县"，基层社会治理是由乡绅负责的，乡绅在基层社会的治理中发挥着重要作用，"士绅处于国家与民众二者之间，因此往往成为二者的中介和纽带"（应星，2015）。新中国成立以来，中国国家建设的一项重要内容就是国家权力向基层社会下沉，也就是通过"政权下乡"的形式来实现政府对基层社会的有效整合。但需要注意的是，国家对社会的整合从一开始就在城市和农村呈现完全不同的面向，形成了两种不同的组织形式，从而导致"城乡"二元结构的形成。与农村的人民公社制度不同的是，新中国成立以后，国家在城市是通过单位制对基层社会进行整合的。具体来看，在城市实行的是单位制，在单位制下，每个社会成员都属于某个特定的单位。正是基于这种不断完善的单位制，政府实现了对社会的系统整合，也克服了近代以来中国社会所面临的"总体性危机"。"在这一意义上，所谓单位制建立的过程，实际上就是克服中国人传统散漫劣根性，将家族化的'臣民'改造为'国民'，整合到现代国家体系之中，造成现代多民族国家，形成新的'集体认同'的过程"（田毅鹏、吕方，2014）。从职能上看，计划经济体制下单位是全能性的，具有政治功能、社会功能和生产功能等多种不同类型的功能。在一定意义上可以认为，单位既是人们的生活空间，又是人们的工作空间。与此同时，单位要为每个成员建立档案资料，为每个成员提供住房等社会福利；在单位成员与外部社会交往的过程中，单位要为其开具介绍信。这些都表明，单位将国家与个人联结起来，对人们的生活产生了深远的影响。在单位社会中，城市中的每个社会成员都有自己"所属"的单位，因而在见到一个不熟悉的人时首先可能会问对方"在哪个单位工作"之类的问题。事实上，即使是在今天，单位制的"痕迹"也会体现在人们的日常交往和生活中。

第二，单位社会的形成受到根据地时期所形成的经验的影响。

除了应对近代以来所面临的"总体性危机"这一原因之外，中国单位社会的形成还受到根据地时期所形成的经验的影响。这一观点的核心逻辑是，既然根据地时期形成的一些做法是有效的，那么新中国成立后，在相关的制度设计上自然会积极吸收根据地时期形成的一些成功经验。具体来看，根据地时期形成的社会动员机制以及供给制度等对单位社会的最终形成产生了重要的影响。在根据地时期，由于受到各方面条件的限制，只有具有强大的自生能力才能有效解决所面临的资源短缺问题，而有效的动员能力是自生能力的一个重要组成部分。在单位社会中，单位通过系统的组织机构设计将社会成员吸纳到单位组织中，同样具有很强的组织动员能力。

此外，根据地时期的供给制也对单位社会的形成产生了重要的影响。供给制是根据地时期一种重要的制度安排，其实质是按照基本上可被看作平均分配的原则来提供生活必需品，但是由于资源获取等各方面条件的限制，在具体的分配过程中并没有一个相对固定的分配标准。"早期供给制包括的项目主要是食物和服装，而且分配的标准相当平均。到根据地历史的后期，供给项目已增加到衣、食、住、行、学、生、老、病、死、伤残等各个方面，而且随着物质条件的改善，发展出一套等级制，即按个人的职务和资历定出不同等级的供给标准"（路风，2003）。这种制度安排对单位社会的形成产生了明显的影响。在计划经济体制下，每个单位的功能都是多元化的，集多种功能于一身，刘建军（2000）将单位承担的主要功能具体概括为生产功能、吸纳功能、安抚功能、联结功能、供给功能、动员功能、保护功能、落实功能、证明功能以及塑造功能。从这些功能中可以看出，单位对其成员的影响是全方位的。例如，在单位社会中，每个成员都属于一个特定的单位，并且由单位负责向内部每个成员提供住房、医疗、教育等多种社会福利，不同等级有不同的分配标准，这种分配方式与根据地时期的供给制较为相似。

第三，单位社会是在资源短缺的背景下推进社会主义工业化建设进程的需要。

新中国成立以来，如何更好地推进社会主义工业化的进程是一项紧迫的任务。在各种具体条件的限制下，首要的工作就是立足自身的实际规划切实可行的推进社会主义工业化建设的路径。因此，"单位以及单位体制是中国从落后状态下推进社会主义工业化在组织上的反映"（路风，1989）。新中国成立以后，国家实行的是计划经济，逐渐确立起了计划经济体制，将国民经济的发展纳入统一的计划管理。具体来看，对农业、手工业和资本主义工商业的社会主义改造完成以后，"国家于1956年对工业组织进行了一次大规模的调整，其目的是把众多刚刚实现了公私合营的企业纳入国家行政管理的组织结构中"（路风，2003）。在这种组织结构中，国家通过计划的方式对单位进行管理，每个单位都隶属自己的上级管理部门，而且不同类型的单位有一定的等级差别，不同等级的单位所获得的资源有一定的差异。此外，单位的这种管理还有助于应对"总体性危机"问题，"国家和政府的社会控制主要是通过单位来实现的，而单位在单位成员中贯彻国家整合和控制的意志则主要是基于单位成员对单位的全面依赖性，通过单位办社会、单位自身功能多元化的过程来实现的"（李汉林，2014）。所有这些都表明，中国单位社会的形成是在资源相对短缺的背景下推进社会主义工业化建设进程的需要，而且基于这种原则建立起来的组织管理体制还有助于实现对社会成员的有机整合，进而有效应对"总体性危机"问题。

（二）单位社会的形成过程

学术界普遍认为单位社会有一个渐进的形成过程，会随着经济社会的发展逐渐式微，比较有代表性的观点主要有以下几种。

路风（2003）将单位社会的形成划分为以下三个阶段：第一阶段是从新中国成立到1956年；第二阶段是从1957年到1966年；第三阶段是从1966年到70年代末。单位社会在不同的发展阶段有不同的表现形式。在第一阶段，也就是从新中国成立到1956年，单位制的相关要素在全社会范围内已经基本具备，这就意味着单位社会在这一阶段已经大致形成。在第二阶段，与第一阶段相比，单位的管理体制有了一些较为明显的变化。在第三阶段，单位福利共同体最终形成，相应地，单位所承担的社会功能也变得越来越多，与此同时，单位中独特的权威关系也逐渐形成。

田毅鹏和漆思（2005）则将单位社会的形成过程划分为四个阶段：1948～1953年，单位社会的酝酿探索时期；1953～1956年，单位社会的形成时期；1956～1976年，单位社会的扩张时期；1980年至今，单位的变异和走向消解时期。此外，从全国范围来看，不同地区单位社会的形成过程也存在一定的差异。田毅鹏和漆思（2005）认为"典型单位制"的形成过程具有独特性，并且将典型单位制的形成过程概括为：1948～1953年，典型单位制的发生阶段；1953～1956年，典型单位制的发展阶段；20世纪90年代以来，典型单位制的消解阶段。从这一划分可以看出，典型单位制的消解时间要相对晚一些。

围绕单位社会的解体原因，有研究将相关因素概括为："在单位社会巩固和扩展自身的同时，它也持续受到一波比一波更强烈的冲击与震撼。第一波是单位体制外组织的萌生，第二波是单位成员向体制外流失，第三波是单位职能向社区的转移，第四波是单位自身大量破产、改制，导致单位社会的最终解体。"（华伟，2000）

第二节 新二元体制社会的形成

在计划经济时期的城乡二元体制中，城市实行的是单位制，农村实行的是人民公社制度，城市和农村在社会福利等方面存在着明显的差别。城市中的单位社会是传统城乡二元结构的突出特征之一。改革开放以来，中国的社会结构发生了明显的变化：一方面，随着户籍制度等改革，传统的城乡二元结构有了一定程度的变化，但是这种结构的影响依然存在；另一方面，在传统的"体制内部门"之外出现了数量庞大的新经济社会组织，这使中国又出现了政府和市场并立的新二元结构。这两个基础性的二元结构叠加在一起又派生出了一些次生性的二元结构，所有这些二元结构叠加在一起便构成了复杂的多维二元结构（张海东等，2017）。

一 从城乡二元结构社会到多维二元结构社会

（一）城乡二元结构

二元结构是著名学者刘易斯在《劳动力无限供给条件下的经济发展》一文中最早提出的，具体指的是在发展中国家和地区同时存在着两个不同类型的部门，一个是农业部门，另一个是工业部门，这两个部门在很多方面都存在明显的差异。在农业部门中，技术落后、资金投入不足以及土地资源稀缺等导致农村存在大量的剩余劳动力；与之形成鲜明对比的是，城市拥有生产效率高、利润丰厚并且处于成长过程中的工业部门。正是两个部门之间存在上述差异，才导致两个部门之间劳动力的迁移，城乡之间人口的流动也因此而大规模出现（刘易斯，1989）。在刘易斯之后，又有学者对二元结构的特征等进行了更为深入和详细的描述。例如，托达罗（1988）认为，综合来看，二元结构主要有如下四个方面的突出特征：其一，不同条件共存，有的条件"优越"，其他的条件"恶劣"，两种条件在既定领域并存；其二，优越条件和恶劣条件的这种并存是长期的，而不仅仅是一种过渡；其三，这种优劣条件的差异不仅确实没有任何缩小的迹象，甚至还有内在的扩大趋势；其四，优劣两种条件之间的关系是，现存优势条件并没有或很少对改善劣势条件起什么作用。这种二元结构体现在多个不同的层面上。

随着中国改革开放的深入，在社会转型问题上，有研究开始运用二元结构这一概念对社会结构问题进行分析。新中国成立之后，中国社会结构同样是城乡二元结构，但是受到相关因素的影响，中国的城乡二元结构与经典的二元结构又存在一些明显的不同之处。例如，经典的二元结构理论认为，在城市化的拉动作用下，农村人口尤其是剩余劳动力会逐渐向城市流动。在这一点上，中国的实践却有所不同。1958年通过的《中华人民共和国户口登记条例》明确将户口区分为城市和农村两种不同的类型，并且对户口迁移进行了详细的规定。而 1977 年通过的《关于处理户口迁移的规定》则对农村向城市的人口迁移进行了更为严格的限制，"从农村迁往市、镇（含矿区、林区等），由农业人口转为非农业人口，从其他市迁往北京、上海、天津三市的，要严加控制。从镇迁往市，从小市迁往大市，从一般农村迁往市郊、镇郊农村或国营农场、蔬菜队、经济作物区的，应适当控制"。新中国成立后，在计划经济体制下，城乡之间的流动很少，只有极少的途径可以实现城乡之间的流动。这是因为"新中国成立后实行的重工业优先发展战略，对劳动力吸纳少，国有工业劳动力又自我封闭循环，基本上阻断了农村劳动力向城市国有工业转移的途径，人为深化了城市现代工业部门与农村传统农业部门的二元经济结构"（蓝海涛，2005）。

在城乡二元结构下，城市和农村之间在很多方面存在明显的差异。在这一点上，中国计划经济体制下的城乡二元结构与托达罗（1988）所概括的二元结构特征是十分相似的。例如，城市居民的社会福利是由国家提供的，而农村居民的一些公共服务则是由集体经济提供的，这就导致城乡在社会福利上存在差异。具体来看，这种差异体现在多个方面：户籍制度、粮食供给制度、副食品与燃料供给制度、住宅制度、生产资料供给制度、教育制度、就业制度、医疗制度、养老保险制度、劳动保护制度、人才制度、兵役制度、婚姻制度、生育制度（郭书田等，1990）。在这些差异中，户籍制度是最根本的，其余制度大多是在户籍制度的基础上形成的，而且城乡之间的这种差异也给经济社会发展带来了一些负面的影响。陆益龙（2003）认为，"中国户籍制度通过名称符号与资源和权利的结合，强化身份价值的等级性，加上资源的高度集中控制，导致了城市与农村的鲜明分割和分治以及社会结构的层级化和地缘化，而结构断裂和分割则增加了社会整合的成本"。

（二）新二元体制社会

1. 单位社会的式微与传统城乡二元结构的新变化

城市的单位社会是在计划经济体制下形成的，改革开放以来，随着市场化改革的深入以及市场化程度的不断提高，单位社会逐渐式微，相应地，"后单位社会"的一些特征日益显现出来。有研究认为单位社会解体的原因主要是"单位体制外组织的萌生，单位成员向体制外流失，单位职能向社区转移，以企业为主体的单位大量破产、改制，导致单位社会最终解体"（田毅鹏、吕方，2014）。事实上，改革开放以来新经济社会组织的发展、户籍制度的改革、国有企业和事业单位改革以及城市社区建设的全面开展都在持续推动着单位社会向后单位社会转变。从更高的层面看，改革开放以来，随着市场化改革的持续深入，计划经济体制下传统的城乡二元结构也在不断发生变化。随着单位社会的式微，传统城乡二元结构的新变化体现在以下四个方面。

（1）新经济社会组织的发展

在以上对单位社会相关特征的介绍中可以看出，在单位社会中，单位都是国有企事业单位，每个社会成员都隶属特定的单位，国家通过单位实现对社会的整合。改革开放以来，随着所有制形式的多元化，新经济社会组织有了快速发展，所吸纳的社会就业人数不断增加，在经济社会发展中的作用越来越明显。与计划经济时期相比，在市场经济条件下，社会资源的分配机制也在发生着新的变化，政府和市场共同在其中发挥着重要的作用（Nee，1989；1996）。新经济社会组织的发展使得原有单位社会管理体制的一些不足逐渐暴露出来。在市场经济条件下，新经济社会组织的从业人员与组织之间是契约关系而不是隶属关系，因此，这些新经济社会组织很难被纳入传统的单位管理体制进行管理，这就要求创新社会治理机制。

（2）户籍制度改革

在计划经济体制下，城乡二元结构是中国社会结构的突出特征，城乡在治理结构的设计上也明显不同。在城乡二元结构下，严格的户籍制度在很大程度上限制了城乡之间的人口流动，依附在户籍制度上的相关福利导致明显的城乡差别。改革开放以来，随着户籍制度的逐渐松动以及城镇化水平的提高，流动人口的规模不断扩大。统计数据显示，2015年，我国的流动人口数量已经达到2.47亿，占总人口的18%（国家卫生和计划生育委员会流动人口司，2016）；2016年，我国的流动人口数量为2.45亿，比2015年末减少了141万（国家卫生和计划生育委员会流动人口司，2017）。这对传统的单位体制提出了一些新的挑战，大量的流动人口主要在新经济社会组织中工作，很难通过传统的单位体制进行管理；与此同时，流动人口的户籍不属于现居住地，因而不太可能融入所在的社区。

（3）国有企业和事业单位改革

改革开放初期，国家开始通过扩大企业自主权的方式来推进国企改革。之后，与社会主义市场经济的发展相适应，国家开始更为系统地推进国有企业改革，在这一过程中，国有企业的市场主体地位逐渐确立，生产和经营自主权不断扩大。在单位社会中，由于"单位办社会"现象的普遍存在，每个组织都承担着多种功能。随着市场化改革的深入，上述弊端日益暴露出来，例如，国有企业所承担的社会成本问题（李培林、张翼，2007）。与市场化改革相适应，国家通过实行住房制度、社会保障制度等改革来剥离单位所承担的一些社会功能。与此同时，国家也逐步推进事业单位改革。从 20 世纪 80 年代中期开始，教育、科技等领域的事业单位开始改革，其中的一项重要内容就是逐渐通过事业单位管理体制改革以及政事关系的调整来进一步扩大事业单位的自主权。之后，事业单位领域的人事制度改革逐渐铺开，聘用制的覆盖范围不断扩大；与此同时，事业单位工作人员养老保险制度改革逐步实施。从 2011 年开始，事业单位改革进入全面推进阶段，《中共中央、国务院关于分类推进事业单位改革的指导意见》对事业单位改革进行了系统设计，分类推进事业单位改革的总体目标是到 2020 年，建立功能明确、治理完善、运行高效、监管有力的管理体制和运行机制，形成基本服务优先、供给水平适度、布局结构合理、服务公平公正的中国特色公共服务体系。在市场化改革的进程中，国有企业、事业单位的一些改革也使单位社会逐渐式微。

还有一点需要注意的是，与计划经济时期相比，国有企事业单位的人力资源管理制度也在发生变化，绩效管理和契约化趋势越来越明显。《2016 年度人力资源和社会保障事业发展统计公报》显示，"截至 2016 年底，事业单位聘用制度推行基本实现全覆盖，工作人员聘用合同签订率超过 93%。事业单位岗位设置基本实现制度入轨，岗位设置完成率超过 95%。事业单位公开招聘制度推行率达到 91%，全国共公开招聘事业单位工作人员 79.86 万人，其中中央事业单位 6.65 万人，地方 73.21 万人"。"2016 年全国企业劳动合同签订率达 90% 以上。截至 2016 年末，全国经人力资源社会保障部门审查并在有效期内的集体合同累计为 191 万份，覆盖企业 341 万户、职工 1.78 亿人"。

（4）城市社区建设全面开展

在计划经济体制下，虽然相关制度对居委会的职能进行了规定，但是由于单位承担着多元化的职能，在单位社会中"基层社区将失去其独立存在的价值，而只能成为各个单位下属的结构部分或环节之一"（雷洁琼，2001）。随着单位社会逐渐解体，单位承担的社会职能开始向外剥离，社区的作用越来越明显。与此同时，随着就业形式的多元化以及社会流动的增强，社区逐渐成为社会治理的一个强有力的"抓手"。因此，在单位制不断弱化的同时，城市社区在社会治理中的作用凸显，城市社区与单位之间的关系随着社会结构的变化而不断发生变化。"1949 年以后城市社区与单位的关系，大体上可分为三个阶段：50 年代是第一阶段，在这个阶段中社区与单位齐头并进，法定社区（市政层级）从区一级延伸到街道一级，控制力大大加强；单位制从党政军机关扩展到所有国营和集体性质的基层企事业法人，单位社会逐步形成。六七十年代是第二阶段，通过社区单位化和单位社区化的双向发展，单位社会进入全盛时期，法定社区沦落到城市社会的边缘地位。八九十年代是第三阶段，城市中的单位社会逐渐萎缩、瘫痪乃至濒于解体，社区组织重振旗鼓、面貌一新、日益壮大，开始向主导地位回归"（华伟，2000）。随着单位社会逐渐式微，城市社区在社会治理中的作用日益凸显。1986 年民政部开始提出社区服务的概念。随着城市社区建设进程的不断推进，城市社区有了快速的发展。《2016 年社会服务发展统计公报》显示，截至 2016 年底，基层群众自治组织共计 66.2万个。其中，村委会 55.9 万个，比上年下降 3.8%，村民小组 447.8 万个，村委会成员 225.3 万人，比上年下降 1.9%；居委会 10.3 万个，比上年增长 3.3%，居民小组 142.0 万个，居委会成员 54.0 万人，比上年增长5.4%。全年共有 9.7 万个村（居）委会完成选举，参与选举的村（居）民登记数为 1.7 亿人，参与投票人数为 0.9 亿人。

2. 新二元体制社会的影响

从前一部分的分析中可以看出，城乡二元结构的影响依然存在。例如，尽管近年来国家对户籍制度进行了一些改革，但是农民工等群体在城市尤其是大城市的落户依然受到很多限制，因而导致常住人口城镇化率高于户籍人口的城镇化率；一些大城市实行的户籍积分制度等"准入制"户籍制度改革措施依然具有较强的排斥作用（彭希哲等，2014）。城市和农村的公共服务水平仍然存在较为明显的差别，这种差别影响着社会流动。

与此同时，随着国有企业改革以及新经济社会组织的快速发展，体制外部门所吸纳的就业人数已经明显超过体制内部门，但是两个部门在社会保障水平和工作稳定性等方面存在较大的差异。也就是说，目前的劳动力市场存在着较为明显的"二元分割"现象。这也就意味着，中国的社会结构出现了明显的变化，在传统的城乡二元结构之外，又形成了政府和市场相并立的新二元结构。"市场化改革以来，建立在计划经济基础上的单位制社会与市场经济社会之间的关系（亦可理解为体制内社会和体制外社会），已不是后者渐进地取代前者，而是前者以局部地区和行业为依托形成与后者的相持、渗透和互动。两种社会机制的并存和互动，以及两种社会机制在不同地区的非平衡状况对中国社会的影响，是 20 多年来最有普遍意义的社会事实，这种普遍性当中已包含了当下中国社会结构的最主要特征"（刘平，2007）。面对社会结构的快速变化，体制内部门工作人员与体制外部门工作人员对于社会转型的感受和心理反应是存在一些差异的，相比较而言，"单位成员比非单位成员更安于现状，至少在失范感受和地位不一致层面上是如此"（李汉林，2014）。

二　市场经济与新社会阶层的崛起

改革开放以来，随着所有制形式的多元化，新社会阶层的规模不断壮大，也在持续推动社会阶层结构的多元化。最新统计数据显示，新社会阶层的规模已经达到 7200 万人。从生成机制上看，新社会阶层的崛起是市场化改革的必然结果。

（一）新社会阶层的定义

新社会阶层是在我国改革开放的进程中出现，并且随着市场经济改革的持续深入而不断壮大的一些新社会群体的统称。新社会阶层最早是作为统战工作领域的一个工作概念出现的。改革开放以来，我国的所有制形式、社会治理方式、社会分工以及产业结构等都发生了深刻的变化。这些新变化对我国的社会结构产生了重要的影响，使得计划经济体制下"两个阶级、一个阶层"的社会结构迅速地分化重组，从而导致社会阶层结构的构成状况更加复杂和多样。社会阶层结构的这种变化也对统战工作提出了新的要求。作为统战工作中的一个专有名词，从时间上看，新社会阶层这一概念最早出现于 2001 年。由于新社会阶层这一社会群体是在市场经济深入发展的进程中出现并且不断壮大的，因此，其定义和具体的构成也必然会随着经济社会的快速发展以及新兴业态的不断涌现而不断发生变化。根据最新的界定，新社会阶层主要包括四类不同的群体：民营企业和外商投资企业管理技术人员、中介组织和社会组织从业人员、自由职业人员、新媒体从业人员。从社会阶层的位置来看，新社会阶层大多属于社会中间阶层。从职业性质来看，新社会阶层大多在体制外部门工作，因此又可称为体制外中间阶层。

（二）市场化改革与新社会阶层的崛起

从生成机制来看，市场化是新社会阶层成长的重要推动因素，市场经济体制、市场化渠道以及市场能力是其生成、发展的三个重要机制。其中，市场经济体制是孕育催生新社会阶层的制度基础，市场化渠道是新社会阶层快速成长的核心动力；从个体的角度来看，新社会阶层自身具有很强的市场能力。

1. 市场经济体制的确立与发展是孕育催生新社会阶层的制度基础

改革开放之前，我国社会长期实行计划经济体制，国家和政府是企业生产、分配等各项经济活动的主要负责人。私营经济、个体经济长期受到国家政策的压制与意识形态的批判。而配合计划经济体制建立的单位制成为中国城市社会中政治、经济和社会体制的基石以及主要管理模式。单位制及与之相配套的一整套社会制度安排，通过对社会资源的控制和配置，为体制内的成员设置了一个独特的社会生活空间，使得人们在各个方面都严重受制于单位，形成某种共性化的生存模式，成为真正意义上的"单位人"。在这种体制下，没有单位，也就意味着"没有社会的保障"。因此，我国城市社会中仅存在干部、工人以及知识分子等主要群体，缺乏体制外群体大规模生成的制度性因素。而随着改革开放以及市场经济体制的确立，非公有制经济有了快速的发展，我国社会在产业与职业结构变迁的不断冲击下，原来简单、固化的社会结构出现了越来越明显的松动与裂变。社会结构的变迁使我们正面对一个与以往大为不同、更为复杂与多元的社会。在这一过程中，原先我国简单的"两个阶级、一个阶层"（即工人阶级、农民阶级和知识分子阶层）的社会结构逐渐被打破，社会正在形成并不断分化出新的社会阶层。伴随着私营经济、各类中介组织以及社会组织的成长，新社会阶层群体应运而生。

近年来，党和政府继续推进市场经济体制的发展与不断完善，并做出了一系列制度性的安排与变革。例如，中共十八届三中全会提出"市场在资源配置中起决定性作用"，2016 年 11 月 4 日通过的《关于完善产权保护制度依法保护产权的意见》，以及"大众创业、万众创新"战略的提出，极大地促进了非公有制经济的发展，解决了体制外群体的后顾之忧，使得体制外企业与部门可以安心发展，吸纳了大量的创业与就业人员，由此，新社会阶层不断成长与壮大。可以说，没有市场经济体制的确立，就没有新社会阶层的产生；没有市场经济体制的不断完善，就没有新社会阶层的壮大发展。

2. 逐步完善的市场化渠道是新社会阶层快速成长的核心动力

随着市场经济体制的确立与发展，较为完善的市场化渠道也逐渐得以形成。从就业人员的数量来看，大多数在体制外形成的行业与部门迅速增长。数据显示，在新社会阶层中，民营企业和外商投资企业管理技术人员约 4800 万人；中介组织和社会组织从业人员约 1400 万人；自由职业人员约 1100 万人；新媒体从业人员约 1000 万人。这 7200 万新社会阶层人士正是通过市场化渠道进入体制外部门工作，并逐渐成长为社会发展中举足轻重的新兴力量。另外，在批发和零售业，交通运输、仓储和邮政业，住宿和餐饮业，文化、体育和娱乐业以及信息传输、软件和信息技术服务业等行业，各种私营、外资企业吸纳了大量就业人员，成为我国就业渠道的重要增长极。

从就业方式看，传统的顶替父母、国家分配等方式在市场化渠道下逐渐式微，而新社会阶层主要通过市场化的方式实现就业，大多是在就业市场上自主择业，有些新社会阶层人士甚至选择了自由职业这种较新的就业形式。自主择业成为新社会阶层最主要的就业渠道，在特大城市中，个人直接申请应聘工作的比例为 61.1%，职业机构和他人推荐的比例为 22.1%。新社会阶层作为市场经济发展的产物，其产生方式是个性化的、自主的；其从事的职业是自主选择、自主经营、自我发展的，不受其他组织和个人的控制与干预，而这一点正是通过逐步完善的市场化渠道保障的。逐步完善的市场化渠道，为新社会阶层的就业以及人数的增长提供了核心推动力。

3. 强大的市场能力是新社会阶层自身发展壮大的内在机制

从市场能力角度而言，新社会阶层具有很强的市场能力。具体来看，主要有三种重要的市场能力，即对生产资料的财产占有、对教育或技术资格的占有和对体力劳动力的占有，基于这三种不同的市场能力产生了发达资本主义社会的三个基本阶层——上层、中间阶层和下层。在我国市场经济体制下，不仅体制外的创新创业人员需要很强的市场能力，而且体制外部门也主要依据个人市场能力的高低来选择从业人员。从生产资料来看，私营企业主、个体工商户等非公有制经济人士大多直接拥有属于自身的生产资料，在市场竞争中占有先天的优势。部分私营及外资企业的管理技术人员、中介组织或社会组织的成员拥有企业/组织的股份，其市场能力也较强。从受教育程度和技术资格看，新社会阶层的受教育程度普遍较高。调查结果表明，62.3%的新社会阶层人士接受过专科以上的高等教育，受教育程度普遍较高，而且大多数新社会阶层人士通过了本专业的职业资格认证，可以说，新社会阶层拥有的经济资源与文化资源正逐步趋于一致。而从对体力劳动的占有来看，新社会阶层都从事非体力工作。与社会的总体情况相比，新社会阶层在单位或企业中更多地从事管理活动，拥有更高的管理权限。因此，从这三方面看，新社会阶层具有强大的市场能力。此外，随着科学技术的进步以及新业态的不断涌现，部分新社会阶层人士的市场能力能够得以显现和发展。例如，2015年国家正式提出了"互联网＋"战略，这一战略的提出必然会推动相关新业态的快速发展，为新社会阶层的成长奠定坚实的基础。互联网技术与传统行业相结合催生的新业态，为自由职业人员以及新媒体从业人员施展才华提供了更为广阔的空间。由此，新社会阶层自身强大的市场能力，是其在巨变的新时代不断成长的内在机制。

第三节　新二元体制社会的影响

改革开放以来，随着市场化改革以及所有制形式的多元化，不仅市场在资源配置中的作用凸显，而且民营经济和社会组织等体制外部门也有了快速发展，从而形成了由政府和市场构成的新二元体制社会。从社会结构看，改革开放后出现的新二元结构与传统的城乡二元结构叠加在一起使得多维二元结构逐渐形成，在这种结构下，单位体制的式微、影响社会流动的体制壁垒、流动人口的增加、新社会阶层的崛起等都对社会治理提出了新的挑战。

一　社会流动中的体制壁垒

按照经典的二元经济结构理论，随着经济社会的不断发展，人口以及剩余劳动力会从各方面条件都比较差的农业部门向条件相对比较好的工业部门流动。受相关因素影响，在计划经济体制下，中国的城乡二元结构限制了人口的流动。在这种二元结构下，城乡之间以及不同单位组织之间社会流动的机会很少。改革开放以来，通过户籍制度改革，传统的二元结构对社会流动的限制有了很大的变化，相应地，城乡之间、区域之间的社会流动越来越频繁。近年来，随着城市化、工业化进程的不断加快，流动人口的数量不断增加，为经济和社会发展提供了充足的人力资源。事实上，改革开放以来中国经济增长的奇迹正是得益于这种"人口红利"。社会流动的频繁并不意味着传统城乡二元结构下形成的体制壁垒已经消除，在传统的城乡流动壁垒依然存在的同时，体制内部门与体制外部门之间的流动壁垒也逐渐显现出来。

首先，从传统的流动壁垒来看，由于户籍制度依然在发挥着作用，依附在户籍制度上的一些公共服务并没有完全剥离出来，在这个意义上，阻碍城乡人口流动的壁垒仍然存续。虽然越来越多的人可以从农村走向城市、从欠发达地区走向发达地区，但是不同户籍群体的社会保障水平存在一定的差异，不同城市户籍群体之间也存在类似的差异，大城市对于落户的限制也更多一些。其次，在城市中，随着新二元体制社会的形成，体制内部门之间的职业流动壁垒逐渐显现出来。在市场化改革进程中，随着国有企业和事业单位改革的不断深入，有相当一部分体制内部门人员流向了体制外部门；换一个视角来看，从体制外部门流向体制内部门的人员比例却很低。这也就意味着，职业流动中存在着较为明显的体制壁垒。一项对于新社会阶层职业流动状况的研究发现，从体制内部门流向体制外部门的人员比例要远高于从体制外部门流向体制内部门的人员比例。上述社会流动中的体制壁垒是一些社会不平等现象产生的重要原因，而且这种不平等在体制内部门与体制外部门之间有不同的表现形式。"以群体身份为边界，改革时期中国城市的社会分割是不断加剧的。因此，改革时期中国城市上升的不平等也包含了两种相互矛盾的景象：各种类型间的不平等在不断加剧，与此同时，各个类型内部却维持着一定水平的平等"（王丰，2013）。

二 流动人口的管理与服务问题

在新二元体制社会中，规模不断扩大的流动人口也引发了相关的管理与服务问题。这些问题主要包括：其一，农民工在城市社区的融入问题。2012 年初，民政部出台了《关于促进农民工融入城市社区的意见》，对如何促进农民工融入城市社区的相关问题进行了解答。但由于一些政策上的限制，农民工不能享受与城市居民同等的公共服务，而且这一因素也会影响农民工在居住地社区的融入，因此，如何通过相关制度的改革来有效消除社会流动过程中的体制性障碍依然是一项重要的任务。其二是流动人口的公共服务问题。目前城乡之间以及区域之间的公共服务水平存在一定的差距，流动人口很难享受到居住地高质量的公共服务。其三是农村人口外流引发的问题。目前流动人口具有很高的复杂性，从流动方式看，有整户流动，也有非整户流动；从流动区域看，有省内的流动，也有跨省的流动。近年来，规模不断扩大的流动人口在经济社会的发展中发挥了重要的作用，但是也对流出地产生了显著的影响。例如，由于农村人口外流而形成的留守儿童问题，以及"农村空心化"问题。因此，如何积极促进乡村振兴等是今后需要积极回应的问题。

三 新二元体制社会与社会治理面临的挑战

新二元体制社会的形成使得社会结构变得日益复杂，成为名副其实的复杂社会。社会结构的这种变化也对社会整合提出了新的挑战。以新社会阶层为例，由于具有体制外就业、职业流动性强等特征，新社会阶层很难被纳入传统社会治理体系，因而大多处于"无所属"的状态。其中的原因在于改革开放以来社会结构的变化导致社会治理中出现了结构性的问题。我国传统的社会治理体制与城乡二元结构相适应。自市场化改革以来，体制外部门的快速成长使我国出现了由体制内部门和体制外部门组成的新二元结构，与体制内群体相比，体制外群体不仅职业稳定性较低，而且由于处于"非组织化的状态"而缺乏利益表达渠道。与此同时，传统的二元结构依然存续，并且与新二元结构交织在一起形成多维二元社会结构。在多维二元社会结构下，传统的社会治理体制存在明显的局限性，不能实现对新社会阶层等一些体制外、党外社会群体的有效整合，这已成为全社会的共识。如何有效吸纳更广泛的社会群体参与社会治理，形成共建共治共享的社会治理新格局是当前社会治理创新应该破解的一个重要问题。

（一）城市社区建设问题

在传统的城乡二元结构下，城市的单位制在城市社会整合方面发挥着重要的作用。改革开放以来，随着单位社会的逐渐式微以及新经济社会组织的成长，单位在社会整合中的作用逐渐削弱。在这种情况下，由于缺乏社会整合的载体，中国社会出现了"社会原子化"问题（田毅鹏，2012；田毅鹏、吕方，2014）。1989年通过的《中华人民共和国城市居民委员会组织法》将城市居民委员会的性质界定为，"自我管理、自我教育、自我服务的基层群众性自治组织"。自从 1986 年民政部提出社区服务概念之后，国家陆续出台了一系列的政策措施来推进社区建设的进程。而且在社区建设的过程中，一些地方也积极探索，并且形成了一些具有代表性的社区建设模式。但总体来看，当前社区建设还面临着居民参与动力不足等较为突出和明显的问题。如何进一步增强城市社区居民的参与意愿是社区建设面临的重要任务，只有解决了这个问题，才能有效发挥社区在社会治理中的重要作用。

（二）新社会阶层的崛起与社会治理中的结构性问题

从社会治理的角度来看，如何对作为体制外的社会群体的新社会阶层进行有效的社会治理是一个现实问题。这也是创新社会治理体制致力于解决的一个问题，其中的关键就是新社会阶层的再组织化。在计划经济体制下，通过城市的单位制、农村的人民公社制度以及城乡分立的户籍制度，国家实现了对社会的有效整合。在城市，单位制集资源分配、社会整合、利益表达以及政治动员等多种功能于一身，使社会呈现明显的"过度组织化"的特征。改革开放以来，随着社会资源配置机制的改革，市场的作用变得越来越明显，与政企分开、政事分开等改革相适应，单位所承担的一些社会福利职能逐渐向社会剥离，单位人转变为社会人。新社会阶层事实上以"原子化"方式存在着，存在"去组织化"的问题。"目前我国城乡居民在社会组织化方面，程度最高的为国有单位职工，而其他成员在社会领域则普遍处于低组织化和非组织化状态之中"（徐永祥，2008）。除了日常的工作之外，新社会阶层与所在的工作组织几乎没有任何联系和沟通。新社会阶层大多具有受教育程度高、专业技术水平高、思想观念较为活跃、工作流动性高等特征。面对这些体制外的社会人，一些与单位制相适应的传统治理方式并不能很好地发挥整合新社会阶层的桥梁和纽带作用，其中的原因可以从新社会阶层的非组织化特征中寻找。新社会阶层的出现对社会治理体制的创新提出了严峻的挑战。如何通过社会治理体制的创新来实现新社会阶层的"再组织化"具有极为重要的意义。新社会阶层的再组织化是指通过各种形式将处于非组织化状态的新社会阶层重新组织起来，以更好地发挥这一群体在经济社会发展中的生力军作用。也就是说，通过多种形式的社会组织积极搭建交流的平台，将"原子化"存在的新社会阶层有机地整合起来，进而满足其社会参与的需要。大体说来，新社会阶层的再组织化途径如下。

　　首先，创造良好的政策环境，积极鼓励相关社会组织的发展，基于不同类型的社会组织将新社会阶层有机地"组织"起来。也就是说，通过切实可行的政策措施来积极鼓励新社会阶层根据自身的实际需求建立多种形式的社会团体类组织，充分发挥这些社会团体类组织在社会参与等方面的作用。现实中，随着近几年新社会阶层规模的壮大，很多地方成立了新社会阶层联谊会等组织，这些都是新社会阶层"再组织化"的积极尝试。其次，积极打造新社会阶层工作的平台和品牌。新社会阶层的活动平台对于促进新社会阶层内部不同群体的交流、增强新社会阶层的认同感和归属感具有非常重要的作用。同时，打造有影响力和号召力的活动品牌也是新社会阶层"再组织化"的一项重要内容。目前，一些地方已经开始着手这方面的工作。例如，上海打造"海上新力量"的新社会阶层活动品牌和工作平台，在新社会阶层中取得了很好的反响，所组织的活动得到新社会阶层的高度认同和大力支持。

　　此外，做好新社会阶层的工作还需要打破体制壁垒对其参与社会治理的限制。其一是积极吸纳新社会阶层人士实质性参与相关公共事务的决策。进一步完善有关决策的体制和机制，尤其是针对新社会阶层普遍关心的一些热点问题，不断畅通新社会阶层的利益表达渠道，采取切实可行的方式深入了解新社会阶层的利益诉求，积极引导新社会阶层参与决策。其二是实现基层社会治理创新，在社区建设过程中吸纳新社会阶层人士参与基层社会治理实践。在市场经济条件下，社区组织在联结新社会阶层人士方面具有不可替代的优势。针对新社会阶层职业流动性强的群体特征，要以加强社区建设为抓手，充分发挥社区组织在反映利益诉求、化解社会纠纷等方面的重要作用，通过专业化的服务来不断增强新社会阶层的归属感和认同感。其三是畅通新社会阶层向体制内职业流动的渠道。新社会阶层的跨体制职业流动呈现从体制内部门到体制外部门的单向特征，这意味着新社会阶层在职业流动过程中存在着明显的体制壁垒，他们很难进入体制内部门工作。做好新社会阶层的工作还需要通过政策的不断完善来打破新社会阶层跨体制职业流动中的体制壁垒，适当放开一些人才流动的限制，让更多的新社会阶层人士能够到体制内部门工作，充分发挥其专业优势。其中，通过跨体制交流的形式来吸纳新社会阶层人士到政府部门挂职锻炼也是一条有效的途径。其四是在社会保障政策方面尽快消除体制间的差别。新二元结构中的一个突出问题就是体制内部门和体制外部门在社会保障政策等方面存在明显的差异。尽快消除这种政策上的差异也是破除体制壁垒、解决社会治理中存在的结构性问题的一项重要内容。

参考文献

曹锦清、陈中亚，1997，《走出"理想"城堡——中国"单位"现象研究》，海天出版社。

陈潭，2007，《单位身份的松动：中国人事档案制度研究》，南京大学出版社。

郭书田等，1990，《失衡的中国——城市化的过去、现在与未来》，河北人民出版社。

国家卫生和计划生育委员会流动人口司，2016，《中国流动人口发展报告（2016）》，中国人口出版社。

国家卫生和计划生育委员会流动人口司，2017，《中国流动人口发展报告（2017）》，中国人口出版社。

亨廷顿，2015，《变化社会中的政治秩序》，王冠华等译，上海人民出版社。

华尔德，1996，《共产党社会的新传统主义》，香港：牛津大学出版社。

华伟，2000，《单位制向社区制的回归——中国城市基层管理体制50年变迁》，《战略与管理》第1期。

吉尔伯特，卡尔，1992，《美国阶级结构》，彭华民等译，中国社会科学出版社。

蓝海涛，2005，《我国城乡二元结构演变的制度分析》，《宏观经济分析》第3期。

雷洁琼，2001，《转型中的城市基层社区组织——北京市基层社区组织与社区发展研究》，北京大学出版社。

李汉林，2014，《中国单位社会——议论、思考与研究》，中国社会科学出版社。

李路路，2002，《论"单位"研究》，《社会学研究》第5期。

李猛、周飞舟、李康，2003，《单位：制度化组织的内部机制》，载中国社会科学院社会学研究所编《中国社会学》（第2卷），上海人民出版社。

李培林，2011，《中国社会》，社会科学文献出版社。

李培林、张翼，2007，《国有企业社会成本分析》，社会科学文献出版社。

刘建军，2000，《单位中国：社会调控体系重构中的个人、组织与国家》，天津人民出版社。

刘平，2007，《新二元社会与中国社会转型研究》，《中国社会科学》第1期。

刘易斯，1989，《二元经济论》，施炜等译，北京经济学院出版社。

陆学艺，2002，《当代中国社会阶层研究报告》，社会科学文献出版社。

陆益龙，2003，《户籍制度——控制与社会差别》，商务印书馆。

路风，1989，《单位：一种特殊的社会组织形式》，《中国社会科学》第1期。

——，2003，《中国单位体制的起源和形成》，载中国社会科学院社会学研究所编《中国社会学》（第 2 卷），上海人民出版社。

彭希哲等，2014，《中国大城市户籍制度改革研究》，经济科学出版社。

孙立平等，1994，《改革以来中国社会结构的变迁》，《中国社会科学》第 2 期。

田毅鹏，2012，《转型期中国城市社会管理之痛——以社会原子化为分析视角》，《探索与争鸣》第 12 期。

田毅鹏、吕方，2014，《"单位共同体"的变迁与城市社区重建》，中央编译出版社。

田毅鹏、漆思，2005，《"单位社会"的终结》，社会科学文献出版社。

托达罗，1988，《第三世界的经济发展》（上），于同申译，中国人民大学出版社。

王丰，2013，《分割与分层——改革时期中国城市的不平等》，马磊译，浙江人民出版社。

徐永祥，2008，《社会的再组织化：现阶段社会管理与社会服务的重要课题》，《教学与研究》第 1 期。

杨晓民、周翼虎，1999，《中国单位制度》，中国经济出版社。

应星，2015，《中国社会》，中国人民大学出版社。

张海东等，2017，《中国新社会阶层——基于北京、上海和广州的实证分析》，社会科学文献出版社。

Nee, Victor. 1989. "A Theory of Market Transition: From Redistribution to Markets in State Socialism." *American Sociological Review* 5.

Nee, Victor. 1996. "The Emergence of a Market Society: Changing Mechanisms of Stratification in China." *The American Journal of Sociology* 4.

第三章　城镇化与农民工问题

　　全国妇联根据 2010 年第六次全国人口普查数据推算，2013 年中国共有 6102.55 万农村留守儿童。2016 年多部门联合开展的农村留守儿童摸底排查工作的统计认为，全国不满 16 周岁、父母均外出务工的农村留守儿童数量为 902 万人。现今社会，人们对于"打工"二字并不陌生，而一系列涉及留守儿童的悲剧性事件使打工者的子女进入大众的视野。个体的内在命运总是与时代的脉搏相关。米尔斯提出的社会学想象力就是我们所需要的一种心智品质，这种品质能让我们看到事情的全貌，看清世事（米尔斯，2001）。中国自 20 世纪 80 年代以来的快速发展在一定程度上是以二元结构为代价的。在城乡二元结构之下，在贫困的农村地区，人们出于生计考虑而不得不外出打工；而城市地区虽然各项社会保障与社会福利的水平远高于农村，但这些却不能被为城市建设与发展做出贡献的农民工所享受。在这一章，我们将系统分析城乡二元结构是如何形成的？如何通过有效的途径来解决城乡二元结构与农民工的问题。

第一节　城乡二元结构与农民工的迁移

　　工人是一种职业身份，意味着一种新型工业劳动力的出现以及使用方式，而其前缀"农民"则是一种制度性的正式身份。"农民工"这一称谓意味着这一劳动主体的职业和身份转化都受到建基于户籍制度的中国城乡二元体制的约束：他们身在城市，却无法享受城市的公共服务与多项福利供给，他们长期的劳动力再生产需要在农村进行。国家统计局发布的《2017 年农民工监测调查报告》显示，2017 年全国农民工总量为 2 亿 8652 万人，其中，本地农民工 1 亿 1467 万人，异地农民工 1 亿

7185 万人。^① 接下来，我们将讨论中国户籍制度的产生与演变、农民工的城市认同与迁移意愿以及特大城市对流动人口的治理情况。

一 户籍制度与城乡二元结构

（一）中国户籍制度

中国现行户籍制度起源于计划经济时期形成的城乡二元结构。城乡二元结构意味着以户籍制度为基础的两种截然不同的生产与资源分配制度。计划经济时期，中国社会中的资源是通过行政性再分配方式配置的，而不是由市场进行配置，资源配置方式存在明显的城乡差别。例如，城市中的教育和基础设施几乎完全由国家财政负担，而国家在农村地区的教育和社会福利上的投入非常少，大部分需要农村自己负担。但是，农村往往缺乏自己负担教育和公共服务的能力。改革前，为了加快推进工业化建设，我国采取工农业产品价格"剪刀差"的方式来进行城市工业建设：一方面运用诸如强制性的粮食统购统销等行政手段，将农产品剩余分派给城市，进而转化成工业积累；另一方面，严格限制农村居民迁往城市，以减轻城市人口压力、降低劳动力成本，进而促进城市工业的发展。结果，在农产品与工业产品的剪刀差下，农村地区将粮食、原材料以低廉的价格送往城市，在购买工业产品时将货币交给城市；同时，农村地区还要自行承担社区基础设施建设与公共服务的成本。这种发展与资源分配的模式使农村和农民难以共享社会发展成果，导致农村地区的贫穷与落后。

1950 年，我国户籍管理制度的雏形就形成了。1950 年 8 月，公安部制定了《关于特种人口管理的暂行办法（草案）》，同年 11 月，出于防范反革命分子和危害治安分子的需要，第一次全国治安工作会议要求先在城市开展户籍管理工作。1951 年 7 月，经政务院批准，公安部颁布实施《城市户口管理暂行条例》，建立了全国统一的城市户口登记制度。1953 年 4 月，政务院发布《为准备普选进行全国人口调查登记的指示》，并制定了《全国人口调查登记办法》。随着 1953 年粮食统购统销制度的实施，粮食生产和分配开始与户籍制度联系起来。1954 年 12 月，由内务部、公安部、国家统计局联合发出通知，要求普遍建立农村户口登记制度。1955 年 11 月 7

---

① 数据来源：国家统计局《2017 年农民工监测调查报告》，http://www.stats.gov.cn/tjsj/zxfb/201804/t20180427_1596389.html。

日，国务院全体会议第二十次会议通过《关于城乡划分标准的规定》，确定将农业人口与非农业人口作为人口统计指标。1956 年 2 月，国务院要求把全国的户口登记管理工作全部交给公安机关，至此，户警相结合的户籍管理模式初步建立。

1958 年 1 月，《中华人民共和国户口登记条例》（以下简称《条例》）的颁布标志着新中国户籍管理制度的正式确立和管理法制化的开始，成为二元社会管理体制的基石。《条例》明确规定，中华人民共和国公民都应当依照《条例》的规定进行以户为单位的户口登记，户口成为证明居民身份的有效依据，并与国家对居民生老病死、迁移流动等各项社会活动的管理相挂钩。基于户籍制度，在 1958～1978 年的 20 年间，中国户籍管理总体上处于限制迁移期。因为基本生活资料的配给都与户口、单位等密切挂钩，不经批准而擅自流动的农民很难在城市生活下去。在户籍制度运作的最初 20 年间，政府通过行政手段掌控城市与工业的发展，而生活资料短缺、公共服务短缺等问题在农村集聚。结果，社会整体发展愈加不协调，中国社会形成了以城乡分异为基础的二元结构。

（二）新二元结构的出现

随着改革开放的深入与市场经济体制的确立，城乡分割户籍制度的负面效应充分暴露出来：限制了人力资源和生产要素的自由流通、经济机会的均等和分配的公平。党的十一届三中全会后，家庭联产承包责任制使农民有了自主权，得以在农闲时期外出打工；而市场经济的发展与私营领域的出现，使农村剩余劳动力得以被吸纳进工业生产中。然而，中国自 20 世纪 80 年代以来的快速城镇化在一定程度上就是以户籍制度的基本延续为基础的，农民虽然获准进入城市，但在城市遭遇了一系列制度性歧视：一方面，在城市二元劳动力市场中，城镇居民的工作领域与农民工的劳动领域被分割开来，一些工作明确要求从业者需要有当地户口；另一方面，诸多公共物品的分配是与户籍相挂钩的，故而，农民工很难从城市获得与城市居民同等的教育、医疗、养老等公共服务。城市中的户籍人口与流动人口在政治权利、社会保障等方面存在很大差异，进而带来了我们所熟知的城中村、棚户区、蚁族、蜗居等问题。

（三）户籍制度改革的进程与模式

早在 20 世纪 80 年代初期，中央就提出了"控制大城市规模，合理发展中等城市，积极发展小城市"的城市发展方案，并且逐步推动户籍制度改革。1993 年，政府草拟了户籍制度改革总体方案，提出包括"统一城乡户口登记制度；实行居住地登记户口原则，以具有合法固定住所、稳定职业或生活来源等主要生活基础为基本落户条件，调整户口迁移政策"的改革目标。2000 年以后，多部政策法规的出台推动了小城镇户籍制度改革，中共中央、国务院下发的《关于促进小城镇健康发展的若干意见》规定在县人民政府驻地有合法住所、稳定职业与生活来源的农民可以根据本人意愿转为城镇户口。2004 年，大中城市户籍制度改革开始推进，农民进城落户条件得以放宽。目前来看，我国的户籍制度改革模式主要有以下三种。

第一，直接的户籍准入制。2000 年，广东、浙江、上海、江苏、河北等多个省市宣布废除"农转非"指标限制，并取消农业户口与非农业户口的区分，这意味着如果农民想要获得小城镇的户籍只需要有稳定的生活来源与合法住所。此外，不少城市也探索出符合当地需求的户籍准入制度，例如河北省以"具有合法固定住所、稳定职业或生活来源"为落户条件。

第二，居住证制度。中国一些一线和二线城市仿效西方国家的"绿卡"制度，使居住证持有者可以在当地享受一些基本的公共服务与便利措施。以上海市为例，2009 年 2 月，上海市政府发布《持有〈上海市居住证〉人员申办本市常住户口试行办法》，居住证持有者的子女可以在上海市参与义务教育、参加本市社会保险、享受本市基本公共卫生服务、办理各种证照等。

第三，积分入户制度。2010 年 6 月，广东省政府出台《关于开展农民工积分制入户城镇工作的指导意见》，引导和鼓励农民工通过积分入户城镇、融入城镇。但在实施过程中，入户名额并不多，普通农民工几乎不可能获得足够的积分。

总之，近年来的户籍制度改革是循序渐进地推进的，诸多新制度对以往制度仍有依赖性。尽管户籍制度改革的基本目标是逐步剥离附着在户籍之上的社会福利，但实际上，与教育、医疗、劳动就业等相关的社会福利与保障仍然以城乡分异和行政区划为基本特征，因此目前的户籍制度改革依然不足以撬动城乡二元结构和城市新二元结构，促进基本公共服务均等化、使全体劳动者共享社会进步的成果仍需社会各界共同努力。

二 农民工的城市认同与迁移意愿

（一）农民工的城市认同

从农村进入城市后，农民工的社会生活场域发生了巨大变化，他们从同质性的、情感性的乡土社区进入异质性的、工具性的现代城市社会。农民工对城市的认同情况在一定程度上成为衡量他们城市化状况的重要指标。

农民工的城市认同既是一种制度安排，也是一种自我建构，是个体因素、制度因素和网络因素综合作用的产物。有研究者发现，虽然农民工作为一个群体，在城市工作和生活了近三十年，但他们的城市认同水平普遍不高。72.6%的被调查者（样本量为3086）认为自己还是"农民"，而51.7%的被调查者感觉"自己不属于这个城市"（蔡禾、曹志刚，2009）。

城市认同包括身份认同与空间认同。前者是指认为自己从身份上看不再是农民，而是城市居民；而后者是指自己属于打工所在的这个城市。但这两种认同体现在个体身上时，出现了某种程度的混合。有些人认为自己是农民，不属于所在的城市，这时，他们的认同是"隔离型认同"；有些人不再认为自己是农民，而是属于打工所在的城市，这时，他们的认同是"融入型认同"；有些人虽认为自己不再是农民，但并不认为自己属于打工所在的城市，这时，他们的认同是"游离型认同"；还有些人认为自己仍然是农民，但是认为自己属于打工所在的城市，这时，他们的认同是"断裂性认同"。研究表明，具有隔离型认同的农民工最多，占调查总量的28.2%，其次是具有断裂性认同的农民工，占调查总量的26.1%。

那么，哪些农民工的城市认同水平更高呢？研究显示，农民工的市场能力、对制度压力的感受情况，以及他们在城市中的社会网络状况与他们的城市认同水平呈正相关。这告诉我们，农民工在城市工作和生活时，往往是通过市场能力来获得在城市中新的职业身份，通过感受到的制度压力来认识目前所处的外部空间环境，同时在城市生活中逐步构建与城市居民之间的社会网络。只有同时具备市场能力提升、制度压力减少与社会网络拓展三个条件，农民工才能真正实现身份认同与空间认同上的城市化。

（二）农民工的迁移意愿

农民工从农村来到城市是一种迁移行为，那么农民工为什么要进行这种耗时耗力的迁移？新古典经济学主要用经济发展过程来解释劳动力的迁移。早在 1880 年，英国学者雷文斯坦就发表了一篇题为《人口迁移之规律》的论文，提出了七条人口迁移规律：第一，短距人口的迁移方向主要是工商业发达的城市；第二，流动的人口首先迁居到城镇的周边地带，之后再迁居到城镇；第三，全国各地的流动多为农村人口向城市的流动；第四，每次大的人口迁移也会带动作为补偿的反向流动；第五，长距离的流动基本是以大城市为目标；第六，城市居民的流动率低于农村居民；第七，女性的流动率要高于男性（参见李树茁，1993：14）。根据推拉理论（阿郎革、黄为藏，2001），在完全市场经济条件下，农民工向城市流动的过程就是市场机制依据工资收入与劳动力供求规律自发对劳动力资源进行重新配置的过程。而经济学家刘易斯在 1954 年发表的一篇题为《经济发展与无限劳动力供应》的文章中提出了二元经济结构模型，认为劳动力迁移是经济发展导致的地区间劳动力供需差异造成的（Lewis，1954）。在一国之内，工业化和城市化过程通常会导致城市与农村在劳动力供求上的不平衡，使农村存在的大量剩余劳动力流向城市。新移民经济学（Massey et al.，1993）在个体理性选择基础上进一步提出个体的理性计算是以具体群体为参照的，所以在其净收益的计算之上，还存在相对剥夺和相对满足的问题。个体通过迁移来改变在参照群体中的地位，甚至通过迁移来改变参照群体以降低相对剥夺感、提升相对满足感。此外，迁移背后的理性计算也并不一定是以个体为单位，而是以家庭为单位。而迁移或留守实际上是一个家庭为了分散风险而采取的经营策略。

仅使用经济收入这一指标虽然能够解释某个农民工为何会到城市打工，但是并不能据此推断其希望留在城市生活，想把户口迁到城市中来。在我国，定居——永久性迁移——总是与户口迁移挂钩的，而户口迁移是一个基于经济、社会、文化等多种复杂因素的选择。当下，相比农民工为什么进行迁移，一个更需要讨论的问题是：如果我们放松户籍限制，那么是否会有超出城市各方面承受能力的人口涌入，带来巨大的公共服务、社会福利压力？

蔡禾与王进（2007）对农民工迁移意愿的研究显示，在面对是否愿意把户口迁移到城市这一问题时，农民工所考虑的不再是经济问题，而是制度与公平问题。农民只要保留农村户口，哪怕没有责任田，也有最后的保障。户口迁移意味着他们永远离开祖祖辈辈生活成长的地方，离开他们的亲朋好友和社会支持网络，离开他们熟悉的环境与文化，进入一个陌生的社会。因此，当农民工需要做出是否迁移户口的决策时，他们考虑更多的是自己是否适应城市生活方式，是否熟悉城市的环境，是否能在城市获得平等的生存与发展机会。

从常识出发，我们往往认为农民工在城市获得的待遇越平等，心理感受越好，越愿意把户口迁移到打工所在的城市。但蔡禾与王进（2007）发现，真正愿意获得城市户口的恰恰是那些受到歧视、心理压力大、认为"没有户口生活就会很成问题"的农民工。他们希望通过获得城市户口来获得公平和平等的发展机会。出于种种原因，城市户籍居民与农村户籍居民在城市的经济、社会、文化、教育、政治等各个领域仍然存在诸多的差别或潜在的不公平，这些差别阻碍着农民工实现自己在城市社会中的追求和抱负，而产生这些差别的原因被归于户籍制度。实际上，相比于一纸户口而言，公平享受社会发展与进步的成果，获得平等的工作、生活和发展机会，对农民工的实际意义更大。

三　特大城市的流动人口治理

资源集中于城市，尤其是优质资源集中于特大城市，使得大量人口向城市尤其是特大城市集中，这也给这些城市带来了极大的压力。2013 年，中国共产党第十八届中央委员会第三次全体会议通过的《中共中央关于全面深化改革若干重大问题的决定》提出，严格控制特大城市人口规模。2014 年 7 月，中华人民共和国国务院发布的第 25 号文件《关于进一步推进户籍制度改革的意见》明确指出，要严格控制特大城市人口规模。2015 年，中共中央政治局在审议通过的《京津冀协同发展规划纲要》中提出，2020 年北京市人口规模要控制在 2300 万以内。而上海市人民政府于 2016 年发布的《上海市城市总体规划（2016～2040）》将上海市 2020 年的常住人口规模限定在 2500 万。这些文件都将减少包括农民工在内的流动人口设为特大城市人口治理的主要目标。在近几年的流动人口治理中，北京、上海等特大城市主要采取了以下几种方式。

第一，以房控人。北京、上海等特大城市的"以房控人"是指通过拆除违法建筑以及整理清除群租房、城中村、非法密集公寓等方式降低人口密度，提升城市生活成本，进而减少外来人口数量。例如，2014 年，上海市启动了 11 个城中村改造试点，拆除二级旧里以下房屋 55 万平方米，2.4

万户居民搬迁。① 同年, 上海市松江区通过群租整治, 减少了14万实有人口, 在此基础上, 2015年继续减少了近8万人。② 而拆除违章建筑也取得了明显效果, 截至2016年底, 上海已拆除违法建筑2400多万平方米。③ 第二, 以业控人。劳动密集型企业需要大量劳动力, 不仅导致外来人口大量聚集, 而且会衍生周边市容、交通、安全等诸多问题。北京、上海等特大城市在城市人口调控方面试图通过产业结构调整, 将非核心产业疏解到特大城市以外, 进而减少人口数量。以业控人需要政府以补贴社保、加大职业培训力度、降低税收、给予资金支持等方式补贴企业或当地户籍劳动力。第三, 以证控人。居住证原本是用来缓解城市新二元结构压力的户籍制度改革方式, 但在流动人口调控目标下却成了人口数量控制的主要方式之一。

然而, 过度排斥流动人口和外来务工者的结果将是低端劳动力的供给短缺, 造成生活服务价格飙升, 最终会提升企业营商成本, 被赶走的可能不仅仅是外来人口, 同时还有可能是依靠这些人提供生活服务的企业与高端劳动力。即便特大城市人口调控政策真的能够有效减少流动人口数量, 且不论带来的财税收入锐减、用以吸引和补贴创新企业的资金匮乏等问题, 城市社保体系也会陷入困境, 本地户籍居民也会受到排斥外来人口的影响。④

第二节　城市与城镇化

20世纪80年代以来, 我国一直试图以城镇化的方式推动农村地区发展, 解决农村贫困问题, 并赋予农民工与城市居民同等的发展机会。那么, 我国城镇化的动力是什么? 城镇化模式有哪些? 围绕中国城市发展存在哪些争论? 本节将重点讨论这些问题。

---

① 资料来源:《上海城中村改造, 诈漂一族, 我们住哪?》, http://sh.leju.com/zhuanti/czcgz/。

② 资料来源:《松江人口倒挂现象: 治理群租入手, 以房调控人口》, http://sh.house.qq.com/a/20160829/006138.htm。

③ 资料来源:《上海为什么大规模拆违建》, http://www.sohu.com/a/127340412_581209。

④ 资料来源:《"以业控人"必然伤及城市竞争力》, http://news.ifeng.com/a/20150410/43523791_0.shtml。

一 城镇化的起源与发展

(一) 城镇化及其起源

城镇化是人的生活、行为和社会活动的场域由农村向城镇转变的过程,强调社会生产的主体从农村向城镇转移,强调社会生活方式由城镇向农村渗透。从这个意义上看,城镇化至少包括两个过程:一是人口的城镇化,即农村人口向城镇集中,城镇人口和城镇数量不断增加;二是城镇经济关系的增加、生活方式的普及,居民的就业方式逐步城镇化。

关于城镇化的起源和发展,目前学术界存在两种不同的观点。一种观点认为,城镇化和城镇几乎是同时产生的,因为城镇一经产生,便马上会在各种推力下自我发展或被动扩张。这种观点认为,城镇在数量、规模、特征等方面的任何增长变化都是城镇化过程的表现。但另一种观点认为,城镇化始于第一次工业革命,是近代以来的独特现象,是近现代城镇形成的必经过程。工业革命改变了自给自足的自然经济,机器大生产替代了原有的手工作坊,成为主要的生产形式。工业化使大规模的人口聚集得以可能,进而使人类的生活模式发生了划时代的改变。因此,城镇化应被看作工业革命引起的人类社会构成方式的根本性变化,并会不断地向深度和广度推进(蔡禾,2011)。

(二) 城镇化的动力

无论城镇化是与城镇同步产生的还是由工业革命引发的,城镇化进程总会受到该地域的政治、经济、文化、环境等因素的影响。总的来看,城镇化的动力主要来自以下四个方面。

第一,工业化。工业化对城镇化的促进作用主要体现为:现代工业发展所带来的产业结构与生产方式变化必然导致人口结构变化;工业化强化了城市的中心地位,以大工业为基础的城市经济成为国家经济生活的主导,生产力发展的中心从农村转移到城市;工业化也使得新型的经济关系和生活方式逐渐渗透到农村,改变了农村的生产生活方式。

第二,第三产业的发展。工业化发展到一定水平后,对社会经济发展的促进作用会日益减弱。这时,第三产业将替代工业化成为城镇化的主要动力。据统计,1820 年美国第三产业的从业人员占从业总人口的 15.3%,1977 年这一比例上升到 62.9%。1978~2007 年,北京市的服务业带动全市 GDP 增长了 17 倍。

第三，科学技术的发展。一方面，科学技术的发展促进了劳动生产率的提高，使人们拥有了更多的闲暇时间，对娱乐和文化有了更高的需求，有力地促进了第三产业和城市的发展；另一方面，科学技术的发展不仅能够拓展城市发展的物理空间，而且使城镇经济的发展突破了诸如能源不足、市场不大的局限；此外，科学技术的发展还使城镇中出现了许多新兴产业，并提供了许多新就业岗位，吸引了更多的劳动力。

第四，政策推动。城镇化不仅是一种经济和地理现象，也是一种社会与政治现象，尤其是在中国，政策对城镇化的推动作用不容小觑：一方面，政策会影响城镇人口的增长规模和人口结构，其中，经济政策还会引导城镇的发展方向。可以说，政府资源流向哪里，基础设施、人口就向哪里聚集，城镇就向哪里扩张。另一方面，政府主导的城镇规划和出台的强制性的政策措施，能够直接推动城镇建设和发展。例如，深圳就是在改革开放的推动下迅速建成的现代化大都市；位于河北保定的雄安新区也将伴随非首都功能的转移而成为一座新理念引领的现代新型城区。

（三）西方国家的"城市病"

随着城镇化进程的推进，西方国家在 20 世纪初叶出现了"城市病"。以英国和美国为例，"城市病"主要表现在以下几个方面。

第一，城市居民住房紧张，居民生活条件极其恶劣。以美国为例，1890 年，美国平均每套住宅居住 5.45 人，贫民窟充斥各大城市的市中心；1879 年，纽约贫民窟有 2.1 万个，1900 年增至 4.3 万个，容纳了纽约市超过 1/3 的人口。

第二，环境污染严重，公共设施匮乏，疫病流行。在整个 19 世纪，英国的环境污染都是触目惊心的。泰晤士河受到 400 余条污水管道的污染，贫民窟成了伤寒、霍乱和其他传染病的滋生场所。美国芝加哥等工业城市的环境状况与之类似。

第三，城市贫困问题严重，社会整合失范，社会冲突尖锐，犯罪率高企。普通工人的处境悲惨，每天工作时间长达十几个小时，即便如此，辛劳工作的工人却难以养家。贫困带来了各种社会问题，仅在美国的芝加哥，从 1881 年到 1989 年，杀人案件就从 1266 起增长到 7480 起，增长了 5 倍。

第四，城市建设规划滞后，发展无序。由于西方早期城市的发展几乎是自发性的，并且发生在第一次工业革命后的几十年间，人们对城市规划尚无经验，新建的城市街道狭窄拥挤，建筑杂乱无章，公共设施和绿地更是无从谈起，管理也非常滞后。以英国为例，城市化使英国城市成为欧洲最脏乱的场所。19世纪，曼彻斯特是尽人皆知的"黑乡"，而伦敦则发生了"毒雾事件"。

　　针对这些问题，西方发达国家主要采取了完善公共交通体系、缓解交通拥堵问题、整治贫民窟、建设廉价公租房、去中心化、实现资源的均衡配置、建设卫星城、缓解中心区发展压力等举措进行应对，这些举措为我国"城市病"的根治提供了有益的借鉴和启示。

二　中国的城镇化模式

（一）小城镇主导型城镇化

　　在破解中国城乡二元结构、推动农村发展的问题上，费孝通提出了著名的小城镇路线，即通过小城镇建设带动农村的城镇化。通过发展小城镇来推动我国农村经济的发展并解决农村剩余人口问题的观点，主要是出于人口分布的考虑。费孝通通过对西方国家城市化的了解，认识到城市化进程往往导致人口向大城市集中，进而带来一系列难以根治的"城市病"。他认为，在当时的国情下，十几亿人的吃、住、工作本身就是一个大问题。多年来，由于户籍制度的屏障作用，农村中隐藏了大量剩余劳动力。使这十几亿人都工作生活于大城市，在中国根本没有实现的可能。加之费老长期在苏南一代调研，发现苏南地区的乡镇企业已经发展起来，随着工业的发展，基于能源、运输、市场、仓储的需要，人口也自然地向小城镇集中，人流、物流的增加带动了小城镇的发展（宋林飞，2000）。小城镇发展路径根植于中国农工相辅的历史传统；小城镇是人口蓄水池，可以为农村剩余劳动力的转移提供主要的渠道；乡镇工业以及与之相伴随的小城镇的发展，可以开创以工养农、以工补农、城乡互惠的新局面。

　　小城镇发展的直接动力是农村工业化，即乡镇企业的发展。这既是以费孝通长期进行的小城镇调研为基础的，又是以20世纪80年代家庭联产承包责任制的施行以及农民对致富的追求为条件的。然而，进入20世纪90年代后，中国城市的发展与费孝通的设想并不一致。随着城市改革的启动、推进和深化，城市对农村劳动力的需求越来越大、开放程度越来越高，大量农民进入城市务工；而乡村工业也由于产品质量低劣、污染生态环境等而被诟病；乡镇企业与农民的关系也不再是想象中的以工养农、以工补农，企业开始对农民的劳动力进行掠夺，造成了劳资对立，破坏了乡土之情（王小章，2012）。结果，到 20 世纪 90 年代末，以小城镇建设为主导的城镇化路径陷入了困境。

（二）大城市与城市群模式

城市群是指在特定地域范围内，以一个特大城市为核心，由至少三个以上大城市为基本构成单元，依托发达的交通和通信等基础设施网络所形成的空间结构紧凑、经济联系紧密并最终实现高度一体化和同城化的城市群体（方创琳等，2018）。而当一个城市密集地区扩展到大城市数量超过 3 个、人口总规模超过 2000 万、人均 GDP 超过 1 万美元、城镇化水平高于50%、非农产业比例大于 70%、核心城市 GDP 中心度大于 45%、经济外向度大于 30%、经济密度大于 500 万/平方公里、能形成 1～2 小时经济圈时，就可以认为这一城市密集地区达到了城市群发育的基本标准，可按照城市群来建设（方创琳，2015）。进入 21 世纪以后，随着工业化的快速推进、人口规模的迅速增大，珠三角、长三角等地区开始形成城市群。由于城市群是中国与世界联系的门户和枢纽，是当今世界最具竞争力的核心区，因而被看作国家城镇化的主体形态。

目前，我国主要有三个城市群。第一个是珠三角城市群。珠三角城市群由 20 世纪 80 年代"三来一补"产业贴牌生产带动，发展出"顺德模式"、"南海模式"、"东莞模式"，并促进了乡镇企业的发展。随着珠三角地区更深入地参与全球生产贸易以及经济能力的提高和土地的升值，城市空间逐步扩大，配合国家"十二五"规划，珠三角城市群成为国家重点建设的国家级城市群，目前已经日趋完善。第二个是长三角城市群。长三角城市群被认为将成为世界第一超级经济区。而长三角世界超级城市群扩围后的定位是：全球经济科技的新中心，长江经济带、沿海经济带、海洋经济区的枢纽和中心，丝绸之路经济带和 21 世纪海上丝绸之路经济带的总枢纽（方创琳等，2015：524）。但是由于长三角城市群跨越了不同省份，所以区域和城市的协调与统筹发展存在一定的障碍。第三个是京津冀城市群。与上述两个城市群相比，该城市群的发展存在更多的问题：城市间发展不均衡，贫富差距大；区域生态退化、环境污染严重；产业转型升级之后，重化工倾向严重。

但是，以城市群为主导的城镇化模式，在带动更广大农村地区发展方面作用并不明显，所以，以城市群为主的城镇化模式到底是继续强化了城乡二元结构、拉大了城市与农村之间的差距，还是缩小了城乡差距，仍然存在争论。

（三）统筹城乡的新型城镇化

2012 年 11 月，党的十八大对中国城镇化的历史经验、当下状况与未来路径做了详尽的阐述。2013 年，中国共产党第十八届中央委员会第三次全体会议通过的《中共中央关于全面深化改革若干重大问题的决定》指出，中国要坚持中国特色的新型城镇化道路。2014 年，中共中央、国务院印发的《国家新型城镇化规划（2014～2020 年）》从政策层面明确了未来城镇化的发展路径。

在向城乡一体化行进的路上，新型城镇化道路建立在对传统城镇化道路进行反思的基础上，试图从新型工业化、信息化、城镇化、农业现代化相融合的角度审视中国特色的城镇体系构建和城镇化道路选择。新型城镇化道路与以往城镇化道路的不同之处在于强调民生、可持续发展与发展质量。其核心目标在于城乡的统筹与一体化、城乡居民收入的普遍提高、贫富差距的缩小、产业结构的优化与升级、城乡环境的优化与碳排放量的下降、资源利用的高效。

新型城镇化的路径与以小城镇为主导的城镇化、以城市群为引领的城镇化也存在差异。

其一，以往的城镇化所依托的中国经济的发展过度依靠劳动力、资本和资源等要素的投入，但新型城镇化意味着中国经济总体发展模式的升级，其产业基础为各种创新平台。其二，过往城镇化背景下大部分城市建设与投资发生在大中城市，城市与乡村发展差距悬殊。而新型城镇化的发生空间在县域，以农村土地制度的创新与变革为驱动，探求农民财富积累的可能性。其三，关注城镇化相关的公共服务体系建设，构建城镇化的社会基础。不同于以往城镇化道路，新型城镇化不是城市的简单蔓延与扩展，而是利用城市中的新机制和新理念服务于城镇化进程中的新市民。其四，推动半城镇化、半市民化向城乡一体化发展，构建新型城镇化的制度基础。通过释放制度红利、加快户籍制度改革来有序推进农业转移人口市民化，并通过不断提高与新型城镇化相适应的城镇政府的公共管理水平，促进基本公共服务均等化（单卓然、黄亚平，2013）。

总之，新型城镇化的质量内涵是民生与可持续发展，其核心目标是对平等、幸福、转型、绿色、健康和集约的追求，其具体内容是实现区域统筹与协调一体、产业升级与低碳转型、生态文化和集约高效、制度改革和体制创新，将通过城乡全面深化发展推动中国整体社会发展质量的提升。

三 关于中国城市发展的争论

（一）城镇化进程中的农民与农地问题

周飞舟、王绍琛（2015）的研究显示，地方政府通过土地征用、开发和出让，一方面获得了能够用以进行城市基建的国有建设用地，另一方面获得了大量土地财政收入，并在地方融资平台的运作下，从银行获得土地抵押贷款用于城市建设，进而形成由土地、财政、金融三要素构成的循环机制，这个循环机制不断将土地和资金卷入城镇化进程，形成了繁荣的造城景象，被称为"三位一体"的新城镇化模式。

然而，在城镇化进程中，农民并没有真正获利。农民的农用地与宅基地被征收，伴随"资本下乡"而来的是"农民上楼"。当然，虽然农民获得了相当于其最终出让价格一定比例的补偿，但他们的总体利益蒙受了损失。农村土地征用的补偿大多是耕地补偿，而农民上楼的补偿则是对宅基地的补偿，但后者的标准并不是依据市场供求水平制定的，而且会因各地政府政策的不同而有所差异（周飞舟、王绍琛，2015）。总之，所谓"分享城市化的收益"，在本质上是由地方政府的土地和城镇化政策决定的，农民虽得到了一些收益，但没有得到获得收益的权利。也就是说，农民是在以低价的宅基地满足城市的建设用地需求，支持城市扩张。

因此，城镇化和农地征收过程中的农地确权、登记、颁证，以及土地流转在政策、制度和实践层面如何操作，在整个过程中，如何保护农民利益不受损害仍然是亟待解决的问题。

（二）特大城市的人口规模争论

特大城市的承载力到底有多大？对这一问题目前仍然存在争论。复旦大学经济学教授陆铭（2016）认为，简单地将"城市病"与城市人口规模联系在一起，然后由此得出应该控制城市人口规模的结论是狭隘与短视的，城市扩张与发展的好处多于"城市病"带来的问题，而人口控制是在为城市管理能力与技术不足做掩护。

陆铭（2016）认为，中国的大城市还会继续扩张和发展，人口也会持续增加。这是因为中国仍然处于城镇化率刚刚超过 50% 的阶段，而即便在城镇化率超过 80% 的发达国家，人们仍在向特大城市集聚，像纽约、伦敦这样的大都市仍然在扩张，而不是缩小。以日本为例，即便国家人口规模在下降，但东京都市圈的人口规模却在上升。

我们是否需要控制特大城市的人口规模？陆铭的回答是否定的（陆铭，2016）。陆铭指出，由于对城市的规模经济认识不足，中国的城市发展政策一直偏向于控制城市化进程、限制大城市人口规模以及有意压低城市化速度。他认为这些做法并不可取。这是因为：其一，城市产业升级所带来的劳动分工，需要更多的低技能劳动者与高技能劳动者相配合；其二，低技能劳动的"人力资本外部性"更高，他们在大城市获得收入提升的效应大于高技能劳动者，而这对于消除收入差距、提升整体公民素质、提升城市整体竞争力是有利的；其三，低技能劳动者的存在有助于消费外部性的生成，对低技能劳动者数量的限制，间接减少了体力型服务业的供给，导致城市服务价格上涨，降低了特大城市对人才的吸引力与自身的竞争力。

那么，在这种情况下如何提升城市的承载力呢？陆铭（2016）指出，我们应该发展高密度城市，而非"摊大饼"似的低密度城市。在高密度城市，马路狭窄但密度高，沿街商铺丰富，香港、东京、纽约就是高密度城市的典范；而低密度城市的空间特征是马路宽、服务业以点状的购物中心模式分布，北京就是典型的低密度城市。这种观点指出了特大城市的发展实质：城市因其优越的资源，只会吸引越来越多的人，我们应该通过发展高密度城市、提升城市治理能力和技术水平来解决"城市病"，而不是简单地通过"以业控人"、"以证控人"、"以房控人"等行政手段。而这对城市政府来说，无疑是一个极大的挑战。

（三）行政主导下的城镇化

城镇化的动力包括政府动力、市场动力与民间动力三种。我国当前的城镇化进程主要依靠的是政府动力，政府通过政策引导与行政手段对城市发展的各方面进行调控，从而推动城镇化发展。在行政手段下，地方政府往往通过规划引领、项目论证、政策支持、资金支持与组织保证等方式推进城镇化建设。但此种城镇化容易产生如下问题。

其一，简单粗暴的征地方式引发社会矛盾。不少地方的撤村整居、整体动迁、农转非都是政府工程，进程较快、工作方法较粗放，涉及基层干部作风粗暴、土地补偿费过低、非法转让土地等问题，这些问题极易引发农民上访和干群冲突。

其二，在农民以往的生活条件和安全状态遭到破坏而替代的生活方式尚未建立的情况下，极易出现社区社会生活失序的问题。在很多地区，物质建设的城镇化要大大快于社会生活方式的城镇化，尤其当再就业、社会保障等一系列涉及家庭生计的问题尚未得到解决的情况下，过快的城镇化反而会带来农转非居民生活质量与满意度的下降。

其三，农民居住空间变化，乡土文化遭到冲击，面临整合失范问题。城镇化是一种典型的农业社会向工业社会变迁的过程，必然会带来社会关系与文化关系的转变。面对新的社会关系和人口迁移，以往的价值观念与文化体系被破坏，新的价值观念与文化体系尚未形成，这会带来一定程度的社会失范。

第三节　农民工市民化的现状与问题

一　农民工的代际变迁与市民化

（一）新生代农民工的出现

2010 年国家统计局对新生代农民工的专项调查显示，在外出农民工中，1980 年以后出生的新生代农民工已达 58.4%。在一些省份和行业，新生代农民工的比例甚至更高。2010 年广东省人力资源和社会保障厅对新生代农民工的专项调查显示，该省 20 世纪八九十年代出生的农民工占全省农民工总量的 75% 之多。与 20 世纪 80 年代前出生的老一代农民工相比，新生代农民工群体不但数量上占优，而且表现出不同的社会群体特征。[①]

根据"农民工权益保护理论与实践研究"课题组对珠三角和长三角外来务工人员的问卷调查结果，新生代农民工的人力资本明显要高于老一代农民工，他们的外出动机主要是发展型的，而老一代农民工则是生存型的；新生代农民工的流动更为频繁，换工率明显高于老一代农民工；新生代农民工和老一代农民工对社会不公和被排斥的感受都不强，老一代农民工对社会不公平的感受甚至超过新生代农民工；新生代农民工想迁移入城

---

① 清华课题组：《新生代农民工的困境与出路》，http://www.aisixiang.com/data/57071.html。

市的比例甚至低于老一代农民工，老一代农民工更愿意放弃土地，而新生代农民工对土地重要性的认知比老一代农民工模糊；有一半新生代农民工认同自己是工人，而老一代农民工更认同自己是农民。总之，新生代农民工的群体特征为：人力资本较高、发展型外出动机、频繁的流动、身份认同变化、外出打工决策的自主性不如老一代农民工、被剥夺感和被排斥感都不强烈、维权意识强烈、对土地重要性的认知模糊等（刘林平、王茁，2013）。

（二）留不下的城市与回不去的农村

那么与老一代农民工相比，新生代农民工与城市、乡村的关系又是怎样的呢？城乡二元结构对他们的影响如何？新型城镇化的推进是否有助于他们的城市化？黄斌欢（2014）将新生代农民工目前所处的状态称为"双重脱嵌"，即新生代农民工既脱嵌于乡村社区，又脱嵌于城市社区。

脱嵌于乡村社区是指，新生代农民工经历了对乡村社会的"脱根"过程。伴随农民外出务工，乡村社区悄然发生了变化，社区伦理的变动瓦解了儿童成长的基础秩序。普遍的外出与留守导致乡村社区发生了剧变，这种变化同时作用于所有乡村儿童身上。待他们长大后，不再将农村社区作为认同的对象，参照群体也不再是乡村社区的村民，乡村社区的期望也不构成他们工作与生活的目标，乡村舆论不再对他们构成压力。相比老一代农民工明确的挣钱目的，新生代农民工的外出动机较为复杂：一方面是无法坚持学业的现实下无可奈何的选择，另一方面也带着对城市丰富、轻松、安逸生活的向往。他们不同于父辈，不再愿意回到乡村生活（黄斌欢，2014）。

然而，这并不意味着他们能够在城市扎根。恰恰相反，新生代农民工往往在城市之间进行漂泊式流动。工资低下与制度封闭限制了新生代农民工在城市社会正常生活的可能性。尽管"民工荒"让地方政府认识到农民工并不是"取之不尽，用之不竭"的资源，但是，在"经营城市"的理念下，珠三角等地开始追求产业升级和更高品质的城市定位，农民工大量聚集的劳动密集型产业的重要性正在下降。2010年后，广东省希望通过"腾笼换鸟"将工业用途的土地腾出来，再通过"筑巢引凤"吸引高端人口常住，在这种情形下，诸多涉及农民工的改革政策很难得到实质性的推进。农民工的市民化仍然是一个问号（黄斌欢，2014）。

二 农民工的生活与消费情况

(一) 概况

根据清华大学社会学系课题组 2011 年进行的"新生代农民工研究"问卷调查，新生代农民工与老一代农民工在生活机遇、消费方式、休闲方式等几个方面都存在明显差异。

从生活机遇看，新生代农民工平均务农时间比老一代农民工少，而受教育程度比老一代农民工高，前者平均受教育年限超过 10 年。新生代农民工的生活机遇明显好于老一代农民工。

从消费方式看，尽管新生代农民工的收入低于老一代农民工，但是他们的消费支出高于老一代农民工。可见，与老一代农民工相比，新生代农民工受到消费社会的影响更大，他们更注重消费品的品牌、喜欢外出就餐，并愿意在请客送礼、娱乐与学习培训上进行花费。40.9% 的新生代农民工认为"买电脑、手机很看重品牌"这一说法符合自身的情况；有34.0% 的新生代农民工会在生日或节日到餐馆聚餐；17.8% 的新生代农民工认为自己"经常购买新的穿戴用品"。

从休闲方式上也可以看出新生代农民工与老一代农民工的差异。新生代农民工的休闲方式排序依次为玩电脑（57.5%）、逛街（45.2%）、玩手机（41.1%），而在老一代农民工中，这三项的比例分别为 24.8%、28.9% 和 22.9%，他们的休闲方式排序依次为睡觉（48.3%）、逛街（28.9%）、打牌打麻将（26%）。可见，与老一代农民工差异最大的是，对信息技术的使用已经构成新生代农民工生活中最重要的内容。

总之，新生代农民工的生活、消费和休闲方式与城市居民更加相似，与老一代农民工相比，他们对城市生活的熟悉度更高，也更加向往城市、现代和消费主义的生活方式。

(二) 从"物理圈地"到"精神圈地"

随着时间的推移以及代际更替，新生代农民工由于与农业劳动发生了实质性脱离，在认知上已经脱离了农村。这从新生代农民工对土地的态度上可见一斑。根据 2006 年 7～8 月"城市化进程中的农民工问题研究"课题组对珠三角地区农民工进行的问卷调查，在 3412 名家中还有土地的被访者中，有 30.3% 的人愿意放弃老家的土地，另外还有 15.2% 的人对"是否放弃老家的土地"表示"无所谓"。样本统计结果显示，愿意放弃老家的土地的被访者的平均年龄为 29.21 岁（标准差为 9.692 岁），对老家的土地持"无所谓"和"说不清"态度的被访者的平均年龄分别为 26.88 岁和 25.84 岁（标准差分别为 8.310 岁和 8.542 岁）。土地曾经的重要价值在新生代农民工的意识中已经开始变得模糊甚至消失了。从劳动力的再生产来看，"精神圈地"意味着他们与土地的精神性与实质性分离。从这个意义上说，这一劳动主体正在逐渐变成一群无"家"可归、没有任何归属感的流浪者，其身份认同更加模糊和混乱。[①]

（三）生活的政治

汪建华（2015）认为，新生代农民工的政治行动方式受到其生活方式的影响。他指出，工人的日常生活不仅仅是消费和劳动力再生产的经济过程，它同时还能产生政治和意识形态的后果。新生代农民工的生活既受制于制度和全球资本主义体系的安排，又受到代际与生产体系的影响。汪建华（2015）在对农民工的政治行动进行比较研究后指出，新生代农民工的日常生活与消费方式，再造了工人群体的关系和认知，并蕴含了经济、政治与意识形态后果。

首先，农民工生活方式的变迁不仅引发了他们对代工厂劳动过程、管理文化、个人发展前景的不满，也进一步加深了其城市社区生活和社会关系的危机。由于对现状感到失望，新生代农民工频繁变换工作，这进一步破坏了其社区生活与社会关系的基础，加之缺乏有效的精神支持，使得新生代农民工的政治行动有可能变得突然与极端。

其次，生活经验的增加使新生代农民工的利益诉求也随之增加。在接受相对较好的学校教育后，新生代农民工对在城市更长远的发展抱有更大的兴趣，这使得他们提出了更多有关福利、个人发展和制度改革方面的诉求。

最后，新生代农民工的维权行动中普遍盛行着"实用主义"的文化：他们不会简单地被宣传话语所左右，而是能够在宣传话语中寻找能够用以满足自身利益要求的空间，他们往往通过审慎地选择行动策略最终实现经济利益的提升。

---

① 任焰、潘毅：《农民工劳动力再生产中的国家缺位》，http://www.aisixiang.com/data/36773.html。

三 农民工子女的抚养与教育问题

（一）流动儿童基本状况

随着我国经济的发展，农村劳动力向城市转移的规模更大、人数更多，流动速度也加快了，第一代农民工甚至新生代农民工中的不少人已经育有下一代，成为父母。那些跟随父母打工而进入城市但户口留在农村的儿童被称为"流动儿童"。根据《中国 2010 年第六次人口普查资料》，0 ~ 17 周岁流动儿童的规模为 3581 万人，其中 14 周岁以下流动儿童有 2291 万人。

然而，在各种制度障碍下，流动儿童的学前教育问题很难解决。以上海市为例，从 2014 年开始实施的《关于来沪人员随迁子女就读本市各级各类学校实施意见的通知》大大提高了流动儿童入学门槛：从原有的"临时居住证"提高到父母一方需要有"居住证"或连续三年的"灵活就业证"。居住证办理条件也在原来的缴纳半年社保的基础上，增加了合法居住的要求，也就是外来人口租赁的房子必须有房产证才能办理居住证。[①]而我国《义务教育法》规定，我国儿童在正常情况下 6 周岁应当入学接受教育，从这方面看，流动儿童的义务教育情况良好。根据"六普"数据，义务教育阶段流动儿童的受教育比例都在 96% 以上。但由于异地高考的问题，在城市接受高中教育的流动学生比例不足 70%（段成荣等，2013）。

流动儿童虽然因跟随父母长期在城市居住，但城市的消费、社会关系、文化、福利制度等对他们存在一定的排斥，所以他们对城市的适应与认同存在一定的困难。研究显示，在学校适应问题上，流动儿童明显不如非流动儿童，而且随着流动儿童在城市生活时间的延长，他们对城市的负面感受还会增加，对城市的认同感反而会下降。而在流动儿童内部，城市适应状况差异也很大。例如，在公立学校就读的流动儿童的城市适应要好于在私立学校就读者（王中会、周晓娟、Gening Jin，2014）。此外，流动儿童的社会融入状况与他们的父母有直接的关系，家长社会融入状况越好的流动儿童，其社会融入状况越好；亲子交流越充分，流动儿童的社会融入状况越好（周皓，2012）。实际上，与留守相比，流动是一种更明智的

---

① 《一篇文章了解上海流动儿童教育现状》，http://mp. 163. com/v2/article/detail/CLRVCC9G 0514973E. html。

选择。虽然儿童生活环境会发生巨大的变化，但也为儿童的发展带来了新契机。尽管流动儿童要完全融入城市并不容易，但在城市的生活不仅开阔了他们的视野，也使他们享受到丰富多彩的城市生活。

（二）留守儿童的基本状况

亲子分离——农民工家庭的父母与子女长期分开居住生活——是留守儿童群体最本质和核心的特征。根据"城镇化背景下我国义务教育改革和发展机制研究"课题组对 9448 名农村儿童的问卷调查，在农村义务教育阶段，留守儿童的比例为 39.69%。其中，半留守儿童（即父亲外出、母亲在家）所占比例为 56.64%；父母双方外出的留守儿童比例为 43.36%。从绝对数量看，农村留守儿童主要以 4~6 年级为主，占 50.68%；7~9 年级次之，占 33.58%；1~3 年级最少，占 15.74%。在各种类型的留守儿童中，与爷爷、奶奶居住的比例最高，为 33.53%，与母亲居住的比例为 27.12%，与兄弟姐妹居住的比例为 22.62%，与爸爸居住的比例为 14.26%，还有 2.47% 的留守儿童是与其他亲属居住。糟糕的是，超过 1/5 的留守儿童没有与成年人一起居住，处于监护缺失状态，贵州毕节避寒致死与服毒自杀的留守儿童就处于这种无人看护的状态（邬志辉、李静美，2015）。

与流动儿童相比，留守儿童的生活、教育和心理状态更需要关注。研究表明，从社会适应的角度来看，一般儿童好于流动儿童，单留守儿童较好，曾留守儿童较差，双留守儿童尤其是在小学阶段留守的女童最差。留守经历会使儿童自尊水平下降、孤独感增加、抑郁情绪增加。留守儿童的社会支持较为匮乏，父母不在身边时，他们就会缺乏各种物质和心理上的支持，而父母长期外出会直接导致留守儿童自尊水平下降，对未来生活失去信心、对自我放任自流。

抑郁情绪是无效应对生活压力的后果，孤独感是个体的社会关系网络在质或量上存在缺陷时产生的一种不愉快体验。父母长期不在身边会使留守儿童感到手足无措，孤独感上升。此外，不少留守儿童还要照顾老人与弟妹，承担洗衣做饭等诸多家务，这甚至成为他们的沉重负担。

此外，留守还会导致儿童学习成绩不理想、逃学、辍学、纪律观念差、迷恋网吧，或因隔代抚养、代管或无人抚养而缺乏应有的关怀和教育；留守儿童比非留守儿童更容易产生心理上的孤独感，形成自闭、自卑、冷漠、内向等情绪与性格，他们更容易遭受伤害，在道德观念、情感、人格、行为上更容易出现偏差。

儿童健康成长的需求是方方面面的，其中最大的需求就是：和父母在一起。但现实是，我国有6100万农村留守儿童无法和双亲在一起，甚至长期分离（段成荣，2015）。目前，留守儿童无疑是我国社会公平与发展所面临的最严峻的问题。

（三）未来之路

中国亟待建立完善的社会福利体系以应对留守儿童问题。2016年1月17日，中共中央、国务院联合发布的一号文件《关于落实发展新理念加快农业现代化实现全面小康目标的若干意见》指出，要建立健全农村留守儿童和妇女、老人关爱体系，建立健全农村困境儿童福利保障和未成年人社会保护制度。2016年1月27日的国务院常务会议又提出全面加强农村留守儿童关爱保护。会议要求，建立强制报告、干预、帮扶等机制，打击侵害留守儿童的各种违法行为，加强寄宿制学校等建设；通过推进农民工市民化、引导扶持返乡创业就业等措施，从源头上减少留守儿童。

2016年2月4日，国务院发布《国务院关于加强农村留守儿童关爱保护工作的意见》（以下简称《意见》），要求"各地区、各有关部门要充分认识加强农村留守儿童关爱保护工作的重要性和紧迫性，增强责任感和使命感，加大工作力度，采取有效措施，确保农村留守儿童得到妥善监护照料和更好关爱保护"。《意见》指出，"家庭、政府、学校尽职尽责，社会力量积极参与的农村留守儿童关爱保护工作体系全面建立，强制报告、应急处置、评估帮扶、监护干预等农村留守儿童救助保护机制有效运行，侵害农村留守儿童权益的事件得到有效遏制"。《意见》指出，重点是要从源头上减少儿童留守现象，其一，要求各地大力推进农民工市民化，为其监护照料未成年子女创造更好的条件；其二，引导扶持农民工返乡创业就业。留守儿童问题的解决最终依赖于城乡二元结构的破除与农村城镇化的推进。

2017年10月18日，习近平总书记在党的十九大报告的第八部分提出，"坚持男女平等基本国策，保障妇女儿童合法权益。完善社会救助、社会福利、慈善事业、优抚安置等制度，健全农村留守儿童和妇女、老年人关爱服务体系"。在建设全面小康社会的决胜阶段，流动儿童与留守儿童的问题将会受到充分重视。中央政府、流入地与流出地政府、社会组织等将共同参与到流动儿童和留守儿童问题的应对中，这将有助于流动儿童和留守儿童福祉的提升。

参考文献

蔡禾，2011，《城市社会学讲义》，人民出版社。

蔡禾、曹志刚，2009，《农民工的城市认同及其影响因素——来自珠三角的实证分析》，《中山大学学报》（社会科学版）第 1 期。

蔡禾、王进，2007，《"农民工"永久迁移意愿研究》，《社会学研究》第 6 期。

段成荣，2015，《我国流动和留守儿童的几个基本问题》，《中国农业大学学报》（社会科学版）第 1 期。

段成荣、吕利丹、王宗萍、郭静，2013，《我国流动儿童生存和发展：问题与对策——基于 2010 年第六次全国人口普查数据的分析》，《南方人口》第 4 期。

方创琳，2015，《科学选择与分级培育适应新常态发展的中国城市群》，《中国科学院院刊》第 2 期。

方创琳、王振波、马海涛，2018，《中国城市群形成发育规律的理论认知与地理学贡献》，《地理学报》第 3 期。

华金·阿郎革、黄为藏，2001，《移民研究的评析》，《国际社会科学杂志》（中文版）第 3 期。

黄斌欢，2014，《双重脱嵌与新生代农民工的阶级形成》，《社会学研究》第 3 期。

赖特·米尔斯，2001，《社会学的想象力》，陈强、张永强译，生活·读书·新知三联书店。

李树茁，1993，《80 年代中国人口迁移的性别差异研究》，《人口学刊》第 5 期。

刘林平、王苗，2013，《新生代农民工的特征及其形成机制——80 后农民工与 80 前农民工之比较》，《中山大学学报》（社会科学版）第 5 期。

陆铭，2016，《大国大城：当代中国的统一、发展与平衡》，上海人民出版社。

单卓然、黄亚平，2013，《"新型城镇化"概念内涵、目标内容、规划策略及任职误区解析》，《城市规划学刊》第 3 期。

宋林飞，2000，《费孝通小城镇研究的方法与理论》，《南京大学学报》（哲学·人文科学·社会科学版）第 5 期。

汪建华，2015，《生活的政治：世界工厂劳资关系转型的新视角》，社会科学文献出版社。

王小章，2012，《费孝通小城镇研究之"辩证"——兼谈当下中心镇建设要注意的几个问题》，《探索与争鸣》第 9 期。

王中会、周晓娟、Gening Jin，2014，《流动儿童城市适应及其社会认同的追踪研究》，

《中国特殊教育》第 1 期。

邬志辉、李静美，2015，《农村留守儿童生存现状调查报告》，《中国农业大学学报》（社会科学版）第 1 期。

周飞舟、王绍琛，2015，《农民上楼与资本下乡：城镇化的社会学研究》，《中国社会科学》第 1 期。

周皓，2012，《流动儿童社会融合的代际传承》，《中国人口科学》第 1 期。

Lewis, W. Arthur. 1954. "Economic Development with Unlimited Supplies of Labor." *Manchester School*, Vol. 22, 139 – 191.

Massey, Douglas S., Joaquin Arango, Graeme Hugo, Ali Kouaouci, Adela Pellegrino, & J. Edward Taylor. 1993. "Theories of International Migration: A Review and Appraisal." *Population and Development Review* 19.

第二编
社会问题

第四章　经济新常态下的就业问题

在个体层面，就业是关乎生计、自我认同和自我实现的重要途径，是大部分人必经的生命历程和社会化过程。在宏观层面，就业与人口、社会、经济结构互为因果、互相作用。一方面，就业问题关系到社会稳定和经济发展；另一方面，人口、社会和经济结构又反过来影响了就业率、就业形态以及就业结果等，进而对个人的行为模式、思维特征和人际关系产生了深层次影响。当下，社会科学研究越发重视就业问题，其根本原因在于，就业已然成为反映社会不同层次、群体和行业问题的重要视角。而就业问题本身，一直是政府高层、政策制定部门、媒体和学界关注的焦点。

过去40年，我国社会经济经历了巨大的转型，就业领域也发生了很大的变化。市场经济的引入逐渐打破了城市劳动力市场上过去以"铁饭碗"为主的就业形态，劳动者和用人单位被赋予越来越大的自主权。现在，虽然"铁饭碗"仍然存在，但是人们已经对"跳槽"习以为常。一个人在同一个地方、同一个单位慢慢晋升（甚至在同一个岗位没有晋升）的职业生涯变成了故事一般的存在。至少，很多人在初入劳动力市场之时已经鲜有这种想法。在农村，由于户籍制度的松动，剩余劳动力可以在农业之外的领域寻找就业机会，大量的农村剩余劳动力涌入城市劳动力市场，实现了从农业就业到非农业就业的转变。这不仅满足了我国经济发展对大量劳动力的需求，也改善了很多人的生计。他们为东南沿海蓬勃发展的制造业提供了充足的劳动力，也满足了我国城市化和经济发展过程中产生的一系列新工作对劳动力的需求，例如建筑工人和服务业从业人员。

与此同时，劳动力的自由流动也带来了一系列新问题。随着国家力量从市场上逐渐撤出，一方面，国家对劳动者及其家庭在劳动权益和生老病死等各个方面的"计划经济式"的保护逐渐变弱；另一方面，用人单位正常的经济活动需要一支稳定的劳动力队伍，而市场化之后，一些企业开始面临"如何留住人"的挑战。为了保护劳动者和用人单位的权益、维护正常的经济秩序，《劳动法》于1995年1月1日起正式实施。此外，大量农村剩余劳动力是我国过去40年来经济快速增长背后的人口基础，但是以户籍性质为标准建立的种种就业保障措施使得农民工长期处于"被侵权"的状态，引发了种种社会问题。2008年实施的《劳动合同法》首次将农民工就业纳入法律保障范畴，是我国劳动保护领域的重大进步。

在经济新常态下，中国经济具有如下特点："增速放缓，但是实际增量仍然可观；经济增长更趋平稳，增长动力更为多元；经济结构优化升级，发展前景更加稳定；政府大力简政放权，市场活力进一步释放"。①"经济新常态"是党和政府基于当前国内外宏观经济形势做出的重大战略判断。经济新常态下，随着科技的发展和劳动生产率的进一步提高，经济结构必须优化升级以适应新的形势。长远来看，由此带来的就业方面的变化正好契合我国人口结构的变化。经济结构优化升级的一个重要内容就是从劳动密集型经济向技术密集型经济转变，从以制造业为主向以第三产业为主转变。不难发现，企业将不再需要很多非技术体力劳动力，而对劳动力的人力资本提出了更高的要求。这一趋势与我国人口老龄化以及不断提高的人口教育和健康水平一致。

未来，就业领域面临的巨大挑战之一很可能来自科技的高速发展。据报道，作为全球雇员数量最多的企业之一，富士康启用了4万台机器人取代人力。在中国，由于机器人的使用，仅富士康昆山工厂一家就裁员6万人。这一报道的背后折射出一个不可逆转的趋势，即机器人将越来越多地替代低技术含量岗位上的工人，例如流水线上的工人、清洁工等。根据最新的一则报道，部分地区甚至还出现了"无人饺子工厂"，制作饺子全程由机器代劳。科学家预测，一些白领工作在不久的将来也可以由机器人代劳，这是人类科技进步的结果。与此同时，机器人的广泛使用也可能导致大量劳动力失业。

总之，40年来，我国就业领域发生了巨大的变化，未来也面临种种挑战。那么，我们应该如何思考我国就业问题的转变以及经济新常态下的就

---

① 《习近平在亚太经合组织工商领导人峰会开幕式上的演讲》，http://cpc.people.com.cn/n/2014/1110/c64094 - 26001014. html。

业问题？本章将重点介绍我国影响就业的三个方面的因素。第一，人口红利与经济发展，主要介绍人口转型对经济发展的影响；第二，劳动保护与就业，介绍《劳动合同法》及其与灵活就业的关系和对大学生就业的影响；第三，科技发展与就业，探讨科技进步在就业领域给社会和个人带来的机遇与挑战。

第一节　人口红利与经济发展

众所周知，我国改革开放 40 年来的经济发展取得了巨大的进步，中国在 2010 年成为仅次于美国的世界第二大经济体。经济学家和人口学家认为，这一成就在一定程度上与我国经历的人口红利有关。随着我国人口结构的变化，人口红利与经济发展的关系成为近年来学术界和政策界争论的焦点，研究者开始担心即将消失的人口红利会对我国经济发展产生不利的影响。人口红利、刘易斯拐点、人口负债等词频频出现在媒体上。它们是什么？它们与就业之间的关系是怎样的？这是本节将要介绍的主要内容。

一　人口红利的产生及影响

所谓人口红利（demographic dividend），是指一个国家由于出生率和死亡率下降导致人口年龄结构变化而产生的经济增长（Lee & Mason，2006）。可见，人口红利与一个国家的人口结构密切相关。人口结构由出生率和死亡率决定，这两者的动态变化使一个社会的人口结构经历了一系列的转型。当今世界发达国家都已经完成了从高出生率和高死亡率到低出生率和低死亡率的转变，这一过程在人口学中被称为"人口转型"（demographic transition）。在人口转型理论中，人口转型第一阶段的特点是高出生率和高死亡率下极为缓慢的人口增长。在人口转型的第二阶段，由于医疗卫生条件的改善，死亡率首先下降，但是这时生育率还维持在较高的水平，这会导致人口激增，少年儿童在总人口中的比例变大，人口年龄结构呈现典型的三角结构。在人口转型的第三阶段，由于各种社会经济原因（例如，现代避孕手段的普及以及女性地位和受教育程度的提高），生育率开始下降，总人口抚养比下降，人口开始呈现两头小、中间大的结构。较低的总人口抚养比意味着社会有更多的资源投入经济发展和改善社会福利。在这种人口结构下，如果有相应的社会经济政策支持，国家会进入经济快速增长期，人均收入也会增长较快。这一时期就是所谓的人口红利期。在人口转型的第四阶段，由于出生率和死亡率进一步下降，社会开始面临老龄化问题。

我国一直被称为人口大国和劳动力大国。的确，从改革开放之初到现在，我国的人口规模一直位居世界第一，充足的劳动力资源是我国经济发展过程中的一大特色。但是，从人口红利的定义可知，人口红利是否存在的人口学条件在于人口结构而非人口规模。如果人口规模很大，但是人口抚养比很高，这种情况反而会造成后面将要讲到的"人口负债"。与上面所讲的人口转型各阶段相对应，新中国成立之后，由于医疗卫生条件得到改善，我国的死亡率迅速下降，但是总和生育率一直居高不下，人口大量增加。改革开放之后，我国把计划生育确定为一项基本国策，加之经济社会发展带来的人们生育观念的转变，我国的总和生育率从改革之初的 5.8 迅速下降到 2.1① 以下。生育率和死亡率下降导致 40 年来我国劳动年龄（16~64 岁）人口占总人口的比例维持在比较高的水平，为人口红利的产生提供了人口结构基础。

大规模的流动人口为我国过去 40 年所经历的人口红利提供了最好的例证。我国东南沿海从 20 世纪 80 年代末 90 年代初开始经济加速发展，与之相适应，户籍制度对人口流动的管制开始松动，大量年轻的农村剩余劳动力进入城市寻求工作机会，我国进入"大迁移"时代。1982 年我国有 657 万流动人口。之后，流动人口规模迅速增长，到 2010 年达到了 2.21 亿之多（见图 4-1）。这是人类历史上最大规模的人口迁移，而这一人口迁移背后的主要动力是我国经济发展带来的就业机会的增加。从西部到东部、从农村到城市、从小城镇到大城市，人们离开家乡寻找可以改善个人和家庭生活的工作机会。或许，这一迁移大潮最让人印象深刻的就是每年春运时汽车站/火车站的拥挤景象。

需要指出的是，人口年龄结构是人口红利产生的必要条件，但不是充分条件，低抚养比的人口年龄结构需要结合有效的政策才可能带来人口红利。这也就解释了为什么很多发展中国家都有低抚养比的人口年龄结构，但是它们的经济发展却没有取得突出的成绩。而在我国，改革开放的一项

---

① 替代生育率为 2.1，如果一个国家可以维持替代生育率，那么这个国家的人口规模可以维持不变。

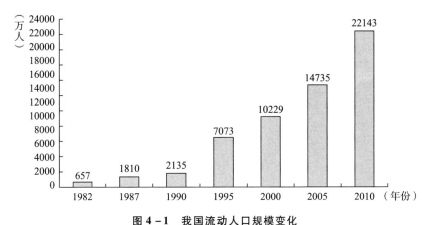

图 4 - 1　我国流动人口规模变化

资料来源：段成荣、袁艳、郭静，2013。

重要措施是对外资的引进和利用。外来资本在涌入中国的初期，开设了大量工厂，使我国制造业进入加速发展阶段，也使中国成为制造业大国和"世界工厂"。从早期的"打工妹"到近来的富士康工人，这些年轻、健康、有生产力同时又很廉价的劳动力是吸引外资企业来我国投资并得以盈利的重要因素。我国流动人口中的绝大部分就是流向了外资集中的地区，例如 2000 ~ 2010 年，珠江三角洲和长江三角洲的流动人口占全国流动人口的 40% 左右（Liang，Li，& Ma，2014）。当然，除了我国数量庞大的年轻劳动人口是吸引外资的重要因素外，良好的投资环境和政策上的优惠也是重要的因素。

　　人口红利为我国的经济发展做出了巨大贡献。研究表明，我国人口抚养比每降低 1 个百分点就会带来 0.115 个百分点的经济增长（Cai & Wang，2005）。1982 ~ 2000 年，我国抚养比的下降使人均 GDP 的增长速度提高了2.3%，这一时期人均 GDP 增长的四分之一可以归功于抚养比的下降（蔡昉，2010）。但是，人口红利对经济的贡献取决于人口年龄结构，因而是不可持续的。从 1990 ~ 2020 年我国人口年龄金字塔的变化趋势可以看出，1990 年我国的人口年龄结构十分年轻。1990 ~ 2020 年，15 岁及以下人口比例迅速下降，较大年龄组人口的比例越来越高，人口老龄化趋势明显（见图 4 - 2）。也就是说，我国年轻劳动力储备乏力，而老年人口迅速增加。蔡昉（2013）指出，实际上，2010 年我国劳动年龄人口的绝对数量已经减少，人口抚养比开始停止下降，人口红利趋于消失。

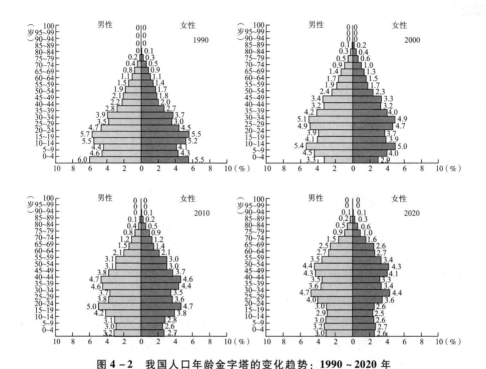

图 4 – 2　我国人口年龄金字塔的变化趋势：1990 ~ 2020 年

资料来源：The World Bank，"World Population Prospects：The 2015 Revison"，http：//
www. populationpyramid. net/。

　　蔡昉（2013）指出，2013 年是我国人口红利消失的标志性年份。当
然，使用不同的衡量人口年龄结构的标准会得出不同的结论。例如，陈友
华（2005）认为，当抚养比低于标准人口抚养比的 5% 时即为处于人口红
利期。根据他的研究，我国的人口红利期将持续到 2030 年。不论具体的时
点定在哪儿，学者们普遍认为我国人口红利即将消失。在人均收入尚低的
情况下，人口红利的逐渐消失意味着我国未富先老。随着我国在劳动力资
源上失去比较优势，传统的以劳动密集型为主的经济结构需要做出调整，
否则经济的持续发展将受到巨大的影响。相应地，其他各项政策也需要做
出调整，以应对老龄化的挑战，同时应尽量挖掘不同老龄化阶段人口的经
济潜力，降低年轻劳动力减少对经济发展带来的负面影响。

二　刘易斯拐点到来了吗？

　　上一节提到，我国过去 40 年来经济发展的一大特点是大规模的人口流
动，流动人口为我国的工业化和城市化提供了源源不断的廉价劳动力，为

经济的快速发展提供了人力优势。人们用"民工潮"一词来形容这一现象。然而，2004 年前后，媒体开始报道珠江三角洲的某些工厂出现了招工难的现象，出乎人们的意料。"广东缺工 200 万人"、"企业无工可招"等报道打破了人们对我国劳动力供给关系的传统认知。"民工荒"开始取代"民工潮"频频出现在媒体和学术讨论中。"民工荒"出现之后，围绕其产生的原因有很多讨论（刘林平、万向东、张永宏，2006）。一种观点认为，在我国户籍制度之下，对农民工权益长期的忽视是农民工开始"用脚投票"的根本原因，并呼吁从国家到企业要开始重视改善农民工的待遇。也有专家指出，"民工荒"是结构性的，也就是说，企业出现的缺工问题不是数量上的，而是它们难以招到有一定技术或技能并与企业需求相匹配的工人。然而，随着"民工荒"成为常态，一个与我国宏观人口变动趋势相关的论点开始出现，即"民工荒"的出现预示着我国即将到达"刘易斯拐点"。

刘易斯拐点（Lewis Turning Point）是用美国经济学家、诺贝尔经济学奖获得者阿瑟·刘易斯（W. Arthur Lewis）的名字命名的概念。它是指在经济发展过程中劳动力由过剩状态逐渐减少到短缺状态的交点。在劳动力过剩阶段，由于供大于求，工资水平也相应地维持在较低的水平，仅够满足劳动者基本生活所需；过了刘易斯拐点之后，劳动力变为相对稀缺的资源，工资水平也相应地提高。二元经济格局是刘易斯拐点存在的前提条件。二元经济是指一个国家存在两个经济部门：一个是落后、生产效率低下的传统部门，另一个是与之相反的现代经济部门。在我国，这种二元经济表现为农业与城市非农产业的并存。随着经济的发展，大量的农村剩余劳动力涌入非农产业，当这些劳动力被吸纳完毕，工资开始上涨，这一时点被称为"刘易斯拐点"（Cai, 2010）。

在一些经济学家看来，2004 年前后出现的"民工荒"是我国接近刘易斯拐点的表现。对此，很多人也提出了反对意见。然而，蔡昉（2010）指出，首先，反对者用以反驳刘易斯拐点已经到来的数据往往高估了我国农业劳动人口，导致他们认为我国农业剩余劳动力的存量还很大。其次，国内相关部门统计就业的方法和系统导致反对者在解读劳动力市场和城乡就业统计数据上存在困难。一方面，国内还没有关于非正式就业和城市农民工就业的权威统计，导致我国就业统计数据不完整；另一方面，由于没有可以更准确地反映失业情况的调查失业率数据，学者们只能对失业率做各种推测。这两个方面导致有些学者得出我国就业零增长或者失业率高的结论，从而对广泛存在的劳动力短缺现象产生怀疑。最后，目前没有关于我国人口转变和人口动态变化的系统数据，导致学者们忽视了我国无限劳动力供给背后人口基础的变化。蔡昉利用人口动态变化的数据证明，我国自2010年起劳动年龄人口的绝对数量开始出现下降趋势，达到"刘易斯拐点"，人口红利趋于消失（Cai，2010）。

"刘易斯拐点"是一个与人口红利相关的概念。人口红利的人口学基础是人口年龄结构，而劳动年龄人口数量是"刘易斯拐点"是否到来的关键。这两者之间既有区别又有联系，"刘易斯拐点"的到来往往预示着人口抚养比上升、人口红利消失的开始。在日本、韩国、中国台湾等国家和地区，"刘易斯拐点"的出现与人口红利的消失之间相差很多年，劳动力出现短缺之后人口年龄结构仍然能够在长时间内为经济发展做出贡献。即便如此，如果国家不能正确认识劳动年龄人口变化所释放出的信号，就有可能做出错误的决策。例如，日本政府没有意识到1975年"刘易斯拐点"的到来并对经济发展策略做出相应的调整，导致日本在1990年人口红利消失之后经济崩溃。因此，"刘易斯拐点"是一个国家在一定的人口和社会经济条件下出现的客观现象，本身没有好坏之分，重要的是如何应对以降低它可能带来的负面效应。

经济学家蔡昉（2010）指出，我国至少应该在三个方面采取政策措施来应对"刘易斯拐点"之后的经济发展。首先，虽然我国的农村剩余劳动力数量已经下降，但是进城农民工数量仍然庞大，他们在获得市民身份、实现真正城市化的过程中，可以释放巨大的消费潜力，刺激其他需求的增长。因此，推进户籍制度改革以实现进城农民工的市民化可以促进经济增长。其次，老龄人口在适当的条件下可以产生"第二次人口红利"（the second dividend）。老龄劳动人口将面对更长的退休生活，因此他们有很强烈的动机来积累资产，这会带来高储蓄率，成为第二次人口红利的重要来源。另外，随着儿童数量的相对减少，劳动年龄人口以及社会有更多的资源来提高人口的人力资本水平，这也是开发我国第二次人口红利的关键。最后，改变过去以无限劳动力供给为基础的经济增长方式，借助科学和技术创新发现新的经济增长点。

三 人口负债

人口在从高出生率、高死亡率到低出生率、低死亡率的转变过程中会产生人口红利。更准确的说法是，人口红利是在这一人口转型的早期开始出现的。原因在于，这一阶段，出生率的下降速度高于人口老龄化速度，意味着总人口抚养比（少儿抚养比和老年抚养比）较低，劳动年龄人口充足。这种年龄结构会提供充足的劳动年龄人口，带来社会储蓄和投资的增长，有利于经济的快速发展。然而，到了这一人口转变的后期，15 岁以下人口继续减少。与此同时，社会医疗卫生条件的进一步提高使得人口预期寿命增长，老年人口数量迅速增加，导致总人口抚养比快速提高，形成不利于经济发展的人口年龄结构，产生人口负债（demographic debt）（陈友华，2005）。

结合前面两个小节的内容，我们知道，人口负债期到来之前"刘易斯拐点"会到来、"人口红利"会逐渐消失。"刘易斯拐点"到来之前的人口红利期是经济快速发展的黄金时期，这一时期，充足的劳动力和较低的总人口抚养比为经济发展提供了很好的条件。如果能够抓住这一机会，人口优势可以很好地转化成经济优势，实现经济的飞速发展。虽然我国经济在过去的 40 年获得了飞速发展，但是计划生育政策的严格执行导致我国生育率长期低于替代水平。低生育率导致的一个客观结果就是我国的人口红利期短，在人均收入水平还不高的时候人口红利就开始消失，国家"未富先老"。进入人口负债期之后，老年人口比例迅速增加，劳动年龄人口数量相应地下降，我国将面临严峻的老龄化挑战。在个人层面，这种老龄化社会带来的挑战表现为子女供养老人的负担加重。如果夫妻俩都是独生子女，那么典型的情况是他们将要供养 4 个老人；如果他们有了孩子，负担将会更重。在宏观层面，老年人口对退休金以及医疗资源的需求会对社会保障体系造成压力；同时，劳动年龄人口的减少会对经济发展产生负面影响。

人口负债是"刘易斯拐点"到来和人口红利消失之后必然出现的结果。现在很多发达国家进入了人口负债期，例如日本、法国、意大利和芬兰。一个国家能否应对进入人口负债期后的挑战，在很大程度上取决于能否应对人口红利消失给经济发展带来的挑战。在我国，这种挑战表现为：劳动力绝对数量的减少导致以劳动力无限供给为基础的经济发展模式失去了它存在的人口学基础，即我国丧失了在劳动力方面的国际比较优势。因此，人口红利消失意味着我国需要对经济结构做出调整以实现经济的持续增长。近年来，我国采取了一系列政策措施对经济结构进行优化升级，努力提高第三产业在整个经济中所占的比重，提高科技创新对经济的贡献率和劳动生产率，不断发掘新的经济增长点。另外，在人口红利消失之前，采取措施尽量拉长人口红利期，使不断变化的人口年龄结构继续为经济发展做出贡献，这方面的具体措施包括延长退休年龄、全面放开二胎以及投资各种教育培训项目以提高劳动力的人力资本水平等。

第二节　劳动保护与就业

为保护劳动者的基本权益，我国早在 1995 年就实施了《劳动法》。随着经济的发展，为进一步完善劳动合同制度，明确劳动合同双方当事人的权利和义务，保护劳动者的合法权益，构建和谐稳定的劳动关系，在《劳动法》的基础上，我国在 2007 年颁布了《劳动合同法》，并于 2008 年开始施行。《劳动合同法》颁布施行之后，经不断讨论和广泛收集意见，2012 年第十一届全国人民代表大会常务委员会第三十次会议通过了关于修改《劳动合同法》的决定，并于 2013 年 7 月开始施行。《劳动合同法》的颁布实施会对劳动双方产生什么样的影响呢？尤其是随着大学毕业生的不断增加，该法对大学生就业会产生什么影响呢？

为了解答上述问题，本节将围绕如下三个部分进行探讨：第一部分首先介绍有关《劳动合同法》立法和修订过程中的各种争论意见，探讨争论双方背后的依据是什么；第二部分将介绍《劳动合同法》对当前灵活就业方式的影响；第三部分介绍《劳动合同法》对大学生就业的影响。

一　围绕《劳动合同法》的三个争论

《劳动合同法》的内容关乎劳动双方的利益，该法在制定和修订过程中一直被各方关注。《劳动合同法》实施前收到大量的反馈意见，各方进行了激烈的争论。在中国经济 50 人论坛 2016 年年会上，时任中国财政部部长楼继伟提出《劳动合同法》应该修订，政府、企业、学术界的代表和专家围绕该法进行了又一波激烈的讨论。主要争论可以归纳为如下三个：第一，《劳动合同法》是否增加了企业的劳动力成本？第二，《劳动合同法》是否干涉了企业的用工自主权？第三，《劳动合同法》是否只保护劳动者的权益而不保护企业的利益？

1. 《劳动合同法》是否增加了企业的劳动力成本?

《劳动合同法》第二十条明确规定,"劳动者在试用期的工资不得低于本单位相同岗位最低档工资或者劳动合同约定工资的百分之八十,并不得低于用人单位所在地的最低工资标准"。可见,《劳动合同法》规定了企业用工的最低工资标准。在各地最低工资标准不断上调的背景下,围绕《劳动合同法》的一个争论要点是它是否增加了企业的用工成本。一方认为最低工资标准增加了企业(尤其是劳动密集型企业)的用工成本,会导致劳动需求降低、失业增加。另一方则认为较高的工资是对劳动者其他方面(诸如加班、无社会保险等)的合理补偿。接下来的部分我们将简要阐述争论双方的观点。

根据竞争性劳动市场分析框架来分析,劳动者的工资水平是由劳动力供求双方共同决定的。如果人为规定劳动者的工资水平,将会影响企业的决策。当劳动者工资水平高于供求均衡时的工资水平时,企业就会缩减雇佣人员,由此导致失业现象产生。Stigler(1946)指出,在同质化和竞争性的劳动力市场上,提高市场出清时的工资标准,会导致企业用工成本增加。而企业在用工成本增加的情况下,将通过如下两条路径减少劳动力的使用:一条路径是企业迁往劳动力成本更低的地区,导致本地区的劳动力需求下降;另一条路径是企业利润减少,从而削减雇员数量,导致企业在本地区的劳动力需求下降。在劳动力供给不变的情况下[1],会使市场无法出清,产生失业。Brown等(1982)通过对1980年之前的相关论文进行详尽综述后认为:"最低工资上升10%,青少年就业率下降1%~3%。"从上述理论和实证方面的证据来看,最低工资标准的提高会增加企业的用工成本,减少企业的雇员数量,导致就业水平下降,失业增加。[2]

支持提高最低工资标准的一方认为:(1)高工资是对加班的一种补偿。当前企业中加班成为常态,但是加班费却经常被拖欠甚至不发,因此较高的工资标准相当于对劳动者加班的补偿,考虑到这部分补偿效应,当

---

[1] 从长期来看,工资提高会增加劳动力供给,但是短期来看,劳动力供给的数量是不会有太大变化的。

[2] 但是也有实证研究发现最低工资标准的提升不会导致就业水平下降,比如罗小兰(2007)采用1994~2005年的省级数据进行分析,发现最低工资标准提高,会降低农民工的就业水平;Ni等(2011)利用2000~2005年的数据进行分析发现,最低工资标准提高对就业的影响并不显著,在中西部地区最低工资标准提高反而会促进就业。

前的工资标准明显不高。（2）高工资中包含了养老保险、医疗保险等各类保险费用。当前，虽然农民工的劳动安全卫生情况堪忧，但是养老保险和医疗保险制度并没有覆盖到大多数农民工，出现健康问题甚至发生工伤后他们得不到合理的赔偿。而且，农民工的工作缺乏稳定性，劳动合同期限一般不满一年，多数中小企业不与农民工签订劳动合同。考虑到这些因素，最低工资标准完全不高。

需要指出的是，除了以上争论的最低工资标准问题，我国劳动领域存在的很多问题与法律的实际贯彻落实有关，而贯彻落实的一大难点就在于法律规定过于笼统，缺乏具可操作性的执行标准。因此，在提高工资标准的同时，《劳动合同法》还通过详细规定违法责任和处罚办法提高了法律的可操作性，从而在很大程度上使得劳动者在遭遇权益侵害时可以更加有效地寻求法律保护。

2. 《劳动合同法》是否干涉了企业的用工自主权？

为引导和鼓励企业与劳动者建立长期稳定的劳动关系，《劳动合同法》提高了工资标准，规定用人单位在一定条件下终止劳动合同须支付经济补偿金，还规定在连续工作满十年、连续订立两次固定期限劳动合同后第三次续订劳动合同时，只要劳动者要求，企业必须与之签订无固定期限劳动合同，并且对解除劳动合同的条件也做了明确的限定性规定。然而，这些条款备受争议，尤其是涉及无固定期限劳动合同的条款。反对者认为，这些条款干涉了企业的用工自主权，破坏了弹性化和灵活化的劳动力市场，重新捡回了过去的"铁饭碗"，从而削弱了企业的竞争力。为了避免与工人订立无固定期限劳动合同，一些企业通过与工人重新订立劳动合同，将工人的工龄归零，或干脆将工龄长的工人解雇。

然而，无固定期限劳动合同实际上与终身雇佣制有很大的差别。《劳动合同法》中规定的企业可以单方面解除劳动合同的情形同样适用于无固定期限劳动合同。因此，企业对劳动者的用工自主权必须受国家法律的规制。放眼世界，几乎所有的市场经济国家都是如此。以解雇为例，各国对雇主解雇工人都做了严格的限制，雇主不可以随意解雇员工。与其他国家相比，我国《劳动合同法》中对解雇条件的规定十分宽松。《劳动合同法》规定企业在"转产、重大技术革新或者经营方式调整"时可以裁员。而在国外，即使企业经营出现这些情况，裁员也要经过长达数月的谈判，在此过程中，企业与工会双方需要做出让步和妥协，最终达成一致。

3. 《劳动合同法》是否只保护劳动者的权益而不保护企业的利益?

《劳动合同法》是否只保护劳动者的权益这一问题涉及该法的立法宗旨,也是在《劳动合同法》制定过程中以及颁布实施之后争论的焦点所在。就像我们在上面提到的,法学界的一个共识是,突出保护劳动者权益是劳动立法的基本法理和原则。坚持这一立法原则也是我国现实的需要。但是,与许多人的理解不同,《劳动合同法》并不只是保护劳动者的权益。首先,《劳动合同法》对劳动者权益的保护在给企业带来挑战的同时,也会促使企业积极转变管理方式、提升管理水平、增强竞争力,从而使拒绝转变的企业或难以转变的企业在新的法律环境下无法生存。而且从根本上看,劳动关系和谐是企业发展的前提条件。严格遵守《劳动合同法》可以有效保障劳动者的权益,从而避免出现尖锐的劳资矛盾,在根本上为企业的发展创造稳定的外部环境。其次,《劳动合同法》有许多条款考虑了企业的利益,如企业单方面解除合同的情形和权利、培训服务期和违约金的规定、对经济补偿金的一系列限定性规定等。最后,《劳动合同法》的颁布和实施有利于我国社会经济的健康发展。从宏观经济学的角度看,保障劳动者的合法权益,维护一个有序的劳动力市场,可以改善就业环境和提高劳动者的收入待遇,从而有助于解决内需疲软这个困扰我国经济发展已久的问题。因此,《劳动合同法》同样是在维护企业和社会的权益。

二 《劳动合同法》与灵活就业

20 世纪 70 年代发生的一系列变化使得组织和工人都在寻求更加灵活的雇佣形式(Kalleberg,2000)。第一,在全球经济体系中,竞争和不确定性的增加使得公司为追逐更高的利润,采取了提高雇佣灵活度的策略。第二,通信和信息技术的发展使得公司不需要依赖长期雇佣的员工也可以为某一项目快速组织起一支临时员工队伍。第三,经济增长速度放缓意味着不是所有的劳动者都可以获得全职工作,在这种情况下,灵活就业成为一种在不得已的情况下谋求生计的选择。第四,与本节内容密切相关的一个因素是,《劳动合同法》促进了灵活就业的出现。在前面一节,我们讨论了《劳动合同法》所引起的争论,即《劳动合同法》对企业行为的规范在保护了劳动者权益的同时是否增加了企业的劳动力成本、干涉了企业的用工自主权以及损害了企业的利益。不论争论双方各自的立场和论点如何,毫无疑问的是,《劳动合同法》订立的初衷是保护劳动者的基本权益。然而，在客观上，它的确增加了企业的用工成本。这种情况在世界很多国家存在。灵活就业人员的存在使雇主可以规避劳动法对劳动者待遇和福利的一些强制性规定与要求，降低了企业的运营成本。因此，各国劳动法的订立是促使灵活就业大量出现的重要原因之一。

灵活就业是相对于正规就业而存在的就业形式。正规就业是指全职的、连续性的就业，并且劳动者在雇主提供的场所或者在雇主的监督下工作。一份工作能否被称为正规就业，核心在于雇主与雇员是否需要签订一份受到相关法律保护的劳动合同以确保工作的连续性，规定合法的劳动时间和确保雇主提供足够的福利待遇。与正规就业不同，灵活就业是指在劳动时间、收入报酬、工作场地、保险福利、劳动关系等一个或者几个方面，不同于建立在工业化和现代工厂制度基础上的传统的主流就业方式的各种就业形式的总称（张丽宾、游钧、莫荣、袁晓辉，2005）。灵活就业包括很多类型，兼职、派遣、自雇、在家办公、远程工作等都属于灵活就业。这里既有"高大上"的职业，例如 SOHO 一族（多指自由职业者），也包括一些低端的工作，例如派遣工等。与全面受到法律保护的正规工作不同，不同形式的灵活就业受到法律法规约束的程度有所不同。一个极端的例子是自雇就业，自雇劳动者为自己工作，没有雇主，这种情况下也就不存在劳动合同。接下来，我们重点介绍两种灵活就业的形式——兼职和派遣。这两种灵活就业的形式中都有"雇主"，因此涉及如何使用《劳动合同法》进行劳动保护的问题。

兼职工作（part-time work）是一种工作时数少于一般情况的、以获得工资为目的的工作。在不同的国家，兼职工作有不同的定义。例如，在美国，每周工作时数少于 35 个小时的工作为兼职；加拿大和英国采用的标准是 30 个小时。据统计，21 世纪初，美国有将近 20% 的劳动者是兼职人员。在欧洲，这一比例要稍微低一点，1996 年欧盟劳动力中 16% 的人是兼职者。通常来说，在经济衰退或者发生经济危机时，兼职工作增多；在经济繁荣期，兼职工作减少。研究发现，在现代工业社会，兼职者中女性占的比例更大，这是因为她们要承担更多的家务和子女照顾责任。学生也是兼职工作的主力军之一，他们利用学习之外的时间工作，要么是为了赚取一定的金钱来支付学费、生活费等，要么是为了积累工作经验，通常情况下这两者兼有。兼职工作的出现主要是为了满足劳动者对灵活就业的需求，他们出于各种原因只能工作较短的时间。然而，现在兼职工作更多地是为了满足雇主对工作灵活性以及降低成本的要求。

在我国，《劳动合同法》实施之前，兼职工作不在法律约束的范围之内。《劳动合同法》将其定义为"以小时计酬为主，劳动者在同一用人单位一般平均每日工作时间不超过 4 小时，每周工作时间累计不超过 24 小时的用工形式"，依据非全日制用工形式建立起的劳动关系被称为非全日制劳动关系。可见，与其他国家相比，我国法律界定非全日制劳动关系所使用的工作时数上限较低。这样规定的出发点之一是为了促进就业，通过订立较低的工作时数上限鼓励用人单位提供更多的全职工作。《劳动合同法》还规定："非全日制用工双方当事人可以订立口头协定"；"非全日制用工双方当事人不得约定试用期"；"非全日制用工双方当事人任何一方都可以随时通知对方终止用工"；"终止用工，用人单位不向劳动者支付经济补偿"；"非全日制用工小时计酬标准不得低于用人单位所在地人民政府规定的最低小时工资标准"；"非全日制用工劳动报酬结算支付周期最长不得超过十五日"。因此，非全日制用工是一种灵活的用工和就业方式。此外，《劳动合同法》没有规定用人单位为非全日制员工缴纳社会保险。《劳动合同法》的相关规定意味着，如果用人单位没有遵守非全日制用工的相关规定，劳动者可以依法主张自己的权益。特别是，如果非全日制工的工作时间大大超过法律规定的上限时间，劳动者可以要求签订全日制劳动合同，并要求用人单位提供不低于法律规定的待遇。

劳务派遣是指劳动者与劳务派遣公司签订劳动合同，由劳动派遣公司派遣劳动者去用工单位的工作场所并在其管理下工作的一种就业形式（李晖，2009）。劳动者正式受雇于劳务派遣公司，其录用、解雇、培训、薪资发放和福利等都由劳务派遣公司负责。在欧美各国，劳务派遣自 20 世纪 70 年代开始迅速扩散，它的发展主要迎合了雇主对灵活性和成本控制的要求。通过使用劳务派遣工，雇主可以尽量少地雇用正式员工，并根据需要调整员工数，这样公司可以更好地应对商业周期、控制用人成本。劳务派遣的最大特点是劳动者受雇于劳务派遣公司却受客户公司的管理。在我国，劳务派遣首先出现于 20 世纪 90 年代，当时由于国有企业改革，我国出现了大量的下岗工人，为了帮助他们再就业，一条途径就是通过劳务派遣公司派他们去其他用人单位工作。随着劳务派遣的发展，很多用人单位尝到了使用派遣工的好处，开始大量使用派遣工。据统计，2008 年我国有 2000 万派遣工，到 2010 年达到 6000 万。由于统计口径不同，实际数字有可能更高。然而，与此同时，派遣工的合法权益受到侵害的事件频频发生。

在《劳动合同法》颁布之前，我国法律没有劳务派遣的相关规定。2008 年开始实施的《劳动合同法》首次对劳务派遣进行了规制，对派遣公司资质、劳动合同、派遣协议、待遇福利等做出了明确的规定。虽然《劳动合同法》对劳务派遣做出了规定，但是这并没有遏制住用人单位大量使用派遣工的趋势，并且派遣工与正式工人之间同工不同酬的问题也越来越严重（郑尚元，2014）。很多法律专家认为，这背后的根本原因在于《劳动合同法》对岗位范围和待遇报酬规制上的不足。为此，《劳动合同法》（2012 年修正本）对劳务派遣进行了更为严格和细致的规定，涉及用人单位可以使用派遣工的岗位范围、派遣工比例以及同工同酬等问题。修订后的《劳动合同法》中与劳务派遣相关的条文包括："劳动合同用工是我国的企业基本用工形式。劳务派遣用工是补充形式，只能在临时性、辅助性或者替代性的工作岗位上实施。""前款规定的临时性工作岗位是指存续时间不超过六个月的岗位；辅助性工作岗位是指为主营业务岗位提供服务的非主营业务岗位；替代性工作岗位是指用工单位的劳动者因脱产学习、休假等原因无法工作的一定期间内，可以由其他劳动者替代工作的岗位。""用工单位应当严格控制劳务派遣用工数量，不得超过其用工总量的一定比例，具体比例由国务院劳动行政部门规定。"《劳动合同法》还规定，使用劳务派遣的单位应当遵循同工同酬原则，如果用工单位无同类岗位劳动者的，应当参照用工单位所在地相同或者相近岗位报酬给劳务派遣人员发放。

虽然法律对劳务派遣做出了更严格的规定，但是由于使用派遣工成本低、灵活性高，劳务派遣仍对用人单位具有极大的吸引力。因此，对于劳务派遣的规制不仅涉及法律条文是否具有可操作性和法律的具体执行过程是否严格的问题，还涉及国家、劳务派遣公司、派遣工和用人单位等多方之间的博弈。

三 《劳动合同法》对大学生就业的影响

我国自 1999 年开始实行大学扩招。据统计，1998 年，高校一共录取108 万人，录取率为 34%。扩招之后，录取人数和录取率一路飙升。2001年，录取 268 万人，录取率首次超过 50%；2005 年，录取 599 万人；2015

年，942万人报考，录取率将近75%。① 大学生数量增多带来的一个后果是，大学生就业难的问题越来越突出。随着买方市场出现，用人单位对应聘者设置了很多严苛的条件。学校、专业、学习成绩、实习经历等全部都是筛选条件。面对大学生就业难的问题，很多专家和学者对背后的原因进行了分析。边文霞（2010）对各种观点进行了总结。第一种观点认为大学扩招本身是导致就业难的一个重要原因。第二种观点认为大学扩招本身有利无弊，大学生就业难的症结在于体制弊端。这种体制弊端的一个重要表现是劳动力市场信息传递效率低下，造成工作与劳动力之间的匹配出现问题。另外，地区发展的不平衡导致大学生就业的空间受到限制。第三种观点同样从体制方面找原因，指出我国欠发达地区的劳动力价格过低，加上过高的换工成本，导致大学生在发达地区供过于求，而需要大学生的地方却人才匮乏。第四种观点认为就业率统计通常使用的是初次就业率，这样会漏掉毕业后找到工作的一部分人。第五种观点认为大学专业设置与市场需求不接轨，导致"有岗无人"和"有人无岗"并存。第六种观点认为我国产业结构仍然不能吸纳足够多的高素质劳动力。最终，很多学者把矛头指向了大学生本身，认为是大学生就业能力欠缺导致其在劳动力市场上没有竞争力。可见，大学生就业难问题的成因极为复杂。

那么在这种就业难的背景下，大学生自身对就业有怎样的预期？就业预期反映了个人对就业与否、就业岗位性质、就业待遇如何等的设想（范皑皑、车莎莎，2014）。通过梳理现有研究和报道不难发现，大学生就业预期在一定程度上与我们讨论的就业难的原因有所呼应。据报道，很多大学生拿到不止一份录用通知，但是他们却迟迟不做决定，仍然在招聘会上寻找工作，这种"慢就业"的现象越来越普遍。这说明大学生找到工作不难，难的是找到令自己满意的工作。② 这种现象背后的原因比较复杂，但是单从就业预期角度来看，这反映出大学生中普遍存在的就业预期过高的问题。另有研究发现，就业期望与实际情况不匹配主要体现在薪酬方面，毕业院校越好，不匹配程度越高。

在就业压力下，大学生在毕业之前往往积极地在校外进行各种"实习"，为自己积攒工作经验，希望通过这种方式提升自己的工作能力，以

---

① 数据来源：教育部网站提供的历年情况数据，https://www.moe.gov.cn/jyb_sjzl/。
② 《"大学生就业"调查：核心问题"找好工作难"》，http://edu.sina.com.cn/l/2017-06-27/doc-ifyhmtcf2928946.shtml。

使自己在毕业之后可以找到心仪的工作。通过实习，大学生不仅可以锻炼工作能力，还可以通过亲身体验来决定是否喜欢某一种工作，建立社会联系，甚至在实习期结束后顺利与用人单位签约。然而，很多用人单位利用大学生求职心切的心理，将大学生作为廉价劳动力，侵权事件频频发生。中国青年报社会调查中心的问卷调查显示，71.3%的大学生在实习中遭遇过不公平对待，工作量过大或工作时间过长是最常遇到的情况，拖欠或者不发工资的情况也很常见。① 依据现在的《劳动合同法》，用人单位使用实习大学生实际上是一种"非全日制用工"，受到相关条文的规制。大学生在实习过程中如遇到不公平对待，应该利用《劳动合同法》积极为自己维权。

由于大学生在就业市场上的弱势地位，用人单位在与大学生建立劳动关系的过程中违法违规的事件时有发生，例如不签劳动合同、故意延长试用期等，以图降低用工成本（徐礼堂，2009）。针对这些情况，《劳动合同法》都做了严格的规定，使用人单位出现违法行为时，大学生维权有法可依。《劳动合同法》对于用人单位不签订劳动合同的情况做了详细的规定："用人单位自用工之日起即与劳动者建立起劳动关系"；"建立劳动关系，应当同时订立书面的劳动合同"；"用人单位自用工之日起满一年不与劳动者订立书面劳动合同的，视为用人单位与劳动者已订立无固定期限劳动合同"；"用人单位未在用工的同时订立书面劳动合同的，与劳动者约定的劳动报酬不明确的，新招用的劳动者的劳动报酬按照集体合同规定的标准执行；没有集体合同或者集体合同未规定的，实行同工同酬。"

为了规范试用期，《劳动合同法》规定："劳动合同期限三个月以上不满一年的，试用期不得超过一个月；劳动合同期限一年以上不满三年的，试用期不得超过两个月；三年以上固定期限和无固定期限的劳动合同，试用期不得超过六个月。"另外，《劳动合同法》还规定，"同一用人单位与同一劳动者只能约定一次试用期"；"以完成一定工作任务为期限的劳动合同或者劳动合同期限不满三个月的，不得约定试用期"；"试用期包含在劳动合同期限内"；"劳动合同仅约定试用期的，试用期不成立，该期限为劳动合同期限"；"劳动者在试用期的工资不得低于本单位相同岗位最低档工

---

① 《71.3%有实习经历的受访大学生称曾遭遇到不公平对待》，http://www.xinhuanet.com/politics/2016-10/25/c_1119779989.htm。

资或者劳动合同约定工资的80%，并不得低于用人单位所在地的最低工资标准"。

第三节　科技发展与就业

经济发展历来与科学技术的进步密不可分。以蒸汽机的发明和广泛使用为标志的第一次工业革命使得劳动的组织方式发生了颠覆性变化，手工作坊被现代工厂取代，工厂工作成为主要的就业方式。第一次工业革命对纺织业的影响最大，工厂里操作纺织机的工人大量出现。开始于19世纪中期的第二次工业革命以电力的发明和广泛使用为标志，人类的生产效率得到了极大的提高。亨利·福特开创了流水线的生产方式，大规模生产时代到来。同时，科技进步促使新的发明不断涌现，产业细化，体力工作和脑力工作的种类不断增加。20世纪40年代前后，信息技术的发展导致第三次产业革命，各种软件、新材料、机器人和网络技术给就业带来了前所未有的变化。新科技改变了人们的工作方式，在创造新的就业种类和形式的同时也给已有的就业带来冲击，甚至使很多就业岗位逐渐消失。

在此背景下，本节的主要内容是科技发展给我国就业带来的新变化。本节主要分为两部分：第一部分首先以当下流行的网购和共享经济为例，重点讲述科技创造就业，因为它们都是科技发展带来的就业模式多元化的例子。在第一部分的最后，我们会对这一问题进行进一步的讨论。在科技创造就业的同时，新型就业的出现必然会在一定程度上替代传统的就业，第二部分重点讲述就业替代以及科技进步导致的不稳定就业。

一　科技创造就业

1. 网购拉动的就业

说到科技创造就业，在中国，网络购物和共享经济是目前对新增就业贡献最为显著的两个新兴领域。网购是电子商务的一种形式，它使得消费者可以通过互联网直接从卖家手中购得商品。1998年，马云创建阿里巴巴，这在中国电子商务的发展历程上具有里程碑的意义。阿里巴巴后来发展为中国最大的电子商务平台，旗下的淘宝网是中国乃至世界上规模和交易额最大的网购平台。现如今，中国不但有淘宝、京东等本土的购物平台，而且亚马逊等国际电商也在中国的网购经济中分得了一杯羹。

十几年前，我国大多数消费者或许对网络购物这种购物方式还很陌生，现在，零售交易已经在网络上发展得声势浩大。近年来，随着智能手机的发展和普及，人们甚至可以随时随地浏览世界各地的商品并随时订购，这种便利性使得网购成为城市中大多数人购物的首选方式。据中国互联网络信息中心（CNNIC）发布的第 40 次《中国互联网络发展状况统计报告》统计，截至 2017 年 6 月，我国网络购物用户规模达到了 5.14 亿，其中，手机网络购物用户规模达到 4.80 亿。[①] 据《2016 年度中国电子商务市场数据监测报告》统计，2016 年中国网络零售市场交易额 5.3 万亿元，网络零售市场交易规模占社会消费品销售总额的 14.9%。[②]

网购的快速发展使就业市场发生了巨大的变化。截至 2016 年 12 月，中国电子商务服务企业直接从业人员超过 305 万人，电子商务间接带动的就业人数已超过 2240 万人。[③] 随着网店的增多，实体零售店出现了凋敝的迹象。网购的发展在创造就业方面表现最为突出的行业就是快递业，因为每个订单都对应着一个或多个包裹，随着网购营业额的增长，快递业也获得了前所未有的发展。国家邮政局对外公布的数据显示，2016 年，快递业务量完成 313.5 亿件。[④] 北京交通大学、阿里研究院和菜鸟网络联合发布的《全国社会化电商物流从业人员研究报告》显示，截至 2016 年初我国从事电商物流行业的人员为 203.3 万人；[⑤] 而《快递服务"十二五"规划》显示，截至 2010 年，快递行业从业人员仅略超过 60 万人。[⑥] 可见，2016 年的数据是 5 年前的 3.4 倍。

2. 共享经济下的灵活就业

共享经济是指以对等关系为基础，由社交网络平台协调的以获得、给予或者共享物品或者服务为目的的活动（Hamari, Sjöklint, & Ukkonen,

---

① 中国互联网络信息中心：《第 40 次中国互联网络发展状况统计报告》，http://www. cnn-ic. cn/hlwfzyj/。

② 中国互联网络信息中心：《第 40 次中国互联网络发展状况统计报告》，http://www.100ec. cn/zt/16jcbg/。

③ 《2016 年度中国电子商务市场数据监测报告》，http://www.100ec. cn/zt/16jcbg/。

④ 《国家邮政局公布 2016 年邮政行业运行情况》，http://www. spb. gov. cn/xw/dtxx_15079/201701/t20170114_959038. html。

⑤ 北京交通大学、阿里研究院、菜鸟网络：《全国社会化电商物流从业人员研究报告》，https://www. sohu. com/a/73751389_384789。

⑥ 国家邮政局：《快递服务"十二五"规划》，http://www. ce. cn/cysc/jtys/zhwl/201302/19/t20130219_44953. shtml。

2016）。共享经济存在的前提是用有效的手段链接有资源交换需求的人。信息技术和社交网络的发展使得这种沟通和交流变得非常方便，特别是，电脑、手机以及其他移动通信设备和社交媒体平台（例如微信、微博、各种论坛等）使人们可以进行直接的沟通和交易。共享经济提高了物品的使用率，降低了消费者的成本，有利于环境保护，增强社区凝聚力，并且为参与共享经济的卖家提供了灵活的就业方式。

"共享经济"本身是一个新鲜事物，但是以共享经济理念为基础的资源共享已经存在很长时间。在信息技术和工具普及之前，一种较早出现的共享经济是拼车（carpooling）。据报道，在 20 世纪 70 年代石油危机时，拼车作为一种节省油费的出行方式就已经在美国被很多人使用。但是，早期的拼车大多发生在邻居和同事之间。由于信息技术（主要是网络和手机）的发展，拼车才开始变得流行起来。研究发现，相对于短途，人们更倾向于在更为耗油的长途旅行时与他人拼车。据统计，2009 年拼车占了美国所有汽车出行次数的 43.5% 和通勤出行的 10%。提供拼车的人会收取一定的费用（例如按人数折算的油费），这种收费比自己开车出行要便宜很多，可以降低拼车双方的出行成本。

早期的共享经济是人们之间自发进行的资源交换。最近几年，第三方公司在国内外大量出现，它们开发了各种网络平台以及商业模式来促进共享经济的发展并从中获取利益。第三方公司的出现不仅使交易更加方便，而且它们发展出了一套评价体系增强了买卖双方的信任感。优步（Uber）、滴滴顺风车、Airbnb，以及在网络平台（例如 e-Bay、Craigslist、58 同城、赶集网等）买卖二手商品等都属于这种共享经济。其中一个有名的案例是优步公司。优步公司开发了一个专门的打车软件来有效地联结空闲的私家车与需要打车服务的人。与传统的出租车服务不同，优步公司的司机是私家车车主，他们利用空余的时间工作，收费标准由优步公司制定，其中 70% ~80% 的车费归车主，剩下的归优步公司。优步公司将空闲的私家车和私家车车主利用起来，达到人力、物力资源的有效合理分配和使用。Airbnb 则是基于相似的理念，将空闲的房间利用起来，房主变身房东，赚取一定的收益，而房客则以较为便宜的价格入住个性化的房间。据统计，Airbnb 上房间的价格是宾馆价格的 30% ~60%。网络共享平台的出现使得参与共享经济变得更为方便与灵活，为有闲置资源和时间的人提供了一种灵活的就业方式。

3. 科技发展下的多元就业模式

在上面两个小节中，我们以网购和共享经济为例，讨论了科技发展对拉动就业的影响。我们进一步思考就会发现，这两个案例也说明，科技发展在增加就业的同时带来了就业模式的多元化。虽然说自工业革命开始，科技发展一直是就业模式变化背后的驱动力量，但是毫无疑问，现在的科技发展速度是以往任何时代无法比拟的，它再一次改变了工作的组织方式，进一步促进了就业模式的多元化。这种高科技推动下就业模式的多元化主要体现在灵活就业模式的发展上。

首先，科技发展推动正式组织使用灵活就业人员。在"《劳动合同法》与灵活就业"这一部分，在讲灵活就业出现的原因时，我们重点讨论了《劳动合同法》与灵活就业的关系，《劳动合同法》带来的用人成本增加是用人单位使用灵活就业人员的动力之一。事实上，科技发展与用人单位对灵活就业人员的使用密不可分。第一，科技发展创造了用人单位对各种灵活就业形式的需求。在全球竞争体系中，企业需要随时应对科技发展带来的需求变化（Kalleberg，2000）。对生产性企业而言，他们需要根据市场需求调整劳动力规模。这是因为随着科技发展和全球竞争的加剧，消费者需求的变动性和市场的不确定性增大，企业需要灵活就业人员（例如派遣工）来应对这种变动。对科技创新企业而言，他们需要灵活的人力资源政策来保持公司的创新性。这是因为科技创新不断涌现，科技工作者的知识更新速度有限，在这种情况下，企业需要一定的灵活度为现有的员工队伍注入新的知识技能。第二，科技发展使得一些灵活就业形式可以为公司所用，员工不需要在场也可以达到一样的工作效果。远程办公就是一个例子，通过互联网和相关的设备，员工可以与公司保持实时沟通，只要能够按照公司的要求完成工作任务，他们可以选择在公司之外的任何地方办公。最新的科技发展甚至可以让公司通过一些网络平台在全世界的范围内寻找外包员工，根据公司的技术需求组建最优秀的员工团队。[1]

其次，科技发展带来了自雇职业的多元化。当然，自雇职业本身就种类繁多。除了少数类别（例如个体工商户），很多受雇职业都有对应的自雇类别，例如律师、平面设计师、医生、咨询师、软件工程师、会计等。

---

[1] Internatonal Labour Office, "Geneva, Non-standard Forms of Employment", http://www.ilo.org/wcmsp5/groups/public/@ed_protect/@protrav/@travail/documents/meetingdocument/wcms_336934.pdf.

信息技术的发展使自雇职业发生了很多变化。第一，网络的使用提高了自雇者的工作效率，进一步提高了工作的灵活度和弹性，并拓展了客户范围。自雇者可以通过网络与客户联系，省去了面对面洽谈工作的时间和金钱成本；由于可以与客户保持实时沟通，自雇者可以更加灵活地安排自己的工作地点和时间；而他们的客户也不再局限于一定的地理范围，甚至可以说，网络的边界就是客户范围的边界。第二，信息技术的发展催生了一些线上自雇职业，例如网店店主、优步司机、Airbnb 房主等。这些新出现的自雇职业不仅丰富了自雇职业的种类，而且它们的一个共同点是，与线下自雇职业相比，线上自雇职业的门槛较低。例如，对实体店来说，好的地段是成功的前提，但是店铺租金也高，而地段不会影响网店的盈利水平。再如，对于共享经济下产生的自雇职业，自雇者只需要使用闲置的资源在网络平台上进行申请就可以实现自雇就业。

二　科技进步引发就业问题

1. 科技进步导致的就业替代

就像以往任何一次工业革命一样，以信息技术的发展为标志的第三次工业革命也是对以往生产模式的颠覆。科技进步带来了工作和生产方式的数字化、自动化和智能化，在这一过程中，很多工作将会消失。例如，3D 打印技术的成熟使得很多产品和高科技零部件可以通过打印进行生产，随时打印需要的物品也省去了购买和运输这些中间环节。如果未来 3D 打印技术得到进一步的普及，很多生产、销售和运输工人将被 3D 打印机取代。[1] 另外一个科技进步导致就业替代的例子是工业机器人在生产中的使用。国际机器人联合会将 1959 年作为第一台工业机器人诞生的时间，可见，人类对工业机器人的研发由来已久。在这几十年的时间内，工业机器人不断得到改进，但是，受到技术的限制，加之劳动力供应充足，各国对机器人的需求不大，工业机器人并没有大规模生产并得到广泛的应用。最近几年，工业机器人的生产制造技术日臻完善，人工智能井喷式的发展使得工业机器人变得更加灵活和智能。另一方面，发展中国家劳动力减少导致劳动力价格上涨，使得对工业机器人的需求大增。

中国在利用工业机器人代替人工方面发展迅速，现已处于世界领先地

---

[1]　"Manufacturing：The Third Industrial Revolution"，http://www.economist.com/node/21553017.

位。从 2004～2016 年我国投入使用的工业机器人存量增长变化情况可以看出，2004 年，全国共有 7000 台工业机器人，到 2016 年达到 34 万台（见图 4-3）。据预测，从 2018 年到 2020 年，中国工业机器人的年均销售量将以 15%～20% 的速度增长。2016 年，中国购买了约 87000 台工业机器人，这是迄今为止工业机器人在一个国家实现的最高销售额。在我国，工业机器人得到最广泛应用的行业是电子相关行业，例如半导体和芯片制造厂，其次是汽车行业。①

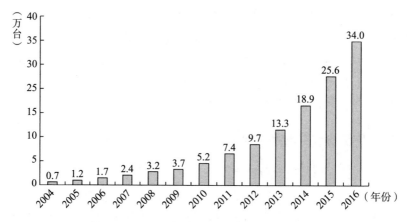

图 4-3　中国工业机器人存量增长变化情况

资料来源："Robots：China Breaks Historic Records in Automation"，https：//ifr. org/ifr-press-releases/news/robots-china-breaks-historic-records-in-automation。

我国政府正在积极推动生产的数字化、智能化和自动化。制造业是国民经济的基础和支柱产业，也是一个国家国际竞争力的重要体现。我国在很长一段时间内一直是世界制造大国，这在很大程度上得益于我国的改革开放政策与充足的劳动力资源。但是，随着我国劳动年龄人口数量的下降，劳动力成本上升，我国失去了在制造业领域最大的国际竞争优势，国际制造业开始向劳动力更为廉价的地区转移。同时，发达国家正在积极寻求本国制造业的复苏。在新的国内、国际形势下，我国政府于 2015 年提出《中国制造 2025》，它是我国实施制造强国战略的第一个"十年行动纲领"，核心目标之一就是把我国从制造业大国转变成制造业强国，机器人

---

① "International Federation of Robotics"，https：//ifr. org/ifr-press-releases/news/robots-china-bre-aks-historic-records-in-automation.

的研发和使用是一个重要支持领域。①

2. 科技进步带来的不稳定就业

虽然科技进步导致的就业替代具有积极的意义，但对劳动者来说，它的一个负面影响是带来了就业的不稳定性。很多工作正在或者将会被机器人或其他自动化设备取代，而且这种替代将不仅仅局限于蓝领工作。纵观历史，以往的每一次科技进步都会导致就业替代，例如手工纺织工被纺织工厂里操作机器的工人替代，汽车的出现使得司机取代了马车夫，等等。但是，这次科技进步与以往不同，这种信息技术主导的科技进步带来的是机器对人的替代，例如无人驾驶汽车的出现会直接导致司机这一职业从业人员的缩减乃至消失。另外，当今的科技进步不仅会导致一些体力劳动被机器替代，很多白领工作也面临这样的命运。例如，ATM 就是对银行人工柜员的替代，并且随着人工智能的发展，一些文书工作甚至更复杂的脑力工作也可以被机器取代。一项基于美国 702 种职业的研究发现，美国 47%的工人的工作有被自动化的风险，特别是交通、物流、销售和服务业（Frey & Osborne，2017）。

研究还发现，非稳定就业不仅会给劳动者带来收入上的不稳定性，也会对劳动者的身体和心理健康造成负面影响（例如，Ferrie，Shipley，Stansfeld，& Marmot，2002）。如果不予介入，这种个体层面的负面影响最终会造成沉重的社会负担。那么，对于科技进步带来的不稳定就业，我们应该怎样看待和对待？第一，从宏观层面以及长远来看，科技进步带来的不稳定性就业或许只是阵痛。事实证明，历史上每一次科技进步在替代很多工作的同时也创造了更多的就业，对于科技进步对就业的影响，很多经济学家也持乐观的态度。第二，新科技的应用是在国家相关经济政策的规范下进行的，因此，人工智能等科技的具体使用范围和程度远远超出简单的技术使用上的可能性。第三，新科技的研发和生产需要成本，成本计算中的一个重要因素就是现有劳动力的供求关系。如果劳动力供应充足，就

---

① 《中国制造 2025》提出 10 个重点支持的领域，其中之一就是"高档数控机床和机器人"。其中，机器人发展的重点是："围绕汽车、机械、电子、危险品制造、国防军工、化工、轻工等工业机器人、特种机器人，以及医疗健康、家庭服务、教育娱乐等服务机器人应用需求，积极研发新产品，促进机器人标准化、模块化发展，扩大市场应用。突破机器人本体、减速器、伺服电机、控制器、传感器与驱动器等关键零部件及系统集成设计制造等技术瓶颈。"可见，这一"十年行动纲领"对机器人的定义范围更广，未来机器人将被应用到越来越多的领域。

没有必要采用自动化或者全面的自动化。因此，在国家规范和成本控制之下，自动化与劳动力替代之间将会是一种动态平衡的关系。第四，对个体来说，为了避免被替代的风险，应该不断投资自己的教育和技能提升。

科技进步在人类历史上历来是一柄双刃剑，从就业角度来看也是如此，科技的发展给人类提供了前所未有的广阔的就业渠道和就业空间，但与此同时，它也带来了引发社会焦虑的就业不稳定性问题。人工智能的飞速发展对人类的就业模式、就业稳定性和就业范围究竟会产生怎样的深远影响，这或许还需要时间来回答。

参考文献

边文霞，2010，《中国大学生就业状况与面临困境动因研究成果综述》，《天津财经大学学报》第 4 期。

蔡昉，2010，《人口转变、人口红利与刘易斯转折点》，《经济研究》第 4 期。

——，2013，《人口红利与中国经济可持续增长》，《甘肃社会科学》第 1 期。

陈友华，2005，《人口红利与人口负债：数量界定、经验观察与理论思考》，《人口研究》第 6 期。

段成荣、袁艳、郭静，2013，《我国流动人口的最新状况》，《西北人口》第 6 期。

范皑皑、车莎莎，2014，《大学生的就业预期与就业选择》，《教育发展研究》第 23 期。

李晖，2009，《劳务派遣及其法律规制——兼论劳动合同法有关条款的完善》，《中国劳动关系学院学报》第 1 期。

刘林平、万向东、张永宏，2006，《制度短缺与劳动短缺——"民工荒"问题研究》，《中国工业经济》第 8 期。

罗小兰，2007，《我国最低工资标准农民工就业效应分析——对全国、地区及行业的实证研究》，《财经研究》第 11 期。

徐礼堂，2009，《浅析〈劳动合同法〉对大学生就业的影响》，《职业教育研究》第 5 期。

张丽宾、游钧、莫荣、袁晓辉，2005，《中国灵活就业基本问题研究》，《经济参考研究》第 45 期。

郑尚元，2014，《劳务派遣用工管制与放松之平衡——兼析〈劳动合同法〉第 58 条第 2 款》，《法学》第 7 期。

Brown, C., Gilroy, C., & Kohen, A. 1982. "The Effect of the Minimum Wage on Employment and Unemployment: A Survey." *Journal of Economic Literature* 20.

Cai, F. 2010. "Demographic Transition, Demographic Dividend, and Lewis Turning Point in China." *China Economic Journal* 3.

Cai, F. , & Wang, D. W. 2005. "China's Demographic Transition: Implications for Growth. " In Garnaut, R. & Song, L. (eds), *The China Boom and Its Discontents.* Canberra: Asia Pacific Press.

Ferrie, J. E. , Shipley, M. J. , Stansfeld, S. A. , & Marmot, M. G. 2002. "Effects of Chronic Job Insecurity and Change in Job Security on Self Reported Health, Minor Psychiatric Morbidity, Physiological Measures, and Health Related Behaviours in British Civil Servants: The Whitehall Ⅱ Study. " *Journal of Epidemiology & Community Health* 56.

Frey, C. B. & Osborne, M. A. 2017. "The Future of Employment: How Susceptible are Jobs to Computerisation?" *Technological Forecasting and Social Change* 114.

Hamari, J. , Sjöklint, M. , & Ukkonen, A. 2016. "Nonstandard Employment Relations: Part-Time, Temporary and Contract Work. " *Annual Review of Sociology* 26.

Kalleberg, A. L. 2000, "The Sharing Economy: Why People Participate in Collaborative Consumption. " *Journal of the Association for Information Science and Technology* 67.

Lee, R. & Mason, A. 2006. "What is the Demographic Dividend?" *Finance and Development* 43.

Liang, Z. , Li, Z. , & Ma, Z. 2014. "Changing Patterns of the Floating Population in China, 2000 – 2010. " *Population and Development Review* 40.

Ni, J. , Wang, G. , & Yao, X. 2011. "Impact of Minimum Wages on Employment: Evidence from China. " *Chinese Economy* 44.

Stigler, G. J. 1946. "The Economics of Minimum Wage Legislation. " *The American Economic Review* 36.

第五章 老龄化与老龄社会

21 世纪之交的 1999 年是人口学界一个特殊的年份，这一年世界迎来了 60 亿人口日，"国际老年人年"被联合国确认。日本学者黑田俊夫认为1950～2050 年这一百年的"人口世纪"是人类人口史上的分水岭，1950～2000 年前半部分的人口爆炸，世界人口数量急剧增加；2000～2050 年后半部分的"银发浪潮"，世界人口年龄结构快速老化（黑田俊夫，1999）。人口作为一种社会现象，具有十分重要的结构属性。不同类型的人口构成，反映在人口变动和社会经济文化的发展中，会形成千差万别的人口特征。人口老龄化是当今世界人口发展的趋势，也是各国普遍关注的重大社会问题。本章在梳理人口的自然构成（出生率、死亡率、自然增长率）的基础上，从人口年龄结构的变动出发，研究人口老龄化的特征、影响以及与此联系密切的老龄问题，探索人口老龄化与社会经济发展运行的基本途径，借鉴发达国家应对老龄化的举措，建设有中国特色的社会主义老龄制度。

第一节 人口爆炸与人口老龄化

一部世界人口发展史很大程度上是世界人口从无到有、数量从少到多逐渐增加的历史，在近代和现代时期，世界人口增长数量和速度大大加快。第二次世界大战之后，新生儿数量明显减少，人均寿命不断延长，人口年龄结构中老年人的比重不断增长，时至今日，人口老龄化是当今世界人口发展的趋势，也是各国普遍关注的重大社会问题。

一 人口发展史——基于人口转变理论

(一) 世界人口再生产类型的转变

人口转变理论主要以西方社会人口出生率、死亡率和自然增长率的历史资料为依据,由美国人口学家汤姆逊于 1929 年首次提出,其后法国人口学家 A. 兰德里(Landry,1982)在《人口革命》论文集中对人口转变理论加以补充,并将欧洲人口发展历程分为三个阶段:第一阶段为原始社会和奴隶社会典型的人口再生产阶段,时间可以追溯到史前时期和古代,在这一时期人口数量极为有限,极大地受到自然条件的限制,表现为极高的出生率、极高的死亡率、极低的自然增长率。第二阶段基本覆盖整个封建社会时期,生产力得到一定程度的发展,但由于战争、瘟疫、饥荒等因素的作用,这一过渡阶段的特征为高出生率、高死亡率、低人口增长率。第三阶段分为前后两部分,以产业革命的爆发为分界线。这一阶段前半部分的特征为高出生率、低死亡率、高自然增长率;伴随工业和农业的进步、医疗技术的发展、生活水平的提高,这一阶段后半部分的特征表现为低出生率、低死亡率、低自然增长率。

美国人口学家诺特斯坦(Notestien,1945)在关注近代和现代世界各地区人口发展情况的基础上进一步扩展了兰德里的理论。他也把人口发展历程划分为三个阶段:首先是原始型阶段,即人口高增长阶段。在该阶段,人口出生率保持较高水平的增长,死亡率开始下降,这一阶段的人口自然增长率在发达国家和发展中国家都达到空前的水平。其次是传统型阶段,即人口过渡阶段。在该阶段,随着生产力的提高和科技的进步,人口出生率逐步下降,死亡率持续下降,人口整体的自然增长率开始降低。最后是现代型阶段,即低人口增长阶段。在该阶段,出生率继续下降,死亡率趋于平稳,人口自然增长率极低。

(二) 中国人口再生产类型的转变

20 世纪下半叶,世界人口增长的速度越来越快,几乎世界上所有国家都达到其历史上最高的人口增长率。中国人口的增长速度尤快,超过世界人口的增长速度,一跃成为世界上人口最多的国家。自 1949 年中华人民共和国成立以来,人口自然变动经历了一个人口再生产类型的转变时期,中国的人口发展历程主要分为如下几个阶段。

1949～1958 年，第一次生育高潮。新中国成立之初，由于人民生活初步改善，社会趋于安定，医疗卫生事业初兴，形成了中国人口规模"由缓到快"的增长基础，人口特征表现为高出生率、高死亡率、低自然增长率。紧接着是 1959～1961 年三年困难时期，人民生活水平和健康状况下降，中国人口死亡率骤增，出生率锐减，使得自然增长率跌破 0 值，也是第一次生育低潮。

1962～1970 年是我国人口增长率最高的，出现第二次生育高潮。随着社会逐渐稳定，国民经济好转，出现了带有补偿性的人口增长，人口增长进入新中国成立以后前所未有的高峰期，人口特征表现为高出生率、低死亡率、高自然增长率。1971～1980 年面对人口高速增长带来的压力，中国政府于 1971 年开始控制人口，1973 年明确"晚、稀、少"方针，1982 年把计划生育确定为基本国策并写入《宪法》，此后人口发展进入有计划增长阶段。

1985～1991 年，第三次生育高潮，是由于前两次出生人口高峰年龄推后形成的，60 年代生育高峰出生的陆续通过 20 岁、23 岁，进入生育旺盛期，其特征是：出生率不是很高，死亡率相对稳定，自然增长率也较稳定。改革开放之后中国社会经济、政治、文化等方面不断发展，科学技术不断进步，医疗卫生条件改善，计划生育政策使得人口高出生率得控制，并持续稳步下降。20 世纪 90 年代以来，特别是 1998 年中国人口自然增长率下降到 10‰以下，中国人口进入平稳增长阶段，人口特征表现为低出生率、低死亡率、低自然增长率（见图 5-1）。

进入 21 世纪，我国生育政策连续调整，从计划生育到 2013 年单独二孩政策，再到 2016 年的全面二孩政策，有效促进了我国出生人口性别比回归正常，稳定人口抚养比上升，劳动人口增加，缓解了总人口递减的趋势，在一定程度上延缓了老龄化进程。此外，全面二孩政策推动我国家庭的结构类型从"4-2-1"走向"4-2-2"，有利于增强家庭在养老等方面的功能。

二 人口世纪：人口爆炸与"银发浪潮"

（一）世界人口规模的快速增长与"银发浪潮"

在近代和现代时期，世界人口迅速膨胀，人口增长的速度大大加快，人口倍增时间大大缩短，三个世纪前，即 1700 年时，世界人口仅有 7 亿，

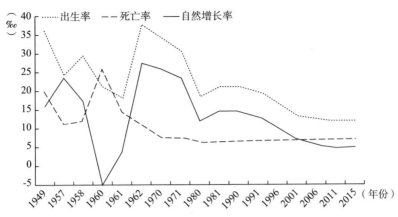

图 5 - 1　1949～2015 年中国人口出生率、死亡率和自然增长率

资料来源：国家统计局，2016。

经历了 150 年的时间，到 1850 年，人口才增加约一倍。工业革命后，伴随着生产力的发展、生活水平的提高以及科学技术的进步，20 世纪后半叶世界范围内人口数量急剧增长，从 1950 年的 25 亿增长到 1985 年的 50 亿，再到 1999 年的 60 亿，2015 年达到 73.5 亿，联合国人口司 2017 年世界人口展望预测，2060 年世界总人口将达到 101.8 亿，到 2100 年达到 112 亿 (United Nations Department of Economic and Social Affairs，2017)

　　世界人口数量变化的同时，人口结构也悄然发生了巨大变化，尤其是人口年龄结构。人口老龄化是社会经济发展到一定阶段的必然结果，是从传统型"高高低"（高出生率、高死亡率、低自然增长率）向现代型"低低低"（低出生率、低死亡率、低自然增长率）人口再生产模式转变的必经之路。根据《人口学词典》："人口老龄化是人口中老年人比重日益提高的现象，尤指已达年老状态的人口中老年人比重继续提高的过程。"（刘铮，1986）20 世纪下半叶，欧洲和北美洲发达国家的人口已经老龄化，随后世界人口老龄化的趋势继续发展，范围更为广泛，速度明显加快。国际社会公认的人口老龄化衡量标准是："如果一个社会中，65 岁及以上人口占该社会总人口的比重超过 7%，或 60 岁及以上人口占该社会总人口的比重超过 10%，那么该社会就可称为老龄化社会。"（李军，2005）世界总人口中 65 岁及以上人口的比例已经从 1950 年的 5.1% 上升到 2015 年的 8.3%，21 世纪将是世界各国进入老龄社会的世纪。世界银行数据库的数据显示，2016 年世界范围内老龄化率较高的国家普遍为发达国家（见表 5-1）。

表 5-1　2016 年世界上主要国家 65 岁及以上老龄人占总人口比重

单位：%

国家	比重	国家	比重	国家	比重
中国	10.00	加拿大	16.55	西班牙	19.07
新加坡	12.29	挪威	16.60	丹麦	19.33
爱尔兰	13.50	英国	17.97	法国	19.49
韩国	13.57	瑞士	18.27	瑞典	20.20
卢森堡	14.13	斯洛文尼亚	18.42	芬兰	21.02
美国	15.16	比利时	18.45	葡萄牙	21.17
新西兰	15.23	荷兰	18.68	德国	21.45
澳大利亚	15.32	奥地利	18.92	日本	26.86

资料来源：The World Bank, "Population Ages 65 and above (% of Total)", https://data.worldbank.org/indicator/SP.POP.65UP.TO.ZS。

（二）中国老龄人口规模为世界之最

中国的老龄化率与发达国家相比虽不高，但老龄人口规模却是世界之最。从 1949 年到 2000 年，伴随着死亡率的降低和生育率、出生率的提高，人口净增 7.15 亿，增长 129.53%，创造了中国人口增长的新纪录。改革开放以来我国社会经济迅速发展，人民生活水平稳步提高，人均寿命的延长和计划生育国策的实施使得老年人口比重逐渐增大。从规模上看更是惊人，中国 65 岁及以上老年人口数量是世界上最多的，为世界老年人总数的 1/5，为亚洲老年人口总数的 1/2。到 2040 年，中国老年人总数将达到 4.11 亿，占总人口的 29%，将超过法国、德国、意大利、日本和英国目前人口的总和（杨良初，2015）。根据联合国《世界人口展望（2017）》的预测，中国 65 岁及以上人口将会在 2060 年达到 3.93 亿的峰值，印度该年龄段人口经过长期发展将在 2075~2080 年间超过中国，位居世界首位。作为发展中国家也是世界人口大国的中国，应对规模空前的老年人口和快速老龄化的挑战，任重道远。

（三）今后半个世纪中国及世界人口高龄化将急速发展

世界人口老龄化率在 2060 年预计将上升到 18.1%，也就是说，今后半个世纪人口老龄化将急速发展。自新中国成立以来人口经历了爆炸式的增长，计划生育政策有效控制了人口过快增长，缓解了人口对资源环境的压力，跨越式地完成了西方发达国家用了百年才完成的转变（邓金栋、温再兴，2017）。21世纪初中国老年人口达到国际规定的老龄化国家的标准，正式步入老龄化国家行列。中国是世界上人口最多的发展中国家，在人口与资源环境、经济社会发展之间的矛盾和问题越来越突出的时代，人口预测在规划未来我国人口发展趋势、制定新时期的社会经济和文化政策等方面，显示出越来越重要的作用。

根据世界银行开放数据库（见图5-2），从中国1960~2095年原始死亡率、原始出生率、自然增长率以及65岁及以上老年人口比重数据和预测数据可以看出，中国进入老龄化社会以来人口出生率逐步下降并稳定在10‰左右，死亡率缓慢增长，导致人口自然增长率逐年降低。随着经济社会发展和国民预期寿命的不断增长，2095年中国65岁及以上老年人口比重会稳步上升至31.6%。

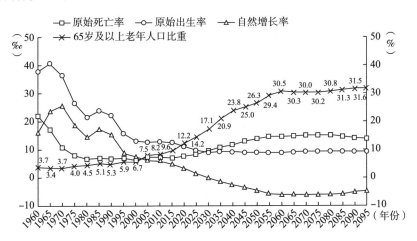

**图5-2　中国1960~2095年"三率"和65岁及以上老年
人口比重发展和预测**

资料来源：United Nations Department of Economic and Social Affairs，2017。

此外，作为国际人口的权威预测机构，联合国《世界人口展望（2017）》长期人口预测（见图5-3）显示，未来到2100年世界65岁及以上人口数量位居前三位的国家中，印度人口总量预计将在2024年超过中国成为世界上人口最多的国家，但其65岁及以上人口数量预计将在2080年超过中国成为第一，美国仅次于中国和印度。

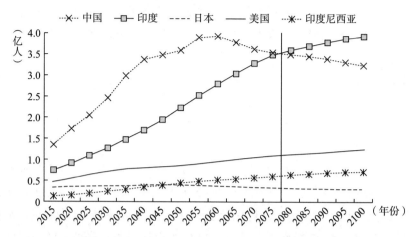

图 5 - 3   2015 ~ 2100 年世界 65 岁及以上人口数量前五国家

资料来源：United Nations Department of Economic and Social Affairs，2017。

第二节   中国人口老龄化特征

我国是世界上人口最多的国家之一，从新中国成立初期恢复生产和人口爆炸式的增长，到 20 世纪 70 年代施行的计划生育和改革开放政策，使得中国人口增长经历了重大转变。本节主要探讨我国人口年龄结构的变化历程，特别是自 2000 年跨入老龄化社会以来，老年人口不断增多，在性别、老龄化增长速度、城乡以及区域发展等方面都发生了巨大的变化。最后，本节就当前人口形势简单讨论未来中国社会人口老龄化变化的趋势。

一   人口老龄化增长速度快

参照表 5 - 2 的联合国人口年龄构成类型测度指标，从中国六次人口普查数据资料可以看出，1953 年第一次全国人口普查时人口年龄结构类型是成年型，1964 年第二次全国人口普查结果显示非正常低出生率和高死亡率，经历了 1959 ~ 1961 三年困难时期后我国人口年龄结构迅速调整，但仍为成年型。1982 年、1990 年第三、第四次全国人口普查数据显示，中国人口年龄结构又变为成年型，其中值得注意的是，依据 1990 年第四次全国人口普查年龄构成类型标准，0 ~ 14 岁人口比重（27.7%）已经符合老年型标准，65 岁及以上人口比重、老少比及年龄中位数指标正在快速向老年型标准拟合。对比国外较早出现人口老龄化现象的国家，其 65 岁及以上人口占总人口的比重从 5% 上升至 7%，一般需要 50~100 年的时间，有的甚至更长。中国的这一比重从 1985 年的 5.06% 上升到 2000 年的 6.7% 只用了 15 年的时间，2000 年我国 60 岁及以上人口占总人口的比重为 10.45%，由此正式进入老年型人口年龄结构。随着社会经济的发展，中国人口老龄化的速度越来越快，已经超过欧洲国家，仅次于日本。

表 5-2　年龄构成类型和中国人口年龄结构变化

		0~14 岁人口	65 岁及以上人口	老少比	年龄中位数
		比重（%）	比重（%）	（%）	（岁）
年龄构成类型标准	年轻型	40 岁以上	4 岁以下	15 岁以下	20 岁以下
	成年型	30~40 岁	4~7 岁	15~30 岁	20~30 岁
	老年型	30 岁以下	7 岁以上	30 岁以上	30 岁以上
中国六次全国人口普查数据	1953 年	36.3	4.4	12.2	22.7
	1964 年	40.7	3.6	8.8	20.2
	1982 年	33.6	4.9	14.6	22.9
	1990 年	27.7	5.6	20.1	25.3
	2000 年	22.9	6.7	30.4	30.8
	2010 年	16.6	8.9	53.42	35.2

资料来源：中华人民共和国国家统计局网，六次全国人口普查资料；联合国人口年龄构成类型测度标准。

关于老龄化的速度，截取老龄化率超过 7%、达到 14% 所需的年数进行比较可发现，法国为 115 年，瑞典为 85 年，美国为 72 年，英国为 46 年，德国为 40 年，而日本仅用了 24 年老龄化率就由 1970 年的 7% 提高到 1994 年的 14%（张岩松，2016）。相较于日本，韩国老龄化进程更为迅速，老龄化率超过 7%、达到 14% 只用了 18 年，中国与日本老龄化进程相似，为 23 年。未来，预计一部分国家老龄化速度将超过日本、韩国，快速进入老龄化社会。

人口金字塔可以直观体现中国人口年龄结构的变化。图 5-4 使用 1990 年、2000 年及 2010 年三次全国人口普查数据，以性别、年龄结构划分绘制的人口年龄结构金字塔。从对比中看出，人口年龄结构正在老龄化且底部老龄化严重，表现为塔顶窄小，塔底萎缩。在未来的 10~20 年，随着时间的推移，目前人数最多的 30～50 岁年龄人口将进入老年，规模缩小的年青一代将进入劳动力市场，承担更大的抚养压力。

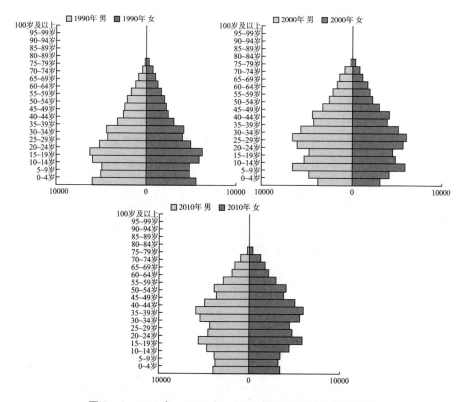

图 5-4 1990 年、2000 年、2010 年三次全国人口普查的
人口年龄结构金字塔

资料来源：中华人民共和国国家统计局网，1990 年"四普"、2000 年"五普"、2010 年"六普"数据。

由图 5-5 可知，从 2000 年我国进入老龄化的第五次全国人口普查到 2010 年第六次全国人口普查的十年时间里，中国人口生育水平下降到更替水平以下，少年儿童人口占总人口的比重不断下降，0～14 岁人口数量从 2.9 亿下降到 2.2 亿。与此同时，10 年间 65 岁及以上人口从 0.9 亿增长到 1.2 亿。此外，在 75 岁及以上的高龄老人中，女性占了绝大多数，金字塔的塔尖明显向右倾斜。

由图 5-6 可以看出，新中国成立之初和 20 世纪 60 年代初两次婴儿出生高峰导致 1953 年、1964 年两次人口普查的少儿抚养比和总抚养比的数值较大。到 2010 年第六次全国人口普查，总抚养比从最高点 79.4% 持续

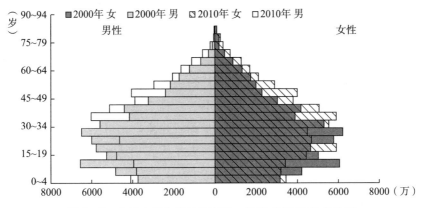

图 5 - 5　中国人口年龄结构变动：2000 年和 2010 年比较

资料来源：中华人民共和国国家统计局网，2000 年"五普"、2010 年"六普"数据。

下降到 34.2%，降低了 45.2 个百分点；少儿抚养比从最高点 73.0% 下降到 22.3%，降低了 50.7 个百分点。到 2015 年人口抽查时，少儿抚养比回升到 22.6%；老年抚养比从 1964 年的 6.4% 上升到 2010 年的 11.9%，增长 5.5 个百分点，其中 2015 年数值为 14.3%，比 2010 年增长了 2.4 个百分点，老年人口增长的速度加快。随着老年人口数量增长和新生儿出生率低水平持续，国内有效劳动力数量减少，使得老年抚养比上升，社会负担加重。

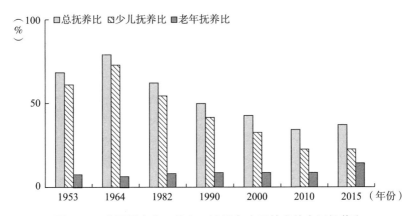

图 5 - 6　中国历次人口普查、2015 年人口抽查的人口抚养比

资料来源：中华人民共和国国家统计局网，1990 年"四普"、2000 年"五普"、2010 年"六普"数据。

二　人口老龄化发展呈现城乡倒置特点

截至 2016 年底，中国城镇人口为 7.93 亿，农村人口为 5.9 亿，常住人口城镇化率为57.35%，户籍人口城镇化率为41.2%。卓有成效的城镇化，正在彻底改变中国的落后面貌，让越来越多的中国人摆脱贫困。与此同时，广大农村地区的留守问题也引起了国家和社会的广泛重视，其中农村老年人口的养老问题已成为一个亟待解决的社会问题。由图5-7可知，农村65岁及以上老年人口比重为10.46%，高于城镇的8.07%，整体上呈现农村地区老龄化程度高于城镇的城乡倒置现象。我国庞大的老年人口和长期以来城乡二元社会的现实，使城乡老年人在生活水平、福利保障、医疗保健和养老问题上面临不同的挑战。

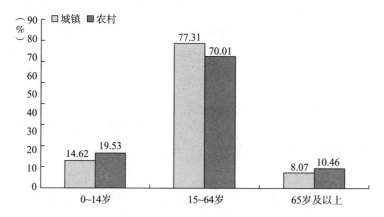

图5-7　2010年城乡不同年龄人口占总人口的比重

资料来源：中华人民共和国国家统计局网，2010年"六普"数据。

　　我国人口老龄结构的老龄化呈现城乡之间差异较大、分布不均、城乡倒置的特点，产生此现象的原因主要有以下两点。

　　首先，城镇化过程中农村人口向城镇迁移是这一现象产生的最主要的原因。人口城镇化过程中，农村人口向城镇转移是以劳动年龄人口的转移为主体，老年人口转移的速度相对要慢一些。长期以来，城镇以医疗技术及服务水平高、基础设施较为完善、经济发展快等优势吸引了大量农村劳动年龄人口流入，特别是改革开放以来进城农民工的数量迅速增长。各城镇之间在地理环境、社会经济发展水平等方面差异显著，在一定程度上使各个城镇之间的劳动年龄人口频繁流动。城镇新增的相当数量的劳动年龄人口缓解了城镇劳动力紧张的局面，使得其15~64岁劳动者比重上升，加之整体出生率不断下降并维持在较低水平、人们生育观改变等因素的综合作用，在一定程度上降低了城镇0~14岁、65岁及以上老年人口的比重。

其次，我国素有"故土难离"和"落叶归根"的说法，老年人口对离开家乡远没有青年人那么高的热情。在大量劳动年龄人口进入城镇之后，我国农村地区留守儿童、妇女、老人逐渐增多，相对地，农村老年人比重增加。

三　人口老龄化发展区域不均衡

中国各省、自治区、直辖市的人口出生率、死亡率及年龄结构的变化，受经济、地理、历史等各个方面的影响，各地区在人口年龄结构方面长期存在差异。随着我国工业化、城镇化、现代化与信息化的推进，农村与城镇、城镇与城镇之间的人口迁移和流动频繁，大规模的人口流动对各地区的人口老龄化进程有不同的影响，也在一定程度上影响各地区对老龄化问题重要程度的认识（国务院第五次全国人口普查办公室，2006）。例如在经济发展上位置领先的上海、北京、天津、重庆等直辖市以及山东、江苏、浙江等东部经济发展程度较高的省份人口老龄化程度相对比较高，所面临的老龄问题的挑战也更加突出。

从图 5 - 8 可看出，在 2000 年正式步入老龄化社会时，我国 65 岁及以上人口占总人口的比重超过 10% 的只有上海，比重在 7% 以上的地区主要

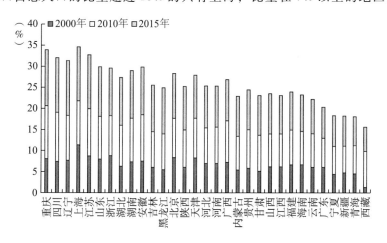

**图 5 - 8　2000 年、2010 年、2015 年全国分地区 65 岁及以上
老年人口比重变化情况**

资料来源：中华人民共和国国家统计局网，2000 年"五普"、2010 年"六普"、2015 年人口抽样调查数据；国家统计局，2016。

集中在东部的河北、浙江、江苏，中部的湖南，北部、西部、南部和个别内陆地区老龄化现象还不明显。有研究指出，一个国家或地区的人口老龄化程度与其经济发展水平有密切关系（宋健、巫锡炜，2012）。整体上看，中国区域经济发展程度不一产生的人口老龄化的区域差异现象明显（赵儒煜、刘畅、张锋，2012）。按照我国东、中、西区域划分进行分析，最早进入老龄化的是直辖市和东部地区，呈现人口密度大、经济发展水平高、生育率和死亡率较低、人口老龄化程度高等特点。一方面，直辖市往往在全国的政治、经济和文化等各方面具有重要地位，东部地区是中国地理位置优越、经济实力雄厚的地区，这些地方经济社会发展程度高，医疗卫生技术、基础设施建设整体综合水平高，使得这些地方居民物质、精神生活质量高，寿命进一步延长；另一方面，这些地方原生的人口年龄结构不断老化，但因其经济发展水平高吸引了大量欠发达地区的劳动力涌入，在缓解用工短缺问题的同时也对迁移流动的外来人口安置、融入及管理提出了挑战。老龄化水平较低的地区是内陆地区、边疆地区的山区少数民族聚居地，其社会经济发展水平相对较低，人口较少，近20多年的生育率水平仍然较高，对应的人口年龄结构较年轻。

　　由表5-3可知，2015年我国65岁及以上老年人口占总人口的比重除西藏以外，其余省份老龄化水平都超过7%，有16个省份老龄化水平超过10%，其中重庆为13.29%，居全国之首。人口老龄化趋势从东部地区迅速扩展到中、西部地区，东部、东北部以及中部地区老龄化现象严重，西部大部分地区刚刚进入老龄化。

表 5-3　2015 年全国分地区年龄结构、抚养比

单位：%

地区	占总人口的比重			年龄构成指数		
	0~14 岁	15~64 岁	65 岁及以上	总抚养比	少儿抚养比	老年抚养比
全国	16.52	73.01	10.47	36.97	22.63	14.33
北京	10.12	79.22	10.65	26.23	12.78	13.45
天津	10.13	79.57	10.29	25.67	12.73	12.94
河北	18.23	71.60	10.17	39.67	25.46	14.21
山西	15.05	75.76	9.19	31.99	19.86	12.13
内蒙古	13.07	77.37	9.56	29.24	16.89	12.35

续表

地区	占总人口的比重			年龄构成指数		
	0～14 岁	15～64 岁	65 岁及以上	总抚养比	少儿抚养比	老年抚养比
辽宁	10.61	76.53	12.87	30.67	13.86	16.81
吉林	11.98	77.10	10.91	29.7	15.54	14.16
黑龙江	10.57	78.59	10.84	27.25	13.46	13.79
上海	9.34	77.84	12.82	28.47	12	16.47
江苏	13.56	73.75	12.69	35.59	18.39	17.21
浙江	12.91	75.82	11.27	31.89	17.03	14.86
安徽	17.77	71.05	11.18	40.76	25.01	15.74
福建	17.57	73.42	9.01	36.2	23.93	12.27
江西	21.47	69.47	9.06	43.95	30.9	13.04
山东	16.35	71.99	11.66	38.91	22.72	16.2
河南	20.99	69.16	9.85	44.59	30.34	14.24
湖北	15.18	73.59	11.23	35.89	20.63	15.27
湖南	18.41	70.37	11.22	42.11	26.16	15.95
广东	16.02	76.61	7.37	30.53	20.91	9.62
广西	22.62	67.61	9.76	47.9	33.46	14.44
海南	19.82	71.74	8.44	39.39	27.62	11.77
重庆	15.60	71.11	13.29	40.63	21.94	18.69
四川	15.88	71.18	12.94	40.49	22.31	18.18
贵州	22.44	68.08	9.48	46.89	32.96	13.92
云南	19.12	72.48	8.41	37.97	26.38	11.6
西藏	23.57	70.73	5.71	41.39	33.32	8.07
陕西	15.05	74.60	10.35	34.04	20.17	13.87
甘肃	17.10	73.54	9.36	35.99	23.25	12.73
青海	20.06	72.84	7.10	37.29	27.55	9.74
宁夏	20.09	72.54	7.36	37.85	27.7	10.15
新疆	21.82	71.05	7.13	40.74	30.71	10.03

资料来源：国家统计局，2016。

四　老龄化与经济发展不同步

诺特斯坦的人口转变理论（Notestien，1945）描述的是人口从经济发展水平十分低下、医疗卫生条件很差的"高高低"发展阶段，进入经济有一定发展、收入有所提高的"高低高"过渡阶段，再到人均收入水平进一步提高的"低低低"阶段变化的历史过程。西欧发达国家的人口老龄化是在工业化、现代化完成之后渐进地出现的；二战后日本的人口老龄化是在有了雄厚的经济基础和经济高速增长后而快速发生的。当世界上主要的发达国家在 65 岁及以上老年人口比重达到 5.5% 时，其人均国民生产总值已达 1000 美元（唐滢，2006）；当 65 岁及以上老年人口达到 7% 时，人均 GNP 一般在 2000 美元以上（邓晶、蒋事臻，2012）。世界上大多数发达国家的老龄化是在经济发展和物质财富积累到一定程度后，与国家经济现代化、工业化和城市化相伴而来。然而在中国，1990 年 65 岁及以上老年人口比重达到 5.6% 时，人均 GNP 仅为 1300 多美元；2000 年 65 岁及以上老年人口达到 6.96% 时，人均 GNP 仅为 800 多美元。在某种程度上可以说我国人口老龄化超前于经济发展，"未富先老"现象突出。中国老龄化是在社会经济基础相对薄弱的条件下快速发生的，"这种'未富'是全方位的，不仅人均国民生产总值低，在其他诸如人口城市化、文化教育、卫生水平、产业结构、老年人收入结构、地区差别、城乡差别等方面都有所表现"（邬沧萍等，2004）。

表 5 - 4　美国、日本、韩国、中国老龄化达到 7% 时的年份及人均 GNP

国家	美国	日本	韩国	中国
65 岁及以上老年人口比例达到 7% 的年份	1944	1970	2000	2000
人均 GNP（美元）	1392	1940	8490	840

资料来源：转引自姜向群等，2006。

作为世界上人口最多的发展中国家，由于计划生育国策的成功实施和经济社会的快速发展，中国在几十年的时间内快速走过了发达国家几百年才能完成的人口转变历程，使得我国在经济不发达的情况下迎来了"超前于国家的现代化而到来的"（顾宝昌、彭希哲，1993）老龄化阶段。"未富先老"的老龄化社会表现出的社会经济发展水平低、老年人口总量大、不断高龄化的趋势都将成为我国现代化进程中极大的隐患，也是重大、不容忽视的亟待解决的社会问题。

第三节　老龄化研究与老龄社会的影响

一　中国老年社会学研究

人口老龄化作为一种社会现象，并不是自古就有的，而是晚近时期社会发展的产物。人口老龄化进程的加快，不仅提出了研究人口老龄化的社会原因及其产生机制的要求，也提出了如何满足老年群体的特殊需求和合理调整社会保障的要求。于是，老年社会学应运而生。

老年社会学一词最早由斯蒂格利茨（E. J. Steiglitz）于1943年开始使用，其后1948年奥托·波拉克所著的《老年的社会调适》成为欧美老年社会学初步形成的标志（Pollak，1948）。中国的老年社会学研究从19世纪40年代开始，经验调查在80年代前后开始盛行。国外老年社会学理论发展出一定的理论模式，但中国老年社会学至今仍处在摸索的阶段，归纳起来主要有如下三种理论。

（一）社会发展理论

社会发展理论主要考察人口老龄化过程和社会现代化的关系。人口老龄化既是社会经济发展的必然结果，也会反过来影响社会经济的发展。一方面，经济发展、社会科学技术的进步改变了人们的生育观，降低了人口出生率、死亡率，延长了人均预期寿命，导致人口老龄化的出现；另一方面，人口老龄化不仅使老年人口比例上升、劳动年龄人口老化，也会使老年抚养比上升以及社会的负担增加，对社会经济发展来说有一定的制约作用。当然，在某种程度上人口老龄化也有促进作用，那就是老年人口资源的增加。老年社会学的社会发展理论是基于中国社会结构变迁过程中碰到的老龄问题出现的，目前还不完善。唐仲勋、戴惠珍（1993）认为人口老龄化和社会经济发展是两个互相独立且多重的互动系统，人口老龄化系统主要通过年龄结构的变化、功能的变迁、需求改变等方面，影响社会经济发展系统；物质、文化和权利方面不断丰富的社会经济发展系统反作用于人口老龄化系统。为协调两个系统的发展，有必要将政策的参与、组织监督、社会动员和社区建设这四个系统整合成老年社会控制系统。

（二）功能理论

在研究离退休人员的个人生活时，许多学者从社会功能转换和社会适应的角度进行研究，一般是将离退休作为个人进入老年期的一种社会标识，是由一种社会功能向其他社会功能转变。唐仲勋、戴惠珍（1993）将这个功能变动过程分为期待期、退休期、适应期、稳定期四个时期，认为这个过程的适应性是由个人的个体特征、离退休后的生活方式决定，同时也与老人的性格、年龄、文化程度、职业密切相关。袁辑辉等指出，当主要功能从职业型功能转向休息型功能时，在某种程度上就是一个人从壮年期向老年期的一种功能衰退型转换（袁辑辉、王因为、徐勤，1989）。

（三）社会问题观

老年社会学研究中的一个共识是老年本身没有问题。许多学者基于社会问题的角度考察老年人的生活，认为老龄问题的根源不是个人而是社会。潘光旦（1947）认为老龄问题的出现是由于家庭制度和工厂化制度之间有了矛盾。他认为社会变迁中的落差效应、社会结构失调和社会资源的缺乏是老龄问题的宏观成因，而环境质量下降和家庭问题增多是老龄问题微观的社会成因。

但是学者们对具体的问题以及其他解决之道存在不同的意见。中国老龄问题全国委员会将老龄问题总结为"五个老有"，就是"老有所养、老有所医、老有所学、老有所乐、老有所成"。《中华人民共和国老年人权益保障法》将老人的抚养分为经济性养老、生活上的照顾、精神上的安慰等。从分析的角度来看，许多争论也集中在两个基本问题上，即老年人口是依存还是自立？老年人口需要照顾时，其生活保障究竟由谁承担？

1. 老年人口的依存和自立问题

某种意义上这个问题是对理论前提提出的假设，并非经验性的问题。大量的经验调查已经证实许多老年人的晚年生活基本上是自立。但依靠他人生存对许多老年人来说也是不可避免的事实。老龄人口抚养比其实已包含老龄人口依靠他人生存的含义。养儿防老就表现出依靠他人生存的社会观念。此外，"五个老有"中，老有所养和老有所医就含有依存性假设，老有所学、老有所乐和老有所成含有自立性假设，其中老有所成是理论上强调的最大限度的自立性假设。许多关于老年人口的经验调查和研究的争议常常聚焦于依存还是自立，以及与之相关的价值判断（老年人口究竟是社会负担还是社会财富）。

2. 老年人口的生活保障问题

若依存性问题是研究老年人口避不开的问题的话，晚年的生活由谁来保障就不仅是理论性的问题，也是现实问题。关于这个问题，许多学者认为在中国养老主要依靠家庭。大多数学者关注工业化、城市化对家庭结构、家庭规模的影响。随着城市化和工业化的推进、家庭规模的缩小，世代间的鸿沟加深。随着世代间的交流减少、子女照顾老人的能力减弱，社会保障在老年人看护中的影响增大，家庭看护老人的功能逐渐下降，个人、家庭、地域和国家共同承担起老年人口生活的保障问题。由于我国社会保障制度尚不完善，家庭在其中仍发挥主要作用。

二 老龄化与家庭养老模式变迁

我国人口转变处于生育率低水平稳定、人口老龄化程度加深的"低低低"阶段。受到城市化、工业化快速推进及文化传统、环境变化等人口、社会、经济因素的影响，我国家庭在规模、结构、功能以及代际关系等方面发生了变化，进而对老年人的晚年生活模式产生了影响。养老方式的转变已然成为人们不得不面对的时代课题，家庭转变理论主要关注不同人口转变阶段对家庭的影响，例如"在人口转变的第一阶段，家庭平均规模扩大，大家庭数量略有增加；在人口转变的后期阶段，家庭平均规模不断缩小，家庭结构趋于核心化"（褚丽萍，1997）。

首先，家庭结构不断小型化和核心化。长期实行的计划生育政策导致家庭规模呈现递减效应。改革开放使传统的家族观念受到冲击，从而改变了当今社会和家庭的文化背景，在一定程度上影响了家庭规模和结构。老龄化使我国呈现"倒金字塔"型的人口年龄结构，及"4－2－1"的家庭结构。由图5－9可知，2000～2010年10年间，中国家庭户类型中一代户比例从22%持续增长到34%，二代户比例从59%下降到48%，三代户及以上的家庭户减少了1个百分点，传统的一家几代人在一起生活的几代同堂现象逐渐减少，更多的现象是老人与子女同城不同住。在三代同堂的家庭中，老年人主观上继续同成年子女一起生活的意愿正在降低。

其次，代际居住、照料以及经济等方面发生了变化。一方面，随着老年人口数量不断增加，有65岁及以上老年人口的家庭户数从2000年的6839万户增长到2010年的8804万户，加之老年抚养成本比较高，家庭养老照料资源有限，子女赡养负担重；另一方面，代际关系对现代家庭的影响在逐渐降低。家庭户类型的变化趋向于一代户，即使是两代、三代及以上的大家庭能够居住在一起，代与代在经济收入和财产上也是相互分离的。并

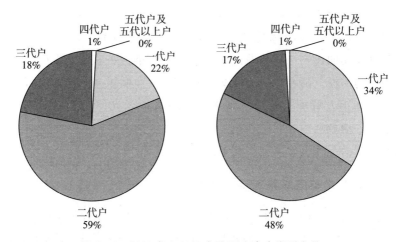

图 5 – 9 2000 年、2010 年中国家庭户类型变化

资料来源：2000 年、2010 年 "五普"、"六普" 数据。

且伴随着中国经济、社会和文化不断发展，相应代际的交往、沟通方式等同样在改变，进而在某种程度上使得双方在情感上保持一定的距离。

最后，家庭功能不断弱化，促使养老方式发生转变。传统的家庭养老方式正面临来自家庭功能弱化、照料资源有限、生活方式、思想观念变化等的冲击，家庭的养老功能事实上正在弱化（邓莎，2011）。当前市场经济条件下，人口老龄化速度加快，代际关系迅速变化。随着我国社会保障制度的建立及不断完善，2000 年和 2010 年两次全国人口普查数据资料显示，老年人主要依靠家庭其他成员供养、劳动收入的占比逐渐下降，领取的离退休金、养老金、最低生活保障金的比重不断增长。此外，在子女与父母之间的代际供养关系上，传统的父母抚育子女、子女赡养父母双向循环的 "反哺" 养老模式，逐渐转变为父母抚育子女、子女仍旧抚育后代单向 "接力式" 的关系模式。

表 5 – 5 2000 年、2010 年中国有 65 岁及以上老年人口的家庭户数

单位：万户

年份	有一个 65 岁及以上老年人的家庭户	有两个 65 岁及以上老年人的家庭户	有三个 65 岁及以上老年人的家庭户
2000	4962.7	1853.3	23.4
2010	5946.5	2823.3	33.8

资料来源：中华人民共和国国家统计局网，2000 年 "五普"、2010 年 "六普" 数据。

三　老龄化与社会保障功能

社会保障制度是社会的安全网、减震器，也是人类社会不可或缺的一种基本稳定机制。在社会历史发展进程中，社会保障制度模式和社会的经济发展水平、传统文化习俗紧密相联，并且在某种程度上表现出与人口数量、年龄结构相适应的特征。换句话说，人口老龄化与社会保障制度的转变基本上是同步的。我国社会保障自古有之，儒家大同社会的论述中就有"老有所终，壮有所用，幼有所长，鳏寡孤独废疾者皆有所养"。近代以来，世界各国都建立了标准、保障程度不一的现代社会保障制度。我国适应社会主义市场经济体制也制定了主要包括社会保险、社会救助、福利服务以及各种政府或企业补助、社会互助等在内的（郑功成，2005）的社会保障制度。随着老龄化程度的不断加深和社会经济文化进步提出的要求的提高，社会保障制度面临人口老龄化的严峻挑战。

首先，随着社会保障给付水平不断提高、规模不断扩大，老年人口数量的增多加大了社会保障费用的负担，社会保障资金入不敷出。由图5-10可以看出，在老年人生活来源构成中离退休金/养老金、最低生活保障金是第三和第四位重要的生活来源，老年人口的快速增多意味着劳动年龄人口中的离退休人员迅速增加，其直接产生的后果就是离退休金/养老金的增加。此外，社会保障资金在制度上不完善。其一，资金来源渠道单一。资金主要来源于财政拨款，财政支出中用于社会保障的费用虽逐年上升但占比很小。其二，社会保障个人账户长期"空账运行"的现象，社会养老、医疗保险"统账结合"的管理模式及"老"、"中"、"新"不同年龄段的人待遇不同的办法，使得面对日益增加的退休人员，个人账户中的资金不得不用来弥补资金缺口。其三，社会保障资金保值增值困难，大量的社保资金放在银行账户中，导致社保资金抗通胀能力很弱，更加达不到保值增值的目的。

其次，现有的社会保障水平低。由于中国老龄化呈现老年人口数量多、发展速度快、"未富先老"等特征，多数地区的最低生活保障金基本上只能起到生活补贴作用，难以对需要保障的群体进行生活保障。中国人口城市化水平低，现有的社会保障网络覆盖面"相对狭窄"，保障对象不够全面，以社会保险为例，相当数量的私营企业职工和灵活就业人员没有被纳入保障体系之中。

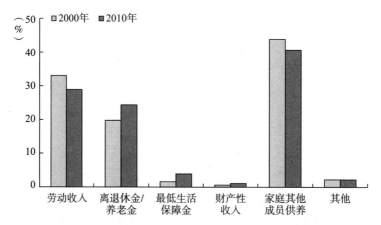

图 5 - 10 2000 年、2010 年中国 60 岁及以上老年人生活来源构成及变化

资料来源：中华人民共和国国家统计局网，2000 年"五普"、2010 年"六普"数据。

再次，社会保障发展程度低。目前我国老龄化程度还不如日本那样严重，随着人口平均预期寿命的延长，需要照顾的老年人数量不断增加，生育率下降使得独生子女家庭增多，家庭趋向小型化，家庭养老功能逐渐弱化，在老年人身体衰弱不能自理之际，将出现家庭难以支撑老年人口养老的问题。严峻的现实迫使越来越多的民众选择适应现代社会结构，通过社会化途径养老。虽然发达国家大都完成了由家庭保障向社会保障的转变，但是我国社会化养老机构数量少且水平差异明显、社会化服务项目有限且价格高、郊区化以及服务人员素质参差不齐，从而屡次出现负面事件等现实因素，使老年人的社会化养老程度很低，所以满足情感需求的传统家庭养老仍旧是中国老年人主要的养老方式。

最后，我国社会统筹层次、范围缺乏统一性。一是随着中国城镇化和城乡一体化的快速推进，就社会保障而言，城乡在保障项目、保障对象、保障水平等方面存在一定的差异。如以中国对居民进行健康保障的医疗保险制度为例，基于城乡二元结构建立了城镇多层次医疗保障和农村以大病统筹为主的新型农村合作医疗制度，城乡居民在可享受的药品、报销比例等方面均存在差别。二是我国社会保障统筹层次比较低，结构性矛盾突出，社会保障基金省际不平衡，未来需要进一步提高社会保障基金的统筹层次，从省级统筹逐步实现养老金全国统筹（谢玮，2018）。

此外，老年人社会保障也格外注重对老年人合法权益的保障。我国目前有《宪法》、《婚姻法》、《民法通则》、《刑法》以及专门的《老年人权益保障法》等多部法律保障老年人合法权益。近年来，社会上虐待老年人、暴力伤害和歧视老年人的事件频发，老年人作为社会弱势群体容易"边缘化"、"贫困化"，特别是女性老年人更容易遭受侵害。为此，需要给予老年人更多的关心和保护。随着经济增长和社会的发展，未来仍需要不断提高老年人的社会地位，修订和完善与老年人相关的法律法规。

四 老龄生活方式和基础设施保障

城镇化是衡量一个国家工业发展水平的重要指标之一。当前，中国城镇化进程发生在老龄化快速发展的背景下，老龄生活需要在物质方面提供相应的基础设施配套服务，老龄化提升了对无障碍城市建设的需求。改革开放之后，在经济快速发展的同时，政府也在积极推动城镇化建设。中国虽然在快速城镇化、城市扩张更新的过程中取得了一些成就，但受到城市发展、基础设施建设起步时间晚等因素的影响，在老年人需要的基础设施建设上存在诸如资金缺口大、设施使用效率不高、维护运作不合理和社会服务方面投入较少等问题。例如，在城市老年人居住的社区普遍缺乏科学和规范的管理，很多老旧社区缺乏电梯等生活配套设施，养老设施也面临陈旧、脏乱差或短缺等问题，满足不了老年人日益增长的物质需求。针对老年人生活方式的新变化，迫切需要为老年人建设能够满足晚年生活需要的住房、交通等方面的基础设施，在今后城镇化建设中要充分考虑老年人生活的便利性。

在物质需求得到满足的同时，老年人在文化生活方面的精神需求也日益增加。文化生活是指"社会生活中与文化紧密相连的那一部分，即精神生活范畴"（田雪原，2004）。美国学者 Rose 提出的老年亚文化群体理论（参见邬沧萍、姜向群，2011）指出，考虑劳动者年龄增长退出劳动领域以后，具有相同背景（衰老、孤独等）、问题（物质、精神和照料需求）和利益追求（老有所养、老有所医、老有所学、老有所乐、老有所为）等的老年人，在家中无事可做，更倾向于在闲暇时去公共场所与别的老年人接触，在一起进行各种体育、文娱活动等，由此形成老年亚文化群体。老年亚文化群体理论指出，当前对老年人精神文化层面的关注不能只从心理健康、卫生保健入手，还应注重引导老年人健康、科学、积极地开展休闲文化活动，使老年人在活动中感受到较少的年龄歧视，找到拥有共同语言的老年亚文化群体，重新认识自我，增加老年人对社会的认同感。当前我国在老年文化生活方面做出了很多努力，例如各地居委会/村委会加强满足老年人文化娱乐、体育锻炼需要的活动中心建设，中心开展的休闲文化活动在一定程度上满足了老年人口社会交往的需要。① 但受到城乡、地区、城镇之间发展不平衡的限制，绝大多数社区在提供文娱场地之外，没有相应的资源为老年人提供家政、医疗保健、教育等提高老年人文化生活水平方面的服务，也没有配备专业人员和组建社区志愿者队伍为老年人提供有针对性的支持和服务。

第四节　发达国家和地区应对老龄化的经验及启示

从人口转变理论看，低出生率使得少年儿童人口的数量和比例减少，低死亡率和预期寿命的延长相应地带来老年人口的数量和比例增加，总体上，人口自然增长率低。本节在世界范围内选取了老龄化程度最高的日本、经济发展程度高的美国、同时间进入老龄化社会且发展得到有效控制的韩国与社会保障水平高且措施比较完备的丹麦（见图 5-11），基于环境人口承载力理论，从资源约束的角度进行阐述，借鉴学习步入老龄化社会的其他国家的经验措施，探讨如何减少人口老龄化对经济社会发展造成的

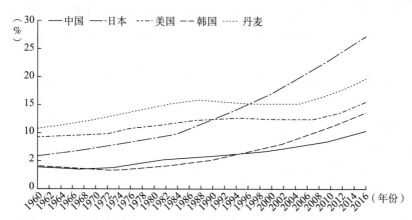

图 5-11　1960~2016 年中国、日本、美国、韩国、丹麦
65 岁及以上老年人比例

资料来源：The World Bank，"Population Ages 65 and above（% of Total）"，https://data.worldbank.org/indicator/SP.POP.65UP.TO.ZS。

---

① 国务院印发《"十三五"国家老龄事业发展和养老体系建设规划》，2017。

影响，以使中国人口规模保持在环境资源的可承受范围内，实现老龄社会的可持续发展。

一　日本

第二次世界大战后短短十年的时间，日本经济迅速恢复，经济实力赶上欧美发达国家，日本经济的持续快速增长引起全世界的关注。同时，日本的人口转变非常迅速，在经历了 20 世纪的生育高峰进入 21 世纪后，年轻人不断推迟结婚和生育的年龄，加之医疗技术的进步使平均寿命延长，65 岁及以上老年人口占总人口的比重不断增加。日本的人口老龄化率在 1970 年达到 7%，经过短短的 24 年，在 1994 年达到 14%，成为全球老龄化进程最快的国家（见图 5 - 12）。2016 年，日本 65 岁及以上老年人口比例达到 26.9%，一跃成为世界上老龄化程度最高的国家。宏观上看，日本人口老龄化对经济发展产生了不利影响，但作为世界第三大经济体和亚洲最发达的国家，面对如此高的赡养率，日本对人口年龄结构转变的认识和处理措施对于有着相似文化、传统习俗的中国具有重要的借鉴意义。

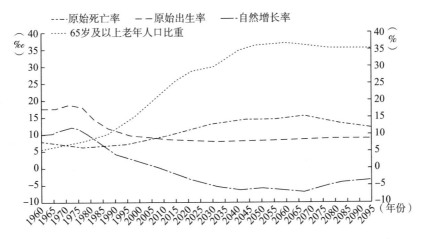

图 5 - 12　日本 1960～2095 年"三率"和 65 岁及以上老年人口比重发展和预测

资料来源：United Nations Department of Economic and Social Affairs，2017。

（一）建立健全社会保障法律法规，不断完善养老保障体系

在养老保障方面，首先，通过建立健全老年社会保障的法律法规，政府不断完善对老年人口基本权益的保障和维护。1963 年日本政府颁布了

《老人福利法》，之后政府相继颁布《年金修改法》、《老年保健法》以及《高龄社会对策基本法》等法律规章。其次是早于西方发达国家推出的推迟享受养老保险政策。早在1994年日本政府就提出女性推迟退休年龄到58岁、男性到60岁享受养老保险的政策，除此之外，日本政府充分尊重老年人口的个人工作意愿，如男性还可以选择工作到65岁（李仲生，2015）。最后，伴随经济和社会的发展，政府在2000年、2004年适当扩大社会养老保险制度的覆盖面，根据新时期人口老龄化的情况进行养老保险费用的改革。

在医疗保障方面，日本政府一方面于2000年、2002年以及2008年综合分阶段地对医疗保险制度进行改革，改革的主要思路是：运用多种方式明确医疗的结构功能，提高效率以及有效控制医疗费用的增长；另一方面，针对生活不能自理的老年人，从2000年开始实行"护理保险制度"，保障老年人生活不便时有人照料，同时通过专业人员定期上门提供医疗护理和康复指导，延缓老年人衰老进程，维护和促进老年人健康，节约了大量的医疗费。

（二）重视老龄资源，促进老年人就业

日本认识到老年人口不仅是高消费者，也是重要的劳动力资源，因而不断发掘老年人口中可以从事经济生产活动的人口，发挥他们实践经验丰富的优势，这不仅能在一定程度上解决老年人口就业问题，也能促进经济发展。为此，一方面，日本于2004年修改《老年人雇佣稳定法》，阶段性推迟退休年龄，在2013年实现劳动年龄人口65岁退休；另一方面，日本出台促进老年人就业的继续雇佣政策，在增加劳动就业的同时通过税收实现国家养老基金的增加。

（三）紧抓社区管理，鼓励老年人参与社会活动

面对日本少子化、单身化以及高龄化的发展趋势，特别是20世纪70年代首例"孤独死"现象出现，在80年代这一由媒体提出的"孤独死"成为新的社会学名词，引起社会各界的广泛关注。2015年东京《高龄社会白皮书》发现，首都东京正面临老龄少子和高龄化的严峻形势，十年间老年人"孤独死"增长达111%，65岁及以上老年人"孤独死"案例从2002年的1364人增长到2013年的2869人。为控制"孤独死"在日本的发展势头，在宏观层面，政府主要颁布实施《高龄社会对策基本法》，修改老年

人相关的《雇佣对策法》、《老年人福利法》。在微观层面，从老年人的实际需求出发，提倡开发注重包括护理、医疗、保健、娱乐等多项指标在内的全方位服务的社区居家养老形式（杨银平、黄海洋，2013）。通过紧抓社区管理，建立紧急联系网络、组织社会邮递员等社会服务人员，经常观察关注独居老年人的生活。

为保证老年人更有意义、更健康地生活，20 世纪 50 年代，日本政府大力支持和推广老年人俱乐部。老年人俱乐部以娱乐、学习、运动等为主要内容，把邻近社区内退休闲居的老年人组织起来，开展互动娱乐活动，加强老年人彼此之间的沟通交流，实现老年人之间的支援和关怀。另外，政府还"通过为老年人提供各类海外就业信息及不同的派遣方式，鼓励拥有丰富知识、经验、能力并愿意为发展中国家的社会经济发展做出贡献的老年人去海外工作，发挥余热，以推进老年海外志愿者事业的发展"（邵俊秋、张玲玲，2011）。

二　美国

美国从 1944 年进入老龄化社会至今已有 70 多年，总体上人口出生率不断降低，基本维持在 15‰左右，死亡率稳定在 10‰左右（见图 5 – 13），自然增长率缓慢下降，人口老龄化增长缓慢。一方面，美国社会出生率比较高，同时吸纳大量的青壮年移民；另一方面，医疗卫生技术水平较高、社会保障福利政策比较完善。

（一）鼓励生育的人口政策

美国生育政策实行的核心目的在于使人口增长受到一定控制，最终达到人口静止（兰海艳，2014）。但从生产率指标看，美国的总生育率虽有所降低，但自 1975 年以来其总和生育率均高于中国。美国除依靠自然增长率外，移民是美国人口增长的重要因素。自 1776 年建国以来，尽管移民一直占美国人口增长的一半以上，但美国并不会批准所有移民的申请。美国自 1924 年《移民法》颁布实施以来，开始在数量上对外来移民采取限制政策，国家对合法永久移民的政策的内容包括家庭因素、劳动就业、难民和文化多样化四方面。在美国对非法移民的严厉打击政策下，《移民法》保障了美国公民直系亲属进入美国的权利，并且不受配额限制，使得家庭因素成为移民政策的核心（张家栋，2012）。另外联邦政府一直致力于通过良好的条件和优渥丰厚的待遇，使全球各领域的顶尖优秀人

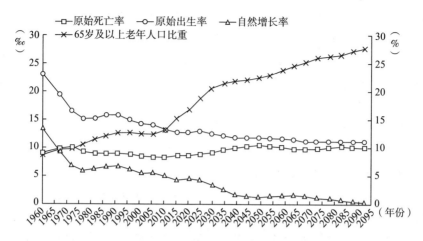

**图 5 - 13　美国 1960 ~ 2095 年"三率"和 65 岁及以上
老年人口比重发展和预测**

资料来源：United Nations Department of Economic and Social Affairs，2017。

才移居美国，其针对高、精、尖人才的"人才进口"政策尤其引人关注。世界各国家和地区的青年通过多层次的移民政策涌入美国，在一定程度上减缓了美国人口老龄化的速度。2010 年联合国公布的《世界移民报告》显示，美国因拥有占总人口 13.5% 的 4300 万海外移民，被称为"建立在移民基础之上的国家"。目前，美国社会老龄化的速度在西方国家中处于中等水平。

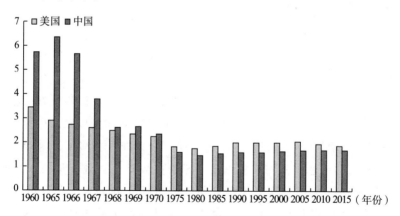

图 5 - 14　1960 ~ 2015 年中国、美国的总生育率（每名妇女活产）

资料来源：United Nations Department of Economic and Social Affairs，2017。

（二）可持续发展的养老保障制度

在养老保障制度安排上，针对 20 世纪 40 年代以来的老龄化问题，美国在立法上颁布施行了以解决老年和失业问题为主的《社会保障法案》、保障老年人权益的《美国老年人法》和保证老年人就业的《禁止歧视老年人就业法》。此外，美国政府专门设立老年问题管理署等应对老龄问题的机构，专人专职管理。

1981 年《联邦税法》、1974 年《雇员退休收入保障法》和 1987 年《国家住房法案》等法律相继出台，构建起美国多支柱的养老金结构。美国养老保障覆盖全体公民，层次丰富，强调了国家、单位和个人三方面的责任。超过 1/3 的联邦政府预算用于 65 岁及以上老年群体，"社会安全部门对于退休者的支出每年为 7000 多亿美元，医疗保险超过 5000 亿美元，而且一年付给各年龄层穷人的补助 30000 亿美元中有超过三分之一也是支付给 65 岁及以上老年人的"（袁近远，2005）。随着美国老龄化程度的加深、老年人数量的上升，这一数字还在迅速增加。

三　韩国

世界银行开放数据库资料显示，中国和韩国基本上同时步入老龄化社会。2000 年韩国 65 岁及以上老年人口占总人口的比重为 7.3%，而我国的这一比重为 6.7%。截至 2016 年韩国总人口为 5125 万，其中 65 岁及以上老年人口占总人口的比重为 13.57%。由图 5-15 可知，韩国 65 岁及以上老年人口比例将在 2065 年达到峰值（37.7%）。

迈入老龄化社会的韩国制定推行各种满足老年人口需求的政策。为了更好地解决老年人及其家人非常担心的养老问题，2000 年韩国保健福利部成立了"老人长期疗养保护政策企划团"，2001 年设立保健福利综合对策委员会，2003 年设立老人疗养促进企划团；2004 年 2 月建立老龄化及未来社会发展总统顾问委员会，研究未来政策和发展战略；2005 年 5 月制定《低生育率与人口老龄化基本法》；2006 年 6 月老龄化社会和人口政策研究总统委员会成立；2008 年建立老年人长期疗养保险制度。此外，韩国政府非常重视老年人福祉馆、敬老堂、老年人教堂等老年人专用休闲设施的开发与修建，满足老年人不同的业余生活需求（詹军、乔钰涵，2017）。

在应对老龄化方面，韩国重视老年劳动力再就业，从 1992 年开始为该群体就业提供政策支持，于 2006 年制定并实施《老龄亲和产业振兴法》，

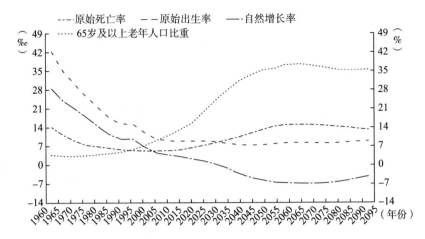

**图5-15　1960~2095年韩国"三率"和65岁及以上
老年人口比重发展和预测**

资料来源：United Nations Department of Economic and Social Affairs，2017。

为老年人以及中青年人口精神、身体健康提供便利和安全保障，强调法律扶持（崔桂莲、刘文，2017）。此外，在韩国养老保障制度方面，由表5-6可知，韩国社会养老保障最主要的特点是多重套餐式养老保障，由国民养老金制度、个人养老金制度、退休养老金制度三部分构成，保障对象包括政府公务员、军人、职工、农渔民、自营者和临时工等一般劳动者。这类多层次的养老保障尽可能地扩大了养老保障的覆盖面，也能够协调更多行业和类型的年金资源。

表5-6　韩国社会保障法律、制度的发展

	相关政策	内容
1960 年	《公务员法》	对政府公务员、警察和司法人员实施养老金制度
1963 年	《军人年金法》	为任期内的军事人员设立年金
1975 年	私学年金制度	为私立学校教师设立养老金
1988 年	《国民年金法》	国民年金被纳入国民保障体系
1992 年	《高龄人雇佣促进法》	为老年人劳动就业提供支持，并于 2003 年修订
2005 年	《低出生老龄社会基本法》	成立总统直接管辖的低出生、老龄社会委员会
2006 年	《老龄亲和产业振兴法》	扶持并大力促进老龄产业发展
2007 年	《老年人长期疗养保险法》	采取"长期护理保障制度"、"派遣家庭护士"等做法降低医疗开支，逐步改善整个医疗制度

四　丹麦

丹麦早在 1925 年就进入了老龄化社会，以 1957 年老龄化率超过 10%
为契机，正式实施以住宅为中心的老年人福利政策。丹麦老龄福利政策的
经验及教训是当今诸多发达国家和已迈入老龄化社会的发展中国家的重要
参考。

（一）丹麦的老龄福利政策

丹麦被评为"世界幸福国家"之一。丹麦不仅有民主化程度高、社会
平等、政府信赖等因素，也有从摇篮到坟墓的社会保障要因。丹麦福利政
策主要是住宅政策，即从居住开始到居住结束。松冈洋子认为"丹麦的老
龄者即使身体状况不好，在家中、地域社会中也能维持尊严，自立生存"
（参见小池直人、西英子，2007）。这得益于丹麦的老年人住宅政策。首
先，居住。丹麦的老龄者住宅政策，为老龄者提供的并不是特别的居住场
所，而是普通的家。面积以 110 平方米以下为基准，自立型是 60~80 平方
米，护理型是 40 平方米。当然，考虑到轮椅生活应配有无障碍设施，以及
护理人的操作空间，厕所空间一般为 7 平方米。除此之外，其他的房间布
局与普通住房并没有区别，主要分为寝室和客厅，并备有厨房，可以招待
朋友、聚餐等。老龄人口可以按照自己的习惯布置房间，创造一个自我感
觉舒适的空间（松冈洋子，2005）。

其次，护理。上门护理由丹麦的地方自治体提供，一直护理到老龄者
终老为止。按照老龄者的身体健康状况，每天 24 小时提供白天、夜间、深
夜三班制的服务，专职管理者对自己管辖的区域采取巡回检查的方式。每
位管理者管理多户，在每户的停留时间大概 5~30 分钟，停留时间虽短，
但通过每日的巡查，专职管理者能动态掌握老龄者微妙的身心变化，从而
提供全面的服务，服务包括从更换食品、衣服的照顾到购物、打扫卫生、
洗衣等日常生活的支援，甚至到淋浴、胰岛素注射的帮助等，总之是提供
使老龄者能自立生活的护理服务。正是因为住在家中也能得到护理，因此
老龄者即使独居也能安心生活。

丹麦老龄者福利的特征：第一，福利和医疗不设地区屏障。例如医疗
上采用 GP（General Practitioner）家庭医生制度，护士在家庭医生的指示下
作为护理和管理的协调人。对照老龄者需求，以人为本提供医疗护理与生
活支援等服务。第二，对老龄者的自立给予必要的支援。丹麦的福利目标

不是伸手扶助，而是背后支持。

（二）丹麦老龄福利政策的成功因素

丹麦能够实现高度社会福利的原因主要在于以下三个方面。

第一，自下而上确立的明确理念。丹麦的老年人不被视为护理的对象，而被视为生存主体来对待。这源于基于老龄者三原则所形成的社会福利的基本理念。所谓老龄者三原则，即"尊重自我决定、活用自己资源、可持续维持"三原则。也就是说，尊重老年人自己决定的生活方式，活用老年人剩余的资源（潜在能力），尽力支持老年人不变的生活。这个基本理念就是由老年人自下而上创立的。1979 年国会设立老龄者政策委员会，进行福利改革的讨论，梳理老年人真正的需求，形成老龄者三原则的基础。根据老龄者三原则，丹麦的老年人福利从护理时代急速转向自立支援的时代。这个理念是全国老年人自下而上推动的，在福利政策上得到有效实践，是丹麦高福利服务的核心。

第二，政策的公民创制权。丹麦政府为建立更好的福利社会，践行了政策的公民创制权。首先，地方分权。目前丹麦除养老金以外，医疗、护理、福利等社会保障的实施主体是地方自治体，其财源为地方征收的居民税，国民收入的一半以上被征收，消费税一律缴纳 25%，国民的纳税负担率大约为 70%，超过瑞典处于世界最高水平。被征税的国民不仅限于正式员工，临时工、残疾人也同样被征税。因此，对国民来说容易理解受益和分担的关系，其长处是对照税率可以要求提高服务品质。丹麦的地方分权对应的是多样化福利需求。1960 年丹麦开始建设老龄者设施，经济增长使得大量女性进入社会，照料老人和孩子的社会需求高涨。然而当时地方自治体难以回应市民多样化的需求，即使国家进行财政操控也难以解决问题。1970 年丹麦开始进行行政改革，地方自治体被合并为 270 个，国家承担的福利功能向地方自治体转移，由地方自治体决定预算分配，这不仅能回应多样化的福利需求，也解决了行政效率不高的问题。2007 年又进行了第二次行政改革，地方分权得到进一步发展。

第三，居民参与型的社会系统——老龄委员会。众所周知，丹麦与其他北欧各国都是成熟的民主主义国家。丹麦民主主义的特征使享受老龄福利及育儿、教育、医疗等社会保障和公共服务的居民，可以直接参与地方自治体的政策制定以及实施过程。像这样的市民参与型的民主主义被称为利用者民主主义（朝野贤司，2005）。

根据 1997 年法规，全国 98 个地方自治体都设置了老龄委员会。Kirsten Feld 兼任罗斯基勒市（Roskilde）老龄委员会的委员长和全国的总会长。他认为老龄委员的主要作用是作为老年人的代表收集老龄人口的意见，反映到议会。议会制定与老龄人口相关的政策时，必须征求老龄委员会的意见。老龄委员会是老龄人口和市议会的中介，是咨询机构，没有决定权，但地区的老龄人口能通过老龄委员会参与政策制定。虽然在其他北欧各国也有类似的委员会存在，但丹麦最大的特征是 60 岁及以上老龄人口都有选举权和被选举权，不是任命制，根据直接选举选出委员，选举每 4 年举行 1 次，投票率达到 50%（丹麦的选举通常是 80% 以上的投票率，相对于各地方自治体设置的委员会的投票率来说可以说是相当高的）。1982 年罗斯基勒市设置了同样的委员会，现在 15 位委员参与志愿者活动；涉及的问题不仅包括老龄人口住宅问题，还包括在家中接受护理的老龄人口福利，以及老龄人口公共交通、医疗保险等问题；规定每月举行 1 次常规讨论会议，委员与老龄者进行各种交流互动。

在丹麦，老龄人口不是作为被动方，而是积极表达自己的要求和意见，作为参与政策制定的主体而存在的。丹麦政府至多不过是将草根运动法制化，将老龄人口的意见反映到决策机构，制定政策后向全国推广，扩大了其影响力。也就是说，政府将自下而上的力量活用到决策中设计了市民参与型的社会系统，使丹麦政府成功实施了更合理的福利政策，老龄人口作为自立的市民发挥了重要作用。

第五节　应对老龄化的政策建议

随着我国人口老龄化的迅速发展，人口年龄结构及老龄化的现状、特点和影响等日益受到人们的关注，有必要借鉴和参考日本、美国、韩国和丹麦四国应对老龄化的经验，并结合我国的实际情况，提出应对老龄化的有针对性的建议。

一　解放思想，更新养老理念

养老理念需要从被动养老向自立养老的方向转变，养老政策的目标不应是伸手扶助，而是从背后支持。这源自以下两个方面：其一，国家财政支撑能力。中国的养老财政缺口较大，无力承担激增的老龄人口的养老。

即使是发达的北欧国家也面临同样的问题。丹麦曾在20世纪大规模建设救贫院、养老院，设施配有专业化服务功能，为老龄者提供高效的服务是当时丹麦政府认为最好的政策选择，1970年这些养老基础设施的建设费和护理费甚至占到社会福利预算的六成，1973年的世界石油危机导致丹麦财政困难，迫使丹麦政府必须对长期实行的福利政策进行调整和改革。其二，老龄者的生存自立能力。丹麦老年福利政策的成功不是将老龄者作为服务的受众，而是充分尊重老龄者的自立能力和自我决定，将老龄者作为主体，增强支援老龄者能独立进行日常生活的观念。因此，借鉴丹麦的经验，在判定老年人的护理需求时，不应该关注老年人不能做的事情，而应该评价老年人能做的事情。比如"不是不能站立"或"不能走路"，而是做出"若使用辅助工具就能走"、"若使用轮椅就能移动"这样的判断，并给予相应的支持。这样的自立支援，可以激发老龄者的自立能力，从而提高老龄者的生活质量。

二 建立健全老年人保障体系

面对当今的"银发浪潮"，日本、韩国和丹麦等国家都在重新规划和建立本国的养老保障体系。当前我国社会保障制度囿于医疗和福利领域的已有概念，并没有为老年群体设立专门的老年人保障制度，亟待进行制度改革，完善现有政策。如今的中国面临老龄化社会的挑战，在这种情况下，就需要打破囹圄，在全球层面上借鉴养老保障政策实施良好的国家的经验，在原有社会保障的基础上全面设计一个新的社会保障系统。我国建立健全适合国情和可持续发展的养老保障制度，需要着重考虑以下几方面：一是新的社会保障系统的远景规划要长远，立足于老龄化发展和老年人口实际情况，逐步建立广泛参与、系统全面的养老保障制度。政府在制定政策时要让老龄人口广泛参与，老龄者不再作为被动方，而是积极表达自己的要求和意见，参与政策决定。只有自下而上达成的共识反映到政策制定和实施上，养老保障制度的各项政策举措才能最终落到实处。二是新的社会保障系统需要坚持覆盖广泛、水平适当、结构合理、基金平衡的原则，建立全国统一的养老保障制度。首要的是实现城乡养老保障制度的衔接，实现更多层面的养老保障一体化。在农村社会保障上需要加快政策制定步伐，扩大农村地区"新农合"、"新农保"的覆盖面，各地区根据自身经济社会发展水平，科学制定保障标准，提高保障的待遇水平以保障城乡老年人的基本生活。在城镇社会保障方面，还需把更多的城镇农民工、非正式劳动者、老年劳动者纳入保障体系，保障其合法权益。最后，新的社会保障系统需要培育和建立多支柱的养老保障格局，发挥政府、家庭、个人和市场多种力量，从社会保险、社会救济和社会福利多方采取措施，从而解决现阶段养老保障水平偏低和基金保值增值的问题。如加大政策强制性力度，保证养老保险基金的筹集和建立；进一步调整养老保障政策的项目结构安排，不应只限于老龄福利领域，还应包括金融、税收、劳动市场、医疗、教育等领域。

三 挖掘老年人力资源，发展老龄产业

在挖掘老年人力资源方面，随着我国老龄化速度加快，整个社会中老年人口的数量不断增多，庞大的老年群体中仍有一部分老年人具有重新进入劳动力市场从事经济活动的意愿、能力，并且这部分老年人有丰富的经验和知识。面对当前中国经济快速发展、劳动力紧张的状况，需要鼓励这部分有意愿和能力的老年人重新参与社会发展，合理开发利用老年人力资源。为此，政府需要制定相关政策和法律法规来保障再就业老年人的合法权益；为老年人提供再就业技能学习和培训，增强老年人再就业的竞争力；挖掘市场中适合老年人的工作，建立再就业平台并提供相应的服务。

在发展老龄产业方面，根据《国务院关于加快发展养老服务业的若干意见》提供的数据预计，2020 年我国 60 周岁以上老年人口将达到 2.43 亿，2025 年将突破 3 亿，将步入超老龄化社会，中国老龄产业潜力巨大且刚刚起步。老年人口的需求和消费特点对市场和产业结构、商业模式产生了越来越大的影响。老年人口在医疗、保健和社会保障等多方面的需求应该引起重视，需要在商业、行政方面尽量精细化对应。只有立足于老年人口的实际，着眼于老年人口的属性，从个体属性信息出发找到其真实的需求，才能挖掘老年人力资源、发展老龄产业，进而带动相关产业的发展，这也是解决中国经济社会未来发展问题的关键。根据日本、美国、韩国和丹麦的发展经验，结合我国的实际情况，针对老年人自身需要的老年食品、保健品、医疗用品、护理用品等传统行业产品和服务的发展速度加快，关注老年人口的科技产业也在加速发展。科学技术日新月异的发展，使现代化通信工具和信息技术被广泛应用到养老服务中，信息化技术和养老产业的结合，为老年人提供了便捷、高效的服务，促进了老年人生活方

式的科学化和舒适化。

四　倡导积极老龄化，促进城市化发展

（一）建设积极老龄化社会，营造和谐社会风尚

1. 弘扬民族传统美德，营造敬老爱老的社会风尚

应对人口老龄化，需要全社会的共同努力。首先，营造敬老爱老的社会氛围。敬老、爱老是中华民族的传统美德，通过大众传媒等多种形式积极宣传，引起广大民众对老龄化的关注。其次，积极围绕社会主义核心价值体系，加强社会伦理道德建设，并把尊老、敬老作为精神文明建设和思想道德教育建设的重要内容，从物质、精神等层面真正关心、关爱老年人，维护老年人的权益，消除歧视甚至是虐待老年人的不道德行为，逐步形成老少共荣、家庭和谐的文明氛围（彪巍等，2012）。

2. 转变传统老年观念，营造老有所为的社会风尚

首先，积极动员政府、企业、非政府组织和其他社会力量，加大对健康老龄化、积极老龄化理念的宣传力度，鼓励老年人进行终身学习、再就业，参与其他社会活动。其次，转变传统老年观念，一方面积极倡导老年人再就业，通过再就业使老年人在自身的知识经验范围内做力所能及的事；另一方面老年人再就业是和年轻人抢饭碗的认识是片面的。要看到老年人再就业选择的特殊性，合理认识年轻人就业与老年人再就业之间的关系。

（二）重视老年人口健康，引入长期护理保险制度

随着年龄增长，老年人口的身体机能不断老化，视觉、听觉也开始出现障碍，行动变得迟缓，对周边的医疗、护理以及无障碍设施等提出了一系列新的要求，仅靠养老金和医疗保险根本无法满足老年人的护理需求。合理安排和不断满足老年人口在社会保障、生活照料等各方面的需要，协调好人口老龄化经济、社会全面可持续发展的关系，建立健全积极的社会保障制度，推动建立长效老年人口保障的政策机制，逐步推动健康老龄化、积极老龄化发展。

目前，对老年人的长期护理已经成为西方国家和许多中等收入的发展中国家面临的重要课题。长期护理需要软件服务和硬件设施的配合，包括家庭护理、社区护理、老人看护、亲属护理和长期护理医院。随着我国老

年人口迅速增加，老年失能人口的长期照护风险日益凸显，因此现阶段应该积极探索建立以老年人长期护理保险为主、商业保险为辅的老年护理保险制度，依靠社会力量共同护理老人。

（三）加强老年设施建设，鼓励老年人社会参与

政府应该重视老年人口的卫生与健康，加强宣传和教育工作。关注老年人的心理健康，开展各种心理咨询，帮助老年人缓解/消除自卑、消沉、沮丧等消极情绪。子女应支持和鼓励老年人多参加有益的社会活动，这有赖于政府推进各项有益于老年人健康的文体活动项目。我国可以借鉴日本的经验，重视老年协会、老年活动中心及老年俱乐部的建设和发展，利用老年协会等团体将退休闲居的老年人组织起来，充实老年人的日常生活。在此基础上，政府应加大对老年服务设施、老年组织的资金支持力度，引导老年组织健康发展。通过老年组织这一平台，不仅可以加强老年人之间的联系，改善人际关系和人际交往，也可以利用这些老年组织为老年人发声，为老年人争取权益。

参考文献

坂胁昭吉、中原弘二，2006，《现代日本的社会保障》，中国劳动社会保障出版社。

彪巍、秦侠、马颖、陈任、王辉、胡志，2012，《对完善我国人口老龄化应对策略的思考》，《中国卫生事业管理》第 7 期。

朝野賢司，2005，デンマークのユーザーデモクラシー』，新評論，3-33。

褚丽萍，1997，《转变中的家庭》，《人口与经济》第 4 期。

崔桂莲、刘文，2017，《韩国老龄亲和产业的经验与不足及对中国的启示》，《社会保障研究》第 3 期。

邓金栋、温再兴主编，2017，《中国药品流通行业发展报告（2017）》，社会科学文献出版社。

邓晶、蒋事臻，2012，《我国人口老龄化背景下卫生需求研究》，《医院管理论坛》第 29 卷第 3 期。

邓莎，2011，《浅析我国新型居家养老服务模式》，《法制与社会》第 11 期。

杜鹏主编，2011，《新世纪的中国人口：中国第五次人口普查资料分析》，中国人民大学出版社。

顾宝昌、彭希哲，1993，《伴随生育率下降的人口态势》，《人口学刊》第 1 期。

国家统计局编，2001，《国际统计年鉴（2001）》，中国统计出版社。

国家统计局编，2003，《国际统计年鉴（2003）》，中国统计出版社。

国家统计局编，2016，《国际统计年鉴（2016）》，中国统计出版社。

国务院第五次全国人口普查办公室编，2006，《世纪之交的中国人口》，中国统计出版社。

黑田俊夫，1999，《基本战略和倒三角形的论理》，《人口与开发》第 1～2 期。

吉尔伯特·C. 菲特、吉姆·里斯，1981，《美国经济史》，司徒淳、方秉铸译，辽宁人民出版社。

姜向群、李建民、杜鹏、杨慧，2006，《中国未富先老了吗》，《人口研究》第 6 期。

兰海艳，2014，《世界各国的生育政策》，《决策与信息》第 4 期。

李军，2005，《人口老龄化经济效应分析》，社会科学文献出版社。

李仲生，2015，《日本人口经济》，中国人事出版社。

刘铮，1986，《人口学辞典》，人民出版社。

内阁府，2015，《平成 27 年高龄社会白书》，东京：内阁府。

潘光旦，1947，《论老人问题》，载天津《益世报》副刊《社会研究》第 5 期。

邵俊秋、张玲玲，2011，《日本老龄化应对措施及其对中国的启示》，《长春理工大学学报》（社会科学版）第 12 期。

松岡洋子，2005，デンマークの高齢者福祉と地域居住最後まで住み切る住宅力・ケア力・地域力，新評論。

宋健、巫锡炜，2012，《中国人口问题与人口学发展：21 世纪初十年的回眸与展望》，社会科学文献出版社。

唐滢，2006，《我国的人口老龄化》，《人口与经济》第 S1 期。

唐仲勋、戴惠珍，1993，《人口老龄化与社会现代化》，南京大学出版社。

田雪原主编，2004，《人口文化通论》，中国人口出版社。

邬沧萍、姜向群，2011，《老年学概论》（第二版），中国人民大学出版社。

邬沧萍、王琳、苗瑞凤，2004，《中国特色的人口老龄化过程、前景和对策》，《人口研究》第 1 期。

小池直人、西英子，2007，福祉国家デンマークのまちづくり共同市民の生活空間，かもがわ出版。

谢玮，2018，《上解比例 3% 起步，离退休人数多的省份拨付资金多养老保险基金中央调剂制度亮相》，《中国经济周刊》第 25 期。

杨良初，2015，《大陆人口老龄化与政府财政应对政策思考》，2015 年两岸社会福利论坛。

杨银平、黄海洋，2013，《日本人口老龄化及对策》，《吉林省教育学院学报》（下旬）第 8 期。

袁辑辉、王因为、徐勤，1989，《当代老年社会学》，复旦大学出版社。

袁近远，2015，《中美人口老龄化问题对比研究》，《经济研究导刊》第 24 期。

詹军、乔钰涵，2017，《韩国的人口老龄化与社会养老政策》，《世界地理研究》第 4 期。

张家栋，2012，《美国移民状况与移民政策的发展趋势》，载北京理工大学法学院、北京国际法学会、中国与全球化研究中心编《第四届移民法论坛：出境入境管理法、中国和世界论文集》（内部资料）。

张塞主编，1996，《国际统计年鉴（1995）》，中国统计出版社。

张岩松，2016，《老龄产业发展对策研究》，清华大学出版社。

赵儒煜、刘畅、张锋，2012，《中国人口老龄化区域溢出与分布差异的空间计量经济学研究》，《人口研究》第 2 期。

郑功成，2005，《社会保障学》，中国劳动社会保障出版社。

Landry，Adolphe. 1982. "Revolution Demographique." Institute National Etudes Demographiques.

Notestein，Frankm W. 1945. "Population—The Long View." In Theodore W. Schultz（ed.），*Food for the World*. Chicago：University of Chicago Press.

Pollak，O. Social. 1948. "Adjustment in Old Age." New York：Social Science Research Council，Bulletin 59.

United Nations Department of Economic and Social Affairs. 2017. "Population Division World Population Prospects：The 2017 Revision"，https：//esa. un. org/unpd/wpp/Publications/Files/WPP2017_KeyFindings. pdf.

第六章　社会组织与社会治理创新

　　"假设一个地方政府一年的财政收入有 100 元，那么，它很有可能要花其中的 70 元来处理各种社会矛盾。但在上海，一种新型的、更有效的方法被创建了出来——地方政府从 100 元收入中拿出 20 元来向社会组织购买服务，再花 35 元用来解决问题，最终，在处理社会矛盾的问题上，总共只花了 55 元。不仅成本降低了，在专业社会组织、社工提供的服务中，人们对政府的满意度也提高了。"这段文字，源于《中国青年报》记者对上海市杨浦区的社会组织参与社会治理实践的调查报道。这则报道中还详述了"旧城拆迁过程中政府邀请律师社团全程参与"的生动案例，一位上海某律师事务所的执照律师同时也是一家公益性法律服务中心的志愿者。每小时服务费高达数千元的著名律师，化身为"拆迁老娘舅"，义务为拆迁家庭主持"家庭会议"、调解家庭矛盾、解释法律条文和拆迁政策、提供拆迁及析产问题的多种解决方案，从而帮助拆迁家庭顺利地与动迁公司签约，并能够在合理、合法的范围内争取到最大的权益（王烨捷，2017）。在我们的日常生活中活跃着志愿者和各种社会组织，整个社会对社会组织的认可度、接受度和需求程度也在持续上升。根据民政部发布的相关统计数据及中国社会组织网公布的数据，截至 2017 年底，中国社会组织总量突破 80 万个关口，其中基金会 6322 个，社会团体 37.3 万个，民办非企业单位 42.1 万个。2017 年社会组织数量增速也创下最近十余年的新高[1]。

　　我们为什么需要社会组织[2]？数量激增、规模庞大的社会组织满足了

---

[1]　《慈善蓝皮书：中国慈善发展报告（2018）——2017 中国社会组织总数量突破 80 万个》，人民网，2018 年 6 月 22 日。

[2]　在我国，社会组织也称非营利组织、非政府组织、民间组织，本章将视上下文情况交替使用这些概念。

我们哪些需要？为什么说社会组织参与社会治理对社会发展和国家进步具有重要的作用？本章将聚焦这些问题来剖析社会组织的内涵、功能定位、发展阶段特征以及中国社会组织发展的独特性和意义。

第一节　社会组织及现代社会组织体系

社会组织是指能够发挥特定社会功能、完成特定社会目标、构成一个独立单位的社会群体。在早期人类社会，人群共同体表现为以血缘、地缘、族缘关系为纽带的家庭、宗族、村落、部落等。社会大分工后，人们的社会关系与社会活动日趋复杂。社会成员在拥有多种身份的同时，越来越被集体化生产、再分配、交换需要和功能互赖为基础的社会再生产纽带联系起来，从而参与到一定的社会组织活动之中。社会组织也因而成为社会力量中不可小觑的重要部分（张澧生，2015）。人类社会发展的历史，同时也是人们不断调整社会关系、建构社会秩序的过程。在这一过程中，面对不同的经济社会环境，社会治理的参与者也会随之调整治理方式以适应环境的变动。一种良性的社会形态需要每一种社会力量的担当与付出，社会组织作为社会力量的重要主体之一是现代社会治理体系的重要组成部分。

在探讨多种多样的社会组织及其与社会治理的关系之前，首先需要回答一个基本问题：什么是社会组织？"社会组织"一词具有多重含义，在社会学中，既可将其作为社会或社会体系的同义词，又可将其视为具有一定规模的群体。当代社会学者多从社群意义上来使用社会组织这一概念。

一　社会组织形成的基础：社会群体的结合特性

人与人之间的社会互动，对历史文化传承与社会的存续相当重要，人们往往以改变相互关系的方式来谋求对新形势的适应。为回应时代变革的新要求，需要不断辨识社会成员间建立相互关系的方式，用社会学的话语来说，就是要回答"社会是如何被组织起来"的问题。

在社会学话语体系里，社群（group）指一群数目任意且具有某种相互关系的人，其组成成员有相似的行为标准、价值观念与社会期待，如大学里的街舞社、话剧社、合唱团、志愿者协会等。一般来说，小至两个及以上的人组成的家庭，大至一个民族国家，都可以称为社群。社群往往指关系比较直接、亲密、持久的人们组成的集体。社群与人群有所区别，社群的形成更为强调其组成成员对群体的归属感。因缘际会偶然聚在一起的人群，因无其他关联可促成群体归属感的形成，也就无法构成一个社群（达维久克，1988）。

人们通常运用不同的人群分类标准来划分社群。如依据不同的年龄、民族、性别、受教育程度，不同的身份和职业，不同的社会地位、居住空间、组织机构等，可将社会成员划分为老龄群体、伙伴群体、文化群体、亚文化群体、商业群体、劳动群体、居住于同一地区的群体，以及不同社团组织等。依据集体行动的性质，又可将社会成员视为追求不同目标的人群结合体。比如活跃在大学生群体中的学习群、游戏群、攻略群等，群成员因某种类型的共同活动结合在一起，这种共同活动建基于大家共同的目标，并有助于满足每位成员的个体需要。人们乐于在"群"里找到归属感，并在群信息的获取和传递中获得认同感。社群又有大型群体和小型群体之分。人们因一个共同的客观特征结合在一起，用这个特征能判定他们作为一个相对独立、稳定的组织而存在，但是该组织的全体成员由于人数众多而不能进行直接交往，这种群体属于大型群体。这类群体有阶级、阶层、民族、政党、工会、协会及其他联合会，国民经济某个部门的工作人员，等等。与大型群体相对的小型群体是指有共同的时间与空间、成员之间有直接交往关系的人群结合体，如工人班组、中学班级、大学年级、家庭等。

社群具体体现了个人与个人之间、个人与整个社会之间某些特定的相互关系，不同的关系形成了多样性的社会组织方式（朱贻庭，2002）。社会组织方式是支撑社会整合与社会良性运行的基础。第一，任何一种社会组织方式都蕴含着某种理论前提和价值观念，依靠价值系统和观念系统的相互整合是促成社会各个部分互相维系的重要组织机制。第二，任何一种社会组织方式的建构都需要依托人们的意识形态认同所产生的组织力量，所谓意识形态是指那些可以成为政治、社会组织合法性根据和运作的观念系统，其向人们提供一套建构社会秩序的原则并形塑了社会治理结构的形态（金观涛、刘青峰，2000）。第三，任何一种社会组织方式都直接关系到人们的利益，其背后都有一个或多个支配者存在，人们往往从自身的利益出发对这些组织自己社会生活的制度进行理解、评价，并把这些理解和评价延伸到可知的支配者，从而认同或反对这些社会生活方式及其支配力量（李友梅、肖瑛、黄晓春，2007）。社会整合常常又与支配者即社会组织者的意识形态认同息息相关。现实中，维系人们之间相互关系的是一些基本的价值、需求和利益，这些基本的价值、需求和利益也是社会的组织、团结和认同的基础。一种良性的社会秩序在本质上是社会价值认同的结果，而一种良性社会秩序的维系有赖于与其相匹配的社会组织方式（李友梅，2014）。

社会组织方式的最初形态又叫做初级社会群体。初级社会群体是指由面对面互动形成的、具有亲密的人际关系的社会群体，它是个人一生中最早参与或进行某些基本生活、活动的群体，对个人的理想和个性的形成起着基本的作用。初级社会群体是社会组织的雏形，反映着人们最简单、最初步的社会关系。美国早期社会学家库利在其1900年出版的《社会组织》一书中，把家庭、邻里、同辈群体称为初级社会群体。初级社会群体的主要特点是：注重满足个人感情需要；直接、密切的人际交往；人数少，规模小，较持久；对个性的形成和发展影响很大。以初级社会群体为基础的传统社会，每个人的生活空间基本是固定的，参与社会交往的人基本也是确定的，个人担任的社会角色甚至是先赋性的，在这样的社会环境中，社会秩序的整合是较为容易的。

社会组织是比初级社会群体更为复杂、更为高级的社会组织方式。社会组织的特点恰好与初级社会群体形成鲜明的对照。（1）社会组织一般具有相当的规模，而且是按一定的契约人为建立的；（2）社会组织内部的互动往往遵循正式的行为规范；（3）组织成员的关系是一种公事公办的关系，而很少带有感情色彩——起码在原则上是如此；（4）社会组织具有特定的、明确的社会目标，其功能往往是单一的。在组织中，更加强调个人对组织的责任与贡献。现代社会既有以血缘、地缘、族缘为基础的初级社会群体，又有以社会分工、集体化生产、再分配、交换需要和功能互赖为基础的社会再生产群体，这些群体都是在社会发展过程中不断产生并发展的。特别是，现代社会中人们通过现代通信、网络与交通技术不断变换空间、时间乃至文化概念，职业日益弹性化，过去较为确定的交往网络不断发生着变化，社会成员的自主性、异质性、互赖性、流动性凸显，社会秩序的整合也愈发困难。基于此，社会组织作为促成社会关系、建构社会秩序的现实载体的重要作用愈发凸显。不同国家和地区试图通过构建现代社会组织体制，来保障社会组织发挥其勾连个体与更宏观社会领域的中介性作用，从而促成整体社会的关系协调和秩序稳定，进而为经济社会发展和国家进步奠定良性的社会基础。

二 现代社会组织架构的缘起与形态

社会组织的产生和发展是为了满足社会需求、解决社会问题，它们是人类社会行为的组织载体。社会组织的概念有广义和狭义之分。广义的社会组织泛指一切人类共同活动的群体，狭义的社会组织专指人们为了有效达到特定目标，有组织地建立起来的一种制度化的共同活动群体。今天我们谈到的社会组织，又常被称为非营利组织或第三部门。萨拉蒙等（2002）指出，非营利组织有7个方面的特征：组织性、非政府性、非营利性、自治性、志愿性、非政治性与非宗教性。这些特征决定了非营利组织既不同于政府机构，也不同于经济组织，因此又被称为第三部门，被看作现代社会的三大支柱之一。

从宏观上看，现代社会的组织架构主要由三大部门构成。在组织分类上，除了"政府的"和"市场的"，剩下的都是"社会的"（李培林，2013）。20世纪末以来，随着信息技术的发展，人类社会进入了一个新的时代。依托现代信息技术尤其是互联网在全球的扩展，"众包"、"众筹"、"维基经济学"以及"大规模的社会协作"等新生产模式在生产领域和生活领域正促成一种革命性的转型，人们出于分享、兴趣、利他、成就感、社区归属感等各种原因而贡献智慧，在持久的互动与分享过程中实现社区乃至社会的繁荣和辉煌。在这一过程中，合作与共享成为人类社会关系纽带的新特征，有效合作成为经济社会发展的内在需求。随着互联网特别是移动互联网的发展，社会成员通过各种途径建立相互联系，并积极参与到对感兴趣的公共事务的治理中来。社会治理模式逐渐从单向管理转向双向互动，从线下转向线上、线下融合，从单纯的政府监管向更加注重社会协同治理转变。伴随着社会关系纽带性质与形态的转变，作为其载体的社会组织及其运作形态也发生了重要转变。构成现代社会组织体系的三大部门有以下特征。

第一部门是以行政机构为主体的政府组织。作为第一部门的政府组织是社会建设所需公共资源的投入主体，并且扮演着领导、规划和统筹协调的角色。政府不能也不需要包办一切，其最重要的职责在于，充分投入和合理配置公共资源，不断改革和完善社会管理体制，广泛动员社会各界积极参与，逐步实现全体社会成员公平公正地分享社会建设的成果。比如，美国政府依赖慈善和志愿组织实施服务项目，特别是卫生、教育和福利服务项目。政府通过直接资助和间接支持慈善与志愿组织，得以将大约一半的卫生、教育、福利服务的政府责任交付给社会组织。政府不仅对慈善和志愿组织提供基金支持，而且对从事儿童照顾、老人照顾、住宅补贴的慈善和志愿组织提供免税、减税等间接支持。

第二部门是以企业为主体的市场经济组织。作为第二部门的企业组织主要通过承担企业社会责任的方式来发挥作用。企业社会责任的核心在于社区参与社会责任、生产过程社会责任和劳动关系社会责任等方面。社区参与社会责任包括参与一般性的社区事项、农业发展、地方经济发展、社区发展、文化教育培训、环境保护、健康、住房、体育、福利等；生产过程社会责任包括环境保护、卫生与安全、人力资源以及企业责任伦理；劳动关系社会责任包括雇员福利和雇员参与，以及在企业决策和社会责任实践中把劳动者作为重要的利益相关者加以考虑。大量的研究表明，企业社会责任的履行与企业赢利的增长是相辅相成的（丁元竹，2013）。需要指出的是，中国还将采用市场手段解决社会问题的社会企业从注册和形态上归类为第二部门。社会企业是混合了企业和非营利组织特征的混合组织，同时受到市场逻辑和社会逻辑的双重压力（王天夫等，2017）。比如，茅于轼发起创办的北京富平家政服务中心和山西永济富平小额贷款公司、中国扶贫基金会创办的中和农信项目管理有限公司、郑卫宁创办的深圳残友集团公司等。这些机构最初的定位是公司，但目的却是解决贫穷、就业问题，而不是以盈利为唯一目标。

第三部门是以非营利机构为主体的社会组织。从社会治理角度来说，非营利组织有其自身相对于政府和企业的比较优势：一是它们有很大的弹性，可以根据社会服务需要的变化很快做出调整，从而使服务更具有针对性；二是它们通常很贴近社区和群众，对群众的需要有更深的了解；三是它们的运行成本比政府部门低，它们要通过降低服务成本、提高服务质量的竞争来获得政府的资金支持；四是它们要保证公益目标，不以谋利为目的，法律上不允许它们获得分红的利润；五是它们提供的服务更加丰富多样，可以满足多样性的需求（李培林，2013）。比如，英国非营利组织和商业企业都参与公共服务的提供，非营利组织与商业企业不同的是其服务具有社会包容性。无论是为残障儿童提供教育的慈善组织，为智力受损成年人服务的社会企业，还是为吸毒人员建立的理疗中心，它们服务的群体大多是弱势或边缘群体，是一个夹缝中的市场，是政府均一性的服务或单纯追求市场价值的企业难以触及的，非营利组织的服务体现了平等的精神。它们的服务不仅高效，而且其运作成本远远低于政府机构（丁元竹，2013）。美国学者伯顿·韦斯布罗德构建了"供给－需求"理论（Weisbrod，1988），生动说明了社会组织与政府在公共物品供给方面存在相互替代的关系。在公共物品供给领域，社会组织具有天然的灵活性与专门性，政府对公民多样性需求的满足程度决定了社会组织的数量。公民对政府提供的公共物品越不满意，社会组织的数量就越多。

三 支撑与影响社会组织运行的制度安排

现代社会的有效治理依赖于政府、市场、社会、公众等多元治理主体相互协同又各司其职的"有效政府、有序市场、活力社会"的组织体系。社会组织在满足社会需求、维护社会秩序、促进社会进步方面发挥着非常重要的作用。社会组织作为社会的载体，是公共治理架构中的重要组成部分。政府借助市场和社会的力量提供公共服务，因而明确一种政府与社会组织之间合理的结构关系与合作模式是十分必要的。在世界范围内，政府与社会组织的合作不断增加，包括发达国家、新型工业化国家在内的大多数国家和地区已建立了以相对完善的社会组织管理体制为基础的现代社会组织体制。"现代社会组织体制是人类社会发展过程中世界各国在实践中不断探索、不断积累、不断总结、不断完善所形成的社会组织体制，是在社会组织发展和规制方面具有人类普世价值的现代的、共性的、体制的和制度的结晶"（王名、张严冰等，2013）。

全球社会组织的蓬勃发展彰显出社会的组织化是基于历史文化传统的社会发展的必然趋势。现代国家政治社会制度的兴起，总是伴随着将社会成员联系在一起的社会组织方式的变化。然而，不同国家及地区对社会组织内涵的理解是不尽相同的，即建构什么意义上的社会组织源于其要参与治理一个什么意义上的社会。首先，社会价值观念意识形塑着社会组织的发展选择，即有什么样的社会使命，就决定了我们要发展什么样的社会组织。其次，特定的社会需求决定了社会组织的作用空间，社会组织都是在满足特定的社会需求的过程中建立并逐步完善的。再次，社会治理结构的形态影响着社会组织的运行方式，社会组织保持持久的活力与生命力依赖于公开透明的运行方式。最后，社会本身的关系（如利益关系）结构、运作机制影响着社会组织与其他社会主体的关系，特别是社会组织与政府之间的关系。社会组织在某种程度上是社会"变压器"，承担着协调各种社会关系的使命。现代社会组织体制，通俗意义上说就是支撑与影响社会组织建立、运行和发展的一系列制度安排。尽管社会组织体制的构成要素相似，但各国或地区在支持社会组织的背景、模式、制度安排、政策工具等方面仍有很大差异。

从制度层面上来看，现代社会组织体制主要由三大要素构成。

第一，政府与社会组织的分工与合作互动体制。具体涵盖：现代社会组织的监管体制，即依照"政社分开"原则，政府负责非行政领域的社会管理与社会服务的政策指引、登记备案、法制监督等，社会组织接受政府监管并承担具体的社会管理和社会服务。政府对社会组织发展的风险控制体制，包括社会组织的登记、备案、分类监管和行为管理等制度，以及监督管理社会组织的行政机构设置、权限划分、权力运行机制等方面的体系和制度。现代政府与社会组织的合作体制强调的是政府与社会之间的共存与合作，包括政府与社会组织在公共服务供求上的合作体制、政府与社会组织在政策制定及执行上的合作体制、公共部门与社会组织在相关公共议题上的协商互动、联合行动合作体制等。

不同国家及地区政社分工合作所采取的方式与做法是多样化且有差异性的，在某种程度上，这些差异与多样化也反映了政社关系深受政治的、文化的、经济的多种因素的影响。概括来说，政府与非政府组织之间的关系可化约为以下四种（崔开云，2011）：（1）政府控制非政府组织，即政府部门在公共服务的资金筹集和服务供给中占据垄断地位；（2）非政府组织制衡政府，即在某些尚未发展出现代国家形态的地区，人们对政府公共服务的需求并不强烈，甚至在特定意识形态或宗教影响下持有反对政府提供社会服务的倾向，从而使非政府组织在公共服务的资金筹集以及实际提供方面发挥着重要作用，政府的活动空间则相对有限；（3）政府与非政府组织互不干涉，即政府与非政府组织在各自限定的领域从事公共服务活动，彼此互不干涉、互不渗透；（4）政府与非政府组织间是合作伙伴关系，政府外包公共服务给非政府组织是最普遍的做法。在这四种关系类型中，强调通过政府和非政府组织的合作伙伴关系来满足社会和经济需求的呼声最高，萨拉蒙教授将其称为"新治理"模式的全球发展趋势。政府依赖非政府组织承接政府出资的公共服务的"新治理"模式，是近年来人们在解决紧迫的社会、经济和环境问题时达成的一种共识，即认为加强政府与非政府组织的合作具有潜在的优势，但这种"新治理"模式在各国及地区具体实践情境中的复杂性远远超过了理论上的一般模式。

从利益相关者的角度来看，受政社合作影响的三方分别是政府、社会组织与公共服务的受益者。三大利益相关者所追求的目标与可承受的成本各不相同，受这种合作关系的影响也不同。从政府的角度来说，社会组织的成长为政府的职能转变提供了有效支撑，政府通过与社会组织合作得以在公共服务领域更快速灵活地掌握社会需求、及时有效地解决社会问题、促进社会和谐。从社会组织的角度来说，通过与政府合作，社会组织能够获得发展所需的人、财、物等资源支持，并能够在解决实际问题的过程中不断增强自身参与公共事务的话语权和治理能力。从公共服务的受益者角度来说，受益者能够在这种合作关系中选择服务的提供者，并获得及时有效的服务。政府与社会组织关系的实践模式，在一定程度上并不取决于是谁提供了服务和提供了什么服务，而取决于以何种方式或方式的组合能够确保提供的服务更高效。换句话说，"政府与社会组织关系的实践模式是复杂和多样的，这不取决于政府是否在公共服务的诸领域中是唯一的和直接的供给者，而取决于政府如何规划、组织和引导公共服务的供给，且在多样性、灵活性以及数量、质量和机会上都能够使服务对象得到相当水准的满足"（林尚立、王华，2006）。

第二，政府用以购买社会服务及监管、支持社会组织发展的公共财政体系与税收优惠政策。在现代社会中，各种形式的社会组织承担着提供公共服务、社会管理等公共事务，还有许多社会组织虽然不直接承担公共事务，但作为互益性或共益性组织参与社会治理，在公共领域发挥着重要的作用。非营利特征使得其中的绝大多数社会组织得不到来自市场体系的资源，而主要依靠慈善、捐赠等社会资源。为了推动社会组织发展，许多国家建立了不同形式的社会组织支持体制。支持体制指的是国家关于社会组织培育发展、扶植推动、优惠补贴等各种支持性政策和制度的总和，包括社会组织的培育发展制度、优先参与购买服务等扶植推动制度、优惠税收制度等。现代社会组织支持体制实质上体现的是国家与社会关系的另一个基本侧面，是行使公权力并动用公共资源培育社会力量、加强社会建设、推动社会组织健康发展的一种国家制度。例如，"在美国，各级政府每年用于向社会组织购买服务的开支高达千亿美元，占社会组织运作资金的30%～40%，在德国和北欧一些国家，这一比例甚至高达60%～70%。英国在慈善法的框架下建立了以慈善委员会为核心的慈善组织支持体系，将支持慈善组织列入各级政府行政职能的范畴"（王名、张严冰等，2013）。

现代社会组织的良性发展，离不开有效的监管机制。一般通过政府、公众、社会等多方力量共同对社会组织行为进行监管，主要关注社会组织的具体行为是否违反法律、是否损害公共资产、是否违背公共利益。政府主要依靠税务机关、登记机关、审计机关、司法机关等对社会组织进行相应的监管，同时保障社会公众的知情权与监督权，以此来促进社会组织自律。社会组织作为政府的合作方，其执行能力的强弱与政府的公信力密切相关，因此政府也会对社会组织的员工培训、改进技术、改善设施、规范战略制定方面进行监督和支持。另一方面，社会组织接受了社会的捐赠，并享受税收优惠，做出非营利性的公益承诺，因而有责任接受公众监督。公众监督在社会组织监管体系中占有重要地位，公众监督在很大程度上弥补了政府监管的不足，保障了社会组织的合法运作和健康发展。例如，美国、德国等发达国家普遍采用以下做法来监督社会组织的运作与活动：（1）明确购买社会组织服务的清单，并通过统一的渠道来发布各部门及地方政府购买社会组织服务的信息；（2）合理设置长期资助合同与短期资助合同，从而确保一些需要长期投入资源培育专业力量的社会组织得到持续发展；（3）不仅关注项目的实施情况，而且重视社会组织能力的提升，并发展出包括信用评估体系在内的社会组织综合评估制度。

第三，现代社会组织的运行体系与治理体系。现代社会组织的运行体系以公平、透明、问责和高效为原则，包括科学合理的内部治理结构、高度透明的信息公开制度、不断提高的专业化能力和市场化、企业化取向四个方面。现代社会组织的治理体制，包括协同治理、共同治理以及社会组织内部的民主治理等。现代社会组织的内部治理既不同于政府，也不同于企业，因其具有非营利性、公益性和社会性等特点，要求决策机构具有专业化、民主化、高社会资本等特征，决策过程贯彻民主化、公开化等原则，管理执行则具有职业化、高效化等特征，从而提高社会组织的整体能力（王名、张严冰等，2013）。《中国社会组织评估发展报告（2015）》指出，不同类型、不同评级的社会组织在内部治理水平上存在较大差异。在该报告中，社会组织内部治理指标具体分为发展规划、组织机构、人力资源、领导班子建设、财务管理、档案和证章管理六个二级指标（徐家良、廖鸿，2015）。

现代社会组织的运行体系与治理体系建设主要涉及经济、科技、民生等领域的社会组织，包括志愿服务组织、行业协会商会组织、科技社团、公益慈善组织以及城乡社区服务组织等。安瑟尼·杨（Yang，2000）指出社会组织的运行具有12个方面的特征：不以营利为目的；主要提供公共物品和服务；公平和效率之间的冲突更加激烈；在目标和发展战略上相对于营利性组织而言具有更多的约束；收入具有非价格来源性质；在税收和法律上有特殊的规定；存在管理控制失灵的痼疾；组织成员的行为难以考察；专业技术人员占据主导地位；各种类型的社会组织内部结构差异较大；财务上对客户的依赖性较小；趋向商业化运行。萨拉蒙等（2002）指出，社会组织因其非营利性、公益性和志愿性特质，也会在活动运营中遭遇困境，即多种问题会导致志愿活动无法正常进行，以及受助群体得到的收益远小于社会付出的资源等"志愿失灵"问题。这些内在缺陷源于：（1）慈善性不足。社会组织用来"生产"公共物品的资源有三个来源：社会捐赠、政府资助和收费，然而组织活动所需要的经费与所能筹集到的资源之间存在巨大的缺口。（2）家长式作风。社会组织中实际掌握经济资源的人对如何使用资源有较大的发言权，他们所做的决定往往既不征求多数人的意见，也不必对公众负责并接受监督。（3）业余性与非专业性。志愿性的义工工作常常由有爱心的志愿人士担任，专业人员的志愿参与较少，这不可避免地影响社会组织的绩效和服务质量。（4）志愿服务分布的不平衡性。社会组织服务的对象往往是某些特定的社会群体，例如特定的性别、特定的年龄、特定的种族、特定的宗教、特定区域的居民，而且，由于不同社会组织筹集资金、组织动员能力不同，因而，不同群体获得的服务不同，不少志愿服务难以产生规模效应，效率低。

第二节　社会组织参与社会治理

社会治理的对象并非社会本身，而是社会生活得以被组织起来的机制。社会治理意在凝聚社会共识、发掘社会纽带、提供整合社会秩序的机制。深刻认识人们身处的社会和组织到底是以什么方式运行的这个问题至关重要。社会是由人构成的，错综复杂的社会关系是人与人之间的关系构成的，只有人与人和谐相处，社会才会安定有序。社会被凝聚起来并形成良好的秩序需要一定的纽带和规则，社会组织就是个体与更广阔的社会之间的中介纽带，同时社会组织因此种关联的存在能够参与社会治理、重新建构社会秩序、推动社会进步。

一 社会的再组织：社会治理方式变迁

社会是人们依据一定的关系彼此结合而成的生活共同体，是人们相互作用的产物，是各种社会关系的总和。人类社会发展的历史，同时也是人们不断调整社会关系、建构社会秩序的过程。在这一过程中，面对不同的经济社会环境，社会治理的参与者也会随之调整治理方式以适应环境的变化。一个发展中的社会必须在许多方面进行组织手段的有效变革，重建社会的组织体系和治理格局，才可能建立起新的社会秩序。

概括来说，人类社会的管理可被划分为三个阶段和三种管理方式，从农业社会的统治型治理，经过工业社会的管理型治理与后工业社会的服务型治理再到全球化时代的全球社会治理（丁元竹，2013），同时，这一发展过程也是从权治发展到法治再到德治（闫志刚，2006）。

第一阶段，传统社会的治理方式。

传统社会又称熟人社会和不流动的社会。人们居住在同一村落里，从事相似的生计活动如农耕、游牧、渔猎等，人们的社会生活安排和日常生活节奏基本相同。德国社会学家滕尼斯将这样的社会生活定义为"大家在同一个文化和共同体里的生活"。滕尼斯（1999）指出"共同体"（community）与"社会"（society）是人类共同生活的两种表现方式。共同体是"一种持久和真正的共同生活"，是通过血缘、邻里和朋友关系等建立起来的人群组合，它与生命历程密不可分。血缘共同体、地缘共同体和宗教共同体是共同体的基本形式，人们之间的相互联系是建立在亲密的、排他的、纯朴的自然感情基础上的有机联系。社会则是建立在外在的、利益合理基础上的机械组合的群体，社会是靠人的理性即"选择意志"建立起来的人群组合，是通过权力、法律、制度的观念组织起来的。传统社会共同体式的社会生活，尽管也有很多社会事务，如婚姻、丧葬、人与人之间的冲突、教育、养老等，但这些事务主要是通过家庭和乡绅耆老等社区精英来管理。比如，中国传统社会的双重统治格局，一种是往下直到县一级的正规官僚机构的活动，另一种是由各地缙绅之家进行领导和施加影响的非正规的网状系统的活动（费正清，1995），这种非正规的网状系统大致可以分为"三大系列社会组织"：一是作为上层统治伸向基层统治的触角的里、社、保、甲、坊、厢系列；二是家庭、宗族、乡族系列；三是经济型乡族组织及其行业性组织（张研、牛贯杰，2002）。在这一基层网状结构中，绅士处于核心地位，保甲组织是国家控制基层社会的基本单位，具有行政、役法、保安三位一体的功能（张济顺，1996）。传统国家基层的这种皇权、绅权、保甲权力结构之所以能够维持，主要原因在于国家渗透基层社会的能力与动力不足，一方面，前现代国家不具备将政权延伸到基层社会的能力（李怀印，2017），另一方面，国家从未有谋求对地方真正管辖权的意图（张静，2000）。

第二阶段，工业社会与后工业社会的治理模式。

工业社会是继农业社会或传统社会之后的社会发展阶段。以轻工业为主的是工业社会前期，以重工业为主的是工业社会后期，从时间上大约是蒸汽机出现之后到 20 世纪 70～80 年代电子信息技术广泛应用之前。工业革命主要发生在 1760～1830 年的英国，它是一个将非动物力量的能源运用到劳动工作上的科学革命。随着这一革命的进行，社会开始依赖推动农业和工业生产的新发明，例如蒸汽新能源。在一些行业中，机器的出现降低了对工厂人工的需求，并使降低工资变得更加容易。工业革命以来，大工业组织的出现以及大众消费生活方式的形成，在推动大量人口集中到城市的同时，也使得社会流动性不断增强，由此带来了对传统社会关系和共同体的冲击。工业化、城市化和现代化打破了人们之间的传统联系，传统规范和价值观式微，随着劳动分工的发展和社会差异的增大，人与人之间的距离也在增加，社会个体之间彼此相互隔绝，只有通过正式的司法、契约和大众传播相互联系，社会蜕化为陌生人社会和"大众社会"（Kornhauser，1959；霍弗，2011）。个体逐步从传统血缘和地缘关系的约束中解放出来，个体的自主性增强，进入新的关系模式之中。如何在陌生人社会里建立起人与人之间的相互关联？这成为工业社会面临的艰巨问题。

在农业社会阶段，人群中的强者被赋予更多的治理责任，并享有农业社会分配关系中的等级特权。在工业化进程中，人类社会在获得巨大经济效益的同时，也建构了人与人之间因自然差异而形成的不平等制度。企业主、政府官员以及知识分子等都是新社会中的强者，社会中的地位安排也向他们平等地开放。20 世纪 50 年代，社会中首次大量出现了从事服务业的劳动者。许多社会学家认为，服务业劳动者在工业化社会中的大量出现，标志着后工业社会的来临。在后工业化社会的城市化进程中，知识和信息的广泛共享以及在此基础上人类所创造出来的具有跨时代意义的科学技术正在改变着我们的生产、生活以及交往方式。信息技术的应用还改变了社会的组织方式，网络社交不需要面对面的人际接触。线上与线下、虚拟社会与实体社会间的互动成为当代人类社会发展的特点之一。比如，近年来随着社交媒体的发展，如"微博打拐"、"免费午餐"、"水滴筹"等公益活动活跃在微博、微信中，目前这些活动也从线上走到线下，满足了相当一部分社会成员的公益需求。"微公益"的参与者不只有公益组织和政府、企业，从社会精英到普通老百姓都可以参与到"微公益"的活动中来。

在能者统治原则统领整个工业社会的时期，社会地位的获得和权力的分配在工业社会晚期也增加了一个新标准，即技术才能。在这样一个社会里，技术才能的获得是人们参与社会地位竞争和权力分享的一个基本条件。在后工业社会发展进程中，社会越来越多元化，人们似乎因为提升技术才能的机会平等而减少了不平等问题，然而人与人之间的差距却越来越大。伴随人与人之间差距日益扩大的是大多数普通人产生的不满情绪。社会环境的复杂性和不确定性迅速增长、创造性科学技术的涌现，以及社会网络结构的生成在造就越来越多差异性的同时，也使人类陷入风险社会。要使全人类不会因此而毁灭，社会治理的制度设计和治理方式就不能是能者统治的，而应当确立起强者承担治理责任的合作机制。也就是说，在承认和包容差异的基础上，治理责任承担的路径指向了合作关系的建构（周军，2014）。在此意义上，从工业革命到20世纪70年代，政府成为社会管理最重要的主体，通过政府对公共事务的一系列介入，开启了政府主导社会事务管理的历史进程。另一方面，政府也从工业社会时期那个支持和建构了竞争关系的管理型政府，转向后工业社会参与构建治理合作关系的服务型政府。随着网络信息技术的兴起，后工业社会与风险社会的多重逻辑并存，社会组织的形态更加趋向复杂化。

第三阶段，全球化时代社会治理的新境遇。

全球化可以被理解为或多或少同时发生的一系列相互强化和相互依存的社会转型，它改变着人类社会交往与合作的时空结构，预示着一个以新的规则重新组织全球社会的设想，呼唤着人类合作新机制的不断再生产

（李友梅，2006）。

过去几十年来，全球化深刻地改变了各经济体、社会和自然环境，并且让整个世界前所未有地互联互通。全球化在为世界发展创造机遇的同时，也带来了全球化利益和成本分配不均等问题。全球化利益并未惠及每个国家，这对全世界的社会与社区的可持续发展产生了重大影响。在全球化进程中，伴随着科技进步，商品、服务、资本和劳动力加快流动，多种多样的以跨界互动为特征的社会性异质区域快速形成。全球化使人们更为密切地联系在一起，但与之相关的治理机制相对滞后，人的共生共在问题成为一个最具有挑战性的问题。全球化使社会治理赖以展开的民族国家框架也受到了极大挑战。哈佛大学肯尼迪政府学院国际政治经济学福特基金会讲席教授丹尼·罗德里克（Dani Rodrik）（2011）指出，经济全球化不可避免地会对社会整合造成冲击。冲击来自三个方面：第一是高技能工人和低技能工人间的差距拉大；第二是国家间不同观念、制度的碰撞加剧；第三是政府提供社会保障的压力增大。根据国际移民组织（IOM）和中国与全球化智库（CCG）联合发布的《世界移民报告2015》，全世界现有2.32亿国际移民，而这一数字在2000年和1990年分别是1.75亿和1.54亿。移民主要流向于高度城市化、高收入国家，如澳大利亚、加拿大、美国、法国、德国、西班牙和英国等。这种全球性的人口流动及新形式的移民、移民网络以及社交媒体的出现，进一步提升了不同族裔、文化传统人口的混居程度，从而使东西方国家城市的人口结构和交往模式发生了巨大变化。由此也产生了一些现实问题，如种族歧视、基于种族的社会不平等以及种族隔离等，并且正如我们在欧美发达国家看到的，由于经济不平等程度持续加深，移民被视为问题，进而引发了对移民的拒斥。

在一个流动性增强、公众相互依赖度降低的全球化背景下，重塑具有一定内在向心力和凝聚力的现代地方社会变得十分必要却又无比艰难。全球科技变革与技术转型换代过程中将有大量的劳动力失业，这些"剩余"劳动力的妥善安置问题如果处理不好，很可能引发新的社会不稳定和社会冲突。全球产业的跨国经营与管理，必然触发社会结构的新变迁和利益结构调整的新问题。如果人们难以洞察和把握自身的际遇与命运，就难以回避全球化、全球性问题及其内在关系中所隐藏的深层危机。全球化的深度发展也将人类社会带入了风险社会，从金融风险到环境污染，从核危机到社会失范，从流行性疾病到个人的存在性焦虑，从全球恐怖主义到日常的饮食安全，人类所有行动都被卷入风险社会的生产和再生产之中，风险成了当代人类的一个基本生存环境。当前，全球已经进入具有高度不确定性的风险社会的深水区，因新技术革命兴起并日益凸显的人性、道德、伦理危机，正在改变现代社会的运行逻辑与规则，人类社会的价值理念、行为方式正在被系统地重构，全球治理衍变为治理全球风险社会。

二　社会组织的阶段性发展

社会组织的阶段性发展变迁，深受人类社会科技变革、经济全球化进程的持续影响。社会组织的阶段性变化展现了人类社会不同发展阶段的社会变迁。作为人类社会必不可少的管理活动，社会治理贯穿着人类社会发展的全过程，随着人类社会的发展而不断进行调整和演化。现代社会治理，强调多元参与、理性协商、建设性地解决社会问题，是一个不断建构和积累友好、尊重、包容、信任等积极元素的过程。社会组织参与社会治理，既是社会治理的题中之义，也是政社合作的内在要求。它通过发挥动员社会资源、提供社会服务、参与社会事务管理等作用，不断提升社会整体的参与性、自主性和创新力，为不断发展的社会提供个性化、人性化和多元化的公益产品与服务（杨丽、赵小平、游斐，2015）。在此过程中，社会组织也逐步从专注提供公益服务转向参与社会关系协调，促成社会联结，营造地方与国际社会新秩序。

全球社会组织的发展可分为以下四个阶段（杨团、葛道顺，2002）。

第一阶段，19世纪五六十年代至20世纪初叶，是现代社会组织的萌芽时期。人类社会自工业革命以来，随着大工业组织的出现以及大众消费生活方式的形成，在推动大量人口集中到城市的同时，也使得社会流动性不断增强，由此对传统社会关系和共同体造成了冲击。这一时期传统慈善向公民慈善转型，以有效济贫、协调各救济机构为目标的慈善组织会社和社区公社运动风行英美，大批建立在公民独立意识和自由选择基础上的现代公民慈善组织得以建立，体现了现代慈善工作的组织化、专业化。

第二阶段，19世纪末20世纪初至第二次世界大战之前，系社会组织的成长期。这一时期，一批受慈善思想影响的工业巨头，开始考虑吸收慈善传统和历史悠久的慈善信托法律框架，创建一种公司形式的慈善基金会，洛克菲勒基金会、卡内基基金会等现代基金会的创立奠定了非营利组织的社会地位。

第三阶段，"二战"后至20世纪70年代社会组织的扩展期。第二次世界大战后，社会组织的发展不再局限于欧洲和北美的发达国家，世界上许多发展中国家建立了全新的慈善组织。发展中国家的社会组织往往将发展经济、摆脱贫困作为组织目标；往往以社区作为开展活动的主要空间，并与当地政府保持一定的关系。发展中国家的社会组织发展，呈现不同于发达国家的特点。"二战"后，一方面，战争给社会造成了空前的灾难和巨大浪费；另一方面，地区间、国家间、族群间的差别和矛盾持续存在并可能激化。这一时期，用以协调国家之间关系的联合国成立；建立世界银行为不发达国家和地区提供扶贫性质的援助性贷款；成立世界卫生组织来关注支持不发达国家和地区的卫生与健康问题。上述社会组织的出现和发展在促进世界发展和全球社会和谐方面发挥着重要作用。

第四阶段，"全球性结社革命"出现，推动了社会治理模式由单向度的政府管理向政府与社会组织的合作治理转变。20世纪70~80年代后，无论是在民族国家内部还是在国际社会，社会组织以惊人的速度蓬勃兴起、发展。这一时期，全球社会发展出现了一系列危机：发达资本主义国家因为社会福利开支的膨胀和大规模的财政赤字而饱受责难、大批发展中国家推动发展的道路难以为继、苏联和东欧等社会主义国家的"国家社会保险"制度使政府的包袱越发沉重、世界性环境危机的加剧以及社会结构变化和通信革命所形成的信息全球化趋势，导致并加剧了公众对政府治理能力的失望（史柏年，2006）。在世界各国以政府为主导处理社会事务的模式遭到普遍质疑的情况下，人们成立了一大批社会组织，以结社的形式来参与自己感兴趣的社会事务的处理，这些社会组织在环境保护、妇女权益保护等运动中发挥了主导性的作用，莱斯特·萨拉蒙等（2002）曾将这场变革誉为"全球性结社革命"。在这场以"结社革命"为特征的"全球化"浪潮中，人们日益认识到，对于人类社会治理的形式而言，社会同国家、市场一样是不可忽视的一种资源配置机制、合作扩展机制、自主治理机制（林尚立，2007）。

当前，我们正在步入一个全球事务处理的新时期，生产和劳动力市场的变化、科技的迅猛发展，以及贸易、投资和全球性生产网络的进一步扩张等可能改变和影响我们的未来。我们今天在工作上所使用的科技知识与2050年的知识相比较，将只是一小部分。社会的每个层面（社会组织和个体），在面对即将来临的科技未来时，都将遭遇前所未有的挑战。在此背景下，全球性的政府、市场与非营利组织的合作越来越广泛和深入。例如，2017 年 4 月 6~7 日，在瑞士日内瓦举行了全球对话论坛（ILO's Global Dialogue），来自全世界的经济学家和研究者、政府代表，以及雇主代表和劳工组织的代表近 700 人对时代重大变迁背景下的各个推进因素进行了更深入的分析。研究者们认识到年轻世代是未来政治、经济、社会的驱动力，然而年轻世代在未来就业中将面临巨大困境。科技创新，工作与生产的组织形式的变化，全球化、气候变化、制度环境变化、人口迁移等推动全球社会变迁进程不断加快，年轻世代在未来遭遇到的最大不平等可能源自技术鸿沟，有人在挣扎，有人在猛进。面对这些变化，国际劳工组织更加期望一个全球团体的建立，主要通过政府与社会各界进行社会对话，携手共建未来的工作，不让任何一个人掉队。

三　社会组织治理的功能取向

关于社会组织治理的功能取向大致有两种观点：第一种观点更多地受到新公共管理理论的影响，认为社会组织可以弥补"市场失灵"和"政府失灵"，具备承担提供公共服务的重要功能；第二种观点是政治社会学的"国家-社会"视角，认为社会组织的主要功能是表达利益诉求和参与社会治理。伴随城市化、现代化与全球化进程中不断加剧的社会转型和社会关系新纽带的出现，社会组织也被视为社会联结再生产及建构社会秩序的重要组织主体。虽然环境、人口、科技和社会不平等都可以成为导致社会变化的因素，但是推动社会变迁的重要力量却是社会的自组织。社会的自组织有特殊的目标诉求、一定程度的自主性和资源摄取网络以及相应的行动能力与策略。社会组织既可以是正式化、结构化程度最高的法人组织，也可以是非正式化、权宜性、偶然性程度最高的集体行动过程。社会组织作用的发挥，也直接推动了社会公共性的生产与再生产。比如由世界自然基金会（WWF）发起的"地球一小时"活动，首次于 2007 年 3 月 31 日在澳大利亚悉尼举办，随后，该活动迅速席卷全球，覆盖 180 多个国家与地区，7000 多个城市，有数亿支持者。通过自发熄灯一小时，激发了人们对保护地球的责任感，以及对气候变化等环境问题的思考。

第一，作为公共服务的承接者。政府和经济组织之外的组织在社会中出现并发挥效能并非最近几十年才出现的新生事物，意大利、德国和新加坡非营利组织的发展历史甚至比国家的历史还要长。英国经济学家威斯布罗德指出，在 16 世纪的英国政府提供的公共物品和服务非常不足的情况下，私人慈善机构就提供了大量我们今天认为属于政府职责的公共服务。19 世纪末西方社会经历的结构变迁削弱并摧毁了由手艺人和工人组成的社团协会（corporative associations），大规模的工业生产使社会团结精神面临崩溃的威胁。为适应大规模的工业社会结构，涂尔干提出应该建立一种职业行会体系，因为这种行会体系可以发展出比家庭更加持久和更有效的互助功能（参见杨和焰，2006）。

社会组织真正引起人们的关注是在 20 世纪 70 年代以后，发达资本主义国家的福利国家危机、转型国家的国家社会主义危机和第三世界的发展模式危机，使人们开始质疑国家主导社会事务的能力和作用，进而抛弃了对国家不切实际的依赖，越来越重视民间力量和作用的发挥，非营利的社会组织在社会经济发展中承担的责任越来越重大（田凯，2004）。比如，法国对社会组织的依赖始于 20 世纪 80 年代，社会大众批评当时的社会党政府在提供福利服务方面不作为，政府为寻求更灵活的社会救助形式开始求助于各类社会组织。

将社会组织视为公共服务提供主体的研究主要从新公共管理理论中获得理论支持，这一理论渊源强调社会组织相对于国家和市场部门的独特组织优势。在新公共管理理论的视角下，政府的主要职责是制定公共政策并实施监督与评估，具体的公共服务则由市场组织、社会组织和下一级政府组织通过竞争的方式来提供（陈振明，2003）。社会组织被认为是社会管理的"第三只手"（萨拉蒙等，2002），可以弥补"有限政府"的管理漏洞。通过社会组织可以实现对政府的有效监督，能够在政府与公民之间架起有效沟通的桥梁，进而高效地为社会成员提供公共物品，弥补市场和政府在公共服务供给上的不足。自从萨拉蒙教授于 1994 年提出"全球性结社革命"以来，社会组织作为应对"国家危机"或"政府失灵"的重要力量开始受到越来越多的关注。在这一波理论浪潮中，社会组织开始越来越多地被视为政府部门以外的又一公共服务提供主体。"由于社会组织在市场和国家之外的独特地位，它们通常以较小的规模、与公民的联系性、灵活性、激发私人主动支持公共目标的能力，及其新近被重新发现的促进社会资本积累的贡献而呈现出战略性作用"（萨拉蒙等，2002）。在这种理论视角下，社会组织所具有的不同于政府部门的组织比较优势得到了充分的勾勒，并成为今天中国学术界与公共政策部门在思考社会组织发展等问题时的基本预设（黄晓春、张东苏，2015）。

第二，作为参与社会治理及建构社会秩序的重要组织主体。社会组织对于公共生活的有序建构具有重要意义，其在国家治理和社会整合中能够发挥重要作用。几乎在所有经典研究中，社会组织都是多中心社会治理结构中的重要一环（黄晓春、张东苏，2015）。理想意义上的社会组织功能应该既包括提供公共服务，也包括利益表达和参与社会治理。社会组织功能的发挥既取决于社会组织是否有能力成为社会治理的主体，也取决于国家法律对社会组织的规范、政府对社会组织的认知与理解。

在人类社会的发展历程中，工业革命以来的经济社会变迁，在深刻改变社会生产方式与生活方式的同时，也在很大程度上影响着社会关系纽带的转变。正是基于这一转变，社会结构与秩序才不断发展与变迁。现代国家的发展，既面临着如何黏合初级社会纽带与社会再生产纽带的关系，以便整合变迁后更大的社会，又面临着如何将多元社群"共同体"整合为更大的"社会"，最终聚焦于统一的民族 – 国家认同。作为社会关系与联结的现实载体，社会组织不仅将社会个体凝聚在一起，而且与更广阔的社会领域相联系。基于社会成员个体及其相互之间的关系纽带联结的社会组织，不仅代表着源于社会的内在活力，而且是复杂社会中不同利益群体、多元社会关系借以表达自身不同诉求的开放平台。因此，社会组织不仅意味着能够将不同的社会成员整合起来，也意味着能借此促成社会秩序。

20 世纪 90 年代以来，治理转型就成为全球经济社会发展的一个重要的趋势，社会治理的主体除了政府之外，还有与社会事务密切相关的社会组织和个人。"治理"（governance）取代长期占统治地位的"统治"（government），主要用于与国家的公共事务相关的管理活动和政治活动中。"治理"更强调一系列不限于政府的社会公共机构和行动者、各种私人部门和志愿性团体承担越来越多的原先由国家承担的责任（斯托克、华夏风，1999）。在治理过程中，政府和社会的关系不再是统治和被统治关系，而是一种合作关系。治理强调多元利益主体的协调共治，有效的共治实践往往都需要形成制度化的公共空间以保障参与共治的各方能够基于对区域公共福祉的认同而协助公共部门治理，即在各种不同的制度关系中运用权力去引导、控制和规范多元主体参与治理的各种活动，以最大限度地增进公共利益。比如，为了改善生活品质的有组织的环保行动，围绕一些特定的社会事件（如水坝、铁路等大型公共设施建设以及维权、反性别歧视等）

而形成的"集体努力建立生活的新规律"（Blumer，1986）的社会运动等，都是促成多元主体协调参与的公共空间。此外，要使治理成为"善治"，就必须使治理具有合法性、透明性、责任性、法治性、回应性、有效性（斯莫茨，1999），从而达致政府与民众对公共生活的合作管理。

第三，作为公共性生产的载体。众所周知，每个个体都不可能是离群索居的孤立个体，而必须与他人交往，这正是"社会"出现的基本前提。因此，人的存在一方面是个体性的，有着自身特殊的利益、人格和需求；另一方面又是公共性的，必须以他人利益和尊严为取向。何谓公共性？艾维特对"公共性"（Everett，1997）做了较为具体的界定。公共性指人们建立各种公共领域并参与其中的努力，囊括了寻求创造公共生活的所有活动。在这些活动中，人们表达自己的坚定信念，寻求在共同生活问题的基础上达成共识。其中，坚定信念的表达是前提，唯有如此，共识才能立基于忠诚的承诺与相互信任。在公共性生产的各种载体中，社会组织无疑是最为重要的，因为社会组织处在日常生活实践层面，直接与个人日常生活中的利益相关。社会组织的本体性价值是培育和发展壮大公共性精神及其实践，这也是社会组织在提供社会服务的基础上推动社会文明化的必要途径。

社会组织在公共性生产中处于最为核心有效的位置，因为公共性不是简单地依附于个体的心理和道德层面，而需要更为具体的社会组织、意识形态、教育等各种载体来不断再生产民众的公共性意识和行动。"公共性"的四个核心特征分别是"参与"（participation）、"多样性"（plurality）、"说服"（persuasion）和"共性"（commonality）。"参与"指个人在寻找共同善的过程中有能力在别人面前表达自己的意见与信仰，从而推动参与者之间理论上的平等关系转化为行动上的平等关系，防止一些人对另一些人的暴政。"多样性"不是指许多不搭界的个人立场，而是指许多群体涌现在公共领域，因为人唯有通过结社和结群才能触及更高的智慧与真理。"说服"是把参与者带入一个建立在共享的信念、利益基础上的共同行动之中的过程。"说服"不是命令，而是理性的运用，支持它的是一种对某种共享合理性的信任，通过这种共享合理性，说话者和倾听者能让自己进入一种讨论状态。"共性"指存在于人们的意义共享世界之中、使公众志愿性讨论成为可能的共同语言和指涉架构。简言之，"公共性"可以被理解为"参与"，即公民自愿地"参与塑造公共空间"。"参与"可以分为

"政治参与"和"社会参与"。"政治参与"指参与政策的制定，或者说社会"成员参与调节整个社会或部分群体的共同公共事务"；"社会参与"则指参与政策之实施，即自愿提供福利服务、环境保护、保安巡逻等公共产品（李友梅、肖瑛、黄晓春，2012）。这种"共同生产"的"社会参与"不仅能减轻国家财政负担，而且比国家的公共产品提供更有效率。其结果：不仅公民对于其所属群体的构建和照料更感兴趣，而且公民对国家的信任度进一步提升（海贝勒、舒耕德，2009）。社会组织作为公共性的载体具有如下作用：第一，向公权力机构反映民众的诉求，起到民众与公权力机构之间的中介的作用，以帮助公权力机构迅捷和全面地掌握民众的公共性诉求；第二，作为民众的自我组织和自我管理的载体，自觉地维护社会秩序，推动公共性的再生产；第三，承接政府转移的各项社会服务，发挥自身的专业化优势来承担部分社会服务功能，减轻政府负担，提高社会服务质量和民众满意度。

第三节　社会组织发展的中国道路

伴随我国急剧变迁的社会发展进程，社会组织自身的快速发展经历了不同的阶段。社会组织发展的每一个阶段都体现出不同的含义，既区别于中国传统社会主要在村庄形成与活动的那些"民间组织"，又难以被我国当下在民政部门登记注册的几大类社会组织所囊括。我国社会组织的发展嵌入在社会发展进程之中，体现了社会生活丰富多彩的面向。

当前，中国社会正处在全面深化改革向纵深推进的新阶段。半个多世纪以来，在走向现代化的进程中，中国用几十年时间走过了西方发达国家几百年走过的路。当代中国仅用几十年的时间就实现了现代化的历史性跨越，但在从计划经济转向市场经济的同时，也承受着快速工业化与城市化的双重压力，以及消费社会、信息化、全球化的巨大冲击与挑战。这些史无前例的变革改变着中国社会运行的许多基本机制，使得传统的社会治理模式也必然要随着时代的发展而不断创新。进入 21 世纪以来，随着中国社会主义市场经济体制改革的不断深入，以公共资源配置为核心的制度安排和社会生活的组织模式发生了极为重要的变动，由此导致社会关系样式与社会秩序也发生了变动。基于此，近年来中国由政府行政主导的社会管理逐步转向基于执政党领导下的多主体参与并相互依赖的协同治理，社会组织因其所具备的提供社会服务、解决社会问题的效能而在社会治理中发挥着不可或缺的作用。党的十九大更是将对社会治理的认识提到一个新的高度，形成了全面深化改革整体框架中关于社会治理的系统观点和相对完整的思想体系。党的十九大报告对社会组织提出了更高的期待和要求，反映出在国家治理体系和治理能力现代化的大格局中，社会组织作为中国社会主义现代化建设不可或缺的力量，将发挥越来越重要的作用。新时代要以习近平中国特色社会主义思想为指导，构建中国特色社会主义的社会治理理论。

一　中国社会组织体制的变迁

回顾新中国成立以来的历史进程，党和国家在社会建设的理论和实践方面进行了长期的不懈探索。特别是近年来，政府面临以怎样的新制度安排来实现社会再组织的问题。作为社会体制改革的重要组成部分，社会组织体制在社会建设和管理中处于中心位置。社会体制改革需要着力建设适应经济社会发展趋势的社会组织体制，并由此推动社会再组织化进而实现社会秩序的重新建构。社会组织是社会秩序建构的重要主体，也是社会治理的载体和对象，规范和引导社会组织发展既反映了社会生活的变迁，也体现了社会得以组织起来的内在逻辑。

改革开放以来中国社会组织的生长发育实践，显示出中国社会组织独特的生成机制和运作逻辑。市场化、全球化与网络化，是当代中国社会组织变迁的重要影响机制（丁惠平，2017）。众所周知，1949～1978 年我国社会组织体制的发展特征，可以概括为在计划经济体制下"国家－单位－个人"一元主体的社会管理格局，这也是改革开放前中国社会认同的基础性支撑。改革开放以来，中国社会的组织方式发生了重要变化，传统的"个人依赖单位、单位依赖国家"的格局被消解，个人越来越走向市场，但这个过程并没有使个人在公共物品需求上脱离对国家的依赖。20 世纪 90年代初，随着中国市场经济改革的推进，中国社会进入急速发展期，传统社会秩序被打破的进程加快，社会的自主性开始增长，社会结构和利益格局发生了重大转变，具体表现在如下三个方面。

第一，市场的发育推动了私人利益和围绕私人利益的各种社团、组织的产生，如业主委员会、行业协会商会等。改革开放政策的实施开启了中国以建设社会主义市场经济体制为核心的市场化发展道路。市场经济领域引入的理性的市场与竞争机制，也逐步蔓延到社会生活领域。在传统计划经济体制的结构逐渐松动的过程中，不断新生的市场经济领域需要引入新的市场治理主体以及相应的治理机制。在此背景下，诸如行业协会商会、农业经济合作组织等经济类社会组织开始成为经济与市场治理的重要工具与载体。国家有意识地支持和借助这些行业类社会组织的发展，通过制定相关支持政策，明确了行业类社会组织的活动领域、运行规则、资源保障等内容，较好地促进了经济治理领域社会组织的率先发展。

第二，释放与增强了社会活力，人们自主联合起来管理自身生产生活的愿望和能力得到提升。伴随着市场化转型，20 世纪 80 年代以来持续的政府机构改革，也为社会组织的发展提供了适度的空间。一大批从原政府机构、事业单位分离出来的机构转型为提供公共服务与参与社会管理的社会组织，与之相伴随的政府职能转变与事务的转移，为大量的社会团体、民办非企业单位的成长与发展提供了制度空间。1995 年在北京召开的第四次世界妇女大会，是我国社会组织发展的里程碑式事件。国际机构在中国的工作快速发展给人们带来了新理念——社区公众可以通过自我组织追求自我发展，并在过程中实现参与、增能。随后中国社会开始出现社会公众通过自我组织的方式参与到全社会的公共事务中的现象（陶传进，2018）。正是在此背景下，我国社会组织的政策得以实现适应性建构。自 2007 年开始，我国正式使用社会组织一词代替"民间组织"，一方面，党的十六届六中全会和党的十七大把民间组织纳入社会建设与管理、构建和谐社会的工作大局；另一方面，纠正了社会上对民间组织是与政府相对应或相对立的误解。与政府、企业相区别，社会组织具有非营利性、非政府性、独立性、志愿性、公益性等基本特征。在此，社会组织被分为三类——社会团体、基金会和民办非企业单位。社会团体是由公民或企事业单位自愿组成、按章程开展活动的社会组织，包括行业类社团、学术类社团、专业类社团和联合类社团。基金会是利用捐赠财产从事公益事业的社会组织，包括公募基金会和非公募基金会。民办非企业单位是由企业事业单位、社会团体和其他社会力量以及公民个人利用非国有资产举办的、从事社会服务活动的社会组织。民办非企业单位主要分为教育类（各种民办学校）、卫生类（各类民办医院）、体育类（各种体育俱乐部）、文化类（各类民办文化中心）、科技类（科研院所）、社会福利类（养老院）、公益慈善类（志愿服务中心）等类别。2017 年实施的《民法总则》将社会团体、基金会和民办非企业单位这三大类社会组织与事业单位一起归入非营利法人类别,这对中国社会组织来说具有里程碑意义,社会组织由此从法律层面被纳入治理体系,法律身份和治理主体地位得到法治保障。

第三,社会自主空间扩大,草根力量与草根群体蓬勃发展,如宗教团体、NGO、网络群体等。改革开放以来,伴随着市场化与全球化的发展,尤其是信息化、城市化进程,我国社会生活领域的自主性与自组织意识和能力不断提升,推动着社会组织朝向更加开放、更加体现多元合作的方向发展。这种社会的自主性发展,充分体现在大量的草根社区社会组织的发展上。在中国的实践中,有大量未登记的非法人团体,如业主委员会、校友会、老乡会、歌迷会等。然而,社会自主发展的目标和方向,并不一定与政府预定的目标和方向全部一致,由此形成了社会力量与政府力量之间的张力。

聚焦社会组织自身的定位与政府的关系,党的十八大从深化社会体制改革出发,提出加快形成社会管理体制,并从结构性支持的角度,要求加快形成政社分开、权责明确、依法自治的现代社会组织体制。党的十八届三中全会又提出了创新社会治理体制、激发社会组织活力的新要求、新部署。这预示着,中国社会建设已经从社会管理创新走向推进社会治理的新时期,其核心是要形成与加速转型的市场经济相匹配的社会体制。社会建设能否高质量地服务于全面建成小康社会在 2020 年实现,有赖于社会的良性运行。一种良性的社会秩序在本质上是社会价值认同的结果,而一种良性社会秩序的维系有赖于与其相匹配的社会体制。社会体制与政治体制、经济体制、文化体制分别承载着社会良性运行所必需的结构性功能,它的有效运行可以反映一个国家以什么方式影响社会秩序,以怎样的方式分配公共资源。围绕公共产品配置建立的一系列制度安排,通常体现为社会福利制度、社会组织方式和社会意义系统,而社会福利制度和社会组织体系是"社会体制"的主要构成部分。当前,相比于经济体制改革,我国社会体制改革在广度和深度上都处于滞后的状态,难以适应新阶段经济社会发展的需要。社会体制改革的推进不仅有赖于相关制度环境的完善,而且需要专业化的现代社会组织参与其间。伴随社会建设的持续推进,在创新社会管理与社会有效治理的背景下,我国的社会组织建设也进入了新时代。进入新时代,我国社会组织有了更为明确的新定位。社会组织被纳入中国特色社会主义事业"五位一体"总体布局,成为新时代参与国家建设的重要力量。党的十九届三中全会把社会组织作为党和国家机构改革的一部分，社会组织成为党总揽全局、协调各方中的一支重要力量。随着我国社会组织法律体系的逐步完善、信息监管体系和信用奖惩体系等的建立，社会组织迎来了发展的新机遇，在参与社会治理、提供公共服务和基层治理等方面都发挥着无可替代的重要作用（黄晓勇，2018）。

二　中国特色的社会组织体系

社会组织有多种不同的分类标准，中国的社会组织类型尤为复杂。社会组织的发展基于特定的社会与时代条件，社会组织发展的内在逻辑体现出不同利益主体对社会组织发展的意图，而这些意图本身也影响着社会组织的自身定位。中国社会组织的发展具有明显的"双轨制"（胡薇，2013）特点，即有自上而下与自下而上两条产生渠道，并受到政府与社会两种力量的影响。具体而言，我国社会组织是在三个不同的层次上发展。

第一，党委、政府主导的社会组织，也就是计划经济体制下按单位制模式建立的社会组织，如工会、共青团、妇联的基层组织，它们与体制高度契合，经费有财政保障，组织网络完备，致力于为特定群体服务及科教文卫、社会服务、社会保障等社会事业的发展。这些组织可被视为政党和政府功能向社会领域的延伸，是党和政府发展社会事业的主要依托，也是政府与社会沟通的中介。这些社会组织的运行，在很大程度上受到党委、政府意志的影响，其行为取向更具有行政色彩，同时也存在社会服务活力和效率不足、与现实社会需求时常脱节的问题。

第二，改革开放以来依法建立的新型社会组织。这些社会组织主要由一些知识分子、企业家推动创办，包括民办非企业单位、社会团体、基金会，它们处于体制之外，依法注册并受政府监管，自筹经费并实行社会化或市场化运作，政府对其进行选择性支持，导致不同功能类型的新兴社会组织发展不平衡，活力与问题并存。这些社会组织的形成与发展离不开知识精英和经济精英的推动，他们或出于强烈的社会责任感，或出于拓展自身影响力的需要，通过社会组织来参与社会公共事务。社区是社会建设与社会治理的基础空间，全国近70万个城乡社区自治组织在社区服务和管理方面发挥了重要作用。正式注册的社会组织中存在大量"自上而下"的社会组织（官办社会团体、官办基金会等），它们是在政府机构改革过程中，由体制内的某些组织转变而来的社会组织，如某些专业性社会团体（顾昕、王旭，2005）。政府对这类组织的信任程度更高，一般在人事、财政等方面有制约手段，这些组织也更容易获得政府各方面的支持，在各自领域具有某种垄断地位。

第三，来自民间社会由群众自发形成并开展活动的大量松散和半松散的自发性组织。这些组织大多没有依法注册，但在基层社会生活中处于活跃状态，如网络社团、"广场舞"群体、车友会、社区"草根"组织等。这些社会组织更多的来自社会，或因兴趣相投，或因对某一相关利益的追求等而形成，它们在数量上数以百万计，却与体制关联不大，往往在政策的扶持和监管之外。20世纪90年代之后，上述"自下而上"产生、自主运营的民间组织在政府体制之外迅速发展，2000年后民间组织的数量迅猛增长。它们的资源来源多样，不完全依赖政府资源，在社会服务、环境保护、行业治理、权益维护等方面发挥的作用越来越大。徐彤武（2018）分析指出，新时代我国民间社会组织早已经远远超出目前国内法定"三大类"社会组织（民政系统管理的社团、基金会和社会服务机构）的范畴，正逐步与以联合国为中心的多边国际体系内通用多年的"民间社会"（Civil Society）概念接轨。国际社会公认的"民间社会"的基本意涵，泛指当代由各国公民自愿组成、关注公益性事务、从事非营利性事业的民间（非政府性）组织或它们的集合体。当代我国社会组织丰富多彩的组织实践和组织现象，在一定程度上超越了国内现行社会组织分类管理的行政管理框架，而且这种超越符合国际社会的普遍理解、共识。新时代中国社会治理面临的一项紧迫的任务就是，破除落后于社会治理实践的体制机制约束与法律法规障碍，激活民间社会组织所蕴藏的社会活力，提升社会自我协调、自我服务、自我管理的能力。

各种社会组织产生于不同的背景，有不同的存在状态、运行机制和功能，从而与现有体制的兼容性也各不相同。上述三大类社会组织之间有分工、有合作，构成了有中国特色的社会组织体系。社会组织在社会管理格局中发挥重要的协同作用，党的十八大提出加快形成现代社会组织体制、党的十八届三中全会提出激发社会组织活力之后，党的十九大报告将社会组织纳入中国特色社会主义事业"五位一体"的总体布局，社会组织被视为全方位参与新时代国家建设和发展的重要力量。党的十九大报告就发挥社会组织在社会治理中的积极作用做了多处阐发。在阐述社会主义协商民主时，强调了社会组织协商的作用；在阐述加强和创新社会治理、构建环境治理体系时，强调了社会组织的作用；在阐述加强基层党组织建设时，强调了社会组织党组织的作用和在社会组织中发展党员；在阐述提高保障和民生水平时，强调了发展慈善事业的作用；在阐述加强思想道德建设时，强调了志愿服务制度化的作用；等等。可以说，在新时代中国以人民为中心迈向美好生活的新征程中，社会组织的作用是多方面的，涉及政治建设、经济建设、社会建设、文化建设、生态文明建设以及党的建设等多个领域。

三　社会治理转型中的社会组织

20 世纪中叶以来，中国社会治理经历了单位社会、双轨制社会以及迈向社会治理的转型。治理转型的过程，同样也是参与治理的主体不断发展自身、实践治理的现实过程。当前，中国在仍处于社会主义初级阶段的条件下，步入了构建中国特色社会治理现代化的新征程。中国社会主义现代化建设进入了新时代，这一新时代的重要特征是我国社会主要矛盾发生了历史性转变，即"人民日益增长的美好生活需要和不平衡不充分的发展之间的矛盾"。社会组织是我国社会主义现代化建设的重要力量，也是解决我国新时代主要矛盾的有生力量。

在社会治理现代化进程中，社会组织如何化自身的组织优势为治理优势？我们需要澄清新时代社会治理转型大背景下我国社会组织发展的内在逻辑、主体性建构以及作用领域与方式等。概括来说，社会组织在中国的发展，有三个作用：首先，在经济发展水平不断提高的背景下，发展社会组织是化解社会矛盾、提高社会服务水平的重要依据；其次，在市场化背景下，转变政府职能，精简政府规模，需要社会组织承担更多的曾经由政府承担的社会服务职能或者新出现的社会服务职能；最后，社会组织的发展能够提高社会的自我组织、自我管理和自我服务能力，并进一步推动人的现代化和社会的文明化。

第一，围绕社会建设发展社会组织——社会建设的社会细胞。自党的十六届四中全会第一次把"构建社会主义和谐社会"作为加强执政能力建设的重要目标以来，"社会建设"开始成为中国政界与学术界讨论的深刻议题（黄晓春、张东苏，2015）。新时代的社会建设不仅是"五位一体"不可缺少的部分，也是推进全面建成小康社会和全面深化改革的重要动力。社会建设要解决的根本问题是构建人民认可的社会主义社会；社会建设的重要任务是明确政府与社会的关系，促进社会公平正义，让更多的人迈进中等收入阶层，因此要加快推进社会体制改革和社会治理体制创新。社会治理体制从深层次上能够在准确判断和认识不同社会心态秩序特点的基础上，从制度安排层面、社会生活层面，以及深层文化结构层面，保障社会公共服务供给的不断丰富；同时还可以合理引导不同群体的社会心态，给人民群众稳定的预期和希望，进而促进社会公平正义，并为改革发展提供稳定和良性的社会秩序支持。

在中国社会结构变迁和治理转型进程中，社会组织对于社会建设及社会发展具有重要的意义。一方面，理论界将社会组织的发育与发展视为中国社会再组织化的重要路径，将社会组织作为社会力量的载体倍加关注；另一方面，由于社会建设在政策范式和国家战略上强调"以民生为重点"，而社会组织具有贴近社会生活、提供社会服务和解决社会问题的效能，国家也逐步开放其发展空间并投入各类资源。20世纪90年代中期以来，我国社会组织无论是在规模、数量和类型上还是在社会职能上都实现了长足发展。特别是2006年构建社会主义和谐社会的重大决策提出以来，社会组织更是进入了发展快车道。社会组织在保障民生、构建社会生活良序方面发挥了重要的作用。2012年至今，中央财政每年安排2亿元专项资金，用于支持社会组织参与社会服务；2013年9月，《国务院办公厅关于政府向社会力量购买服务的指导意见》发布，各地政府加速推进政府职能转变，将原来提供公共服务的职能尽量转移给社会组织。2016年财政部、民政部联合下发《关于通过政府购买服务支持社会组织培育发展的指导意见》，强调"凡适合社会组织提供的公共服务，尽可能交由社会组织承担"，"政府新增公共服务支出通过政府购买服务安排的部分，向社会组织购买的比例原则上不低于30%"（陶传进，2018）。社会组织具备专业能力才能够承接好政府公共服务职能的转移。社会组织的生态系统建设就是要推进社会组织具备专业的服务能力和完善的服务链条。社会组织的生态系统是一个分层、合作的组织系统，处于组织生态系统高端位置的是发挥枢纽作用的支持性组织，其向其他社会组织提供支持性服务，并在政府和社会组织之间发挥桥梁纽带作用，以及作为综合信息平台、社情民意沟通平台等，发挥行业监督与自律的作用。组织生态系统的第二层是成熟、稳定、具有科学化的内部管理体系，并具备实现组织自我提升和发展的能力的社会组织。组织生态系统的第三层是扎根在基层社区，服务于本社区、辖区或地区内当地居民的社会组织。当上述三个层次的社会组织都能健康发展，并相互合作构成一个完善的组织生态系统时，社会自我协调、自我管理的力量才会得以体现。

第二，治理转型背景下的社会治理主体。我国社会组织发展的职能定位伴随着政府职能从社会管理向社会治理的转换，社会组织也将逐步从专注民生建设、提供公益服务转向参与社会关系协调、促成社会联结，并由此强化了主体性建构。当代中国正经历着急剧的社会转型，一些深层次的矛盾和问题逐渐显现，急需在一个越来越开放且分化的社会中重建一种凝聚和吸引社会多元力量共同参与社会治理的新模式。近年来，中国社会治理体系和治理能力建设不断取得新进展，加快了在深度全球化背景及开放、流动的社会形态下塑造中国特有的党委、政府、社会力量多元合作治理结构的历史进程。社会治理与人民群众的获得感、幸福感、安全感息息相关，多元主体合作推进的社会治理实践也在推动社会治理体制创新。社会治理体制创新是对多元复杂的实践创新的概括，虽然社会治理结构在不同的公共议题中会有不同的组合方式，但社会治理原则和方向是一致的，就是要通过打造共建共治共享的社会治理格局推动社会治理体制机制的进一步完善。

纵观我国社会组织的发展脉络，从1949年之前介于皇权与地方自治之间的"中间层"，到1949年之后单位制主导下的不发展和相对边缘的地位，再到改革开放之后，政府权力下放与空间释放所呈现出来的日益扩展的社会领域，社会组织从经济领域的行会逐步拓展到社会领域的社会公益组织，再到新时期社会治理条件下提供公共服务、进行利益关系协调的新角色，社会组织在此发展过程中逐步获得了基于社会的主体性，显示出重要性。可以预计的是，在社会治理过程中，社会组织所承担的社会职能将进一步增加，并由此逐步成为能够发挥"社会协同、公众参与"作用的社会治理主体之一。社会组织之所以可被视为多元共治模式中重要的治理主体，在很大程度上与其组织特征有关（黄晓春、张东苏，2015）。首先，社会组织来自公众和民间社会的组织属性，决定了其代表着特定社会群体的利益。因此吸纳不同的社会组织参与到多中心治理网络中，才可能较好地协调社会不同利益群体的诉求，从而推动建立长效的社会自我协调机制。其次，大多数富有活力的社会组织都有较高的社会威望和公众信任基础，这些社会组织参与社会治理更容易形成具有广泛社会合法性基础的社会秩序。最后，社会组织可以运用更为多样灵活的手段来动员、教育社会成员并维系社会秩序，能够有效提升社会自我协调、自我服务的能力，从而降低政府的行政治理成本。

第三，社会生活的自组织。人类社会发展的过程，也是关系纽带推动社会再组织的实践过程。现代经济社会的快速发展与结构转型导致社会关系纽带及其性质发生变动，使得社会秩序的建构方式持续转变，传统基于结构的社会性逐步为新社会性取代，促成了社会秩序建构方式与内涵的转变。基于社会成员个体及其相互之间关系纽带集合的社会组织，在一定程度上也会受到这种变化的影响，从而展现出其内在不同的社会性特征。进入21世纪以来，随着中国日益融入全球经济体系，外部环境对国内经济社会的影响日益显著，而信息技术的快速发展及其在社会生活中的普及，使得社会的生产方式、生活方式乃至人们的行为方式都发生了极大的变化，关系纽带的转变就成为观察人类社会世纪变迁的窗口。随着共享产品逐步进入社会公共生活之中，社会公众基于信息共享平台，通过资源筹集、分配和使用，获取并在一定范围内分享公共服务。这大大降低了传统集体行动所需要的成本，弱关系开始真正成为推动整体社会运作的关键性力量，随之而来的挑战是社会整合难度加大。与之相适应的是，作为社会关系的组织载体，社会组织及其组织性行动由此成为个体得以与更广阔社会相联系的中介。在借助互联网技术、拓展自身社会行动网络的过程中，社会组织也实现了自身的组织建构，并在此基础上进一步展现了其中介性的地位和作用。处于不同形态和阶段的社会组织都现实地作用于社会秩序与合作的达成。正如我们所看到的，社会成员个体及其相互之间的关系纽带构成了社会组织实体本身。

进入21世纪以来，无论是基层社区还是民间组织，乃至于普通公民，都在一定程度上转化为社会治理的主体并积极地参与到社会治理实践中来。从基层社区的实践来看，随着住房商品化改革，基层社区生活受行政管理体系的影响越来越小，并日趋显露出它的社会性。比如居民区的物业管理公司、业主委员会等分属不同的"关系共同体"，均具有正式组织的特征，但它们相互之间没有隶属关系。这些组织在处理社区公共事务时，往往会进入"社区共治"格局并由此围绕公共事务展开一系列处于动态过程的横向协商，而协商的最终目标是建立起基于公共利益的合作模式（李友梅等，2016）。与微观基层社区类似，在社会公共问题的治理过程中，社会组织的参与必不可少。与项目制的推广相适应，近年来兴起的"公益创投"，就是将经济领域的"风险投资"、"创业投资"理念运用到社会公益服务领域，以提升资金使用效益，促进政府把部分公益服务职能更好地"外包"给正规专业的社会组织，由此推动社会公共问题的有效解决（敬义嘉，2013）。正是这种社会治理的转向，为社会组织的发展提供了客观条件，由此，社会组织作为参与社会治理的重要主体开始显现其重要作用。如在上海，目前注册的青年社会组织数量近5000家，青年社会组织及其发起的城市行动、公益活动逐渐对上海城市发展产生了重要影响。上海青年志愿公益联盟、上海青年社会组织服务中心及各种公益服务中心的成立，为青年社会组织提供了公益资源共享、公益项目孵化的平台，为青年社会组织参与社会治理和基层建设提供了广阔的舞台，使青年社会组织获得了全面发展的机会。这些青年社会组织的活动所采取的形式多种多样，包括提供资金、物资等援助，开展教育和启蒙活动，提供公益服务，开展调查研究，等等。① 这些社会组织的参与，既能够提升解决现实社会问题的效率和水平，同时也能够在与政府组织、街镇的协作过程中形成较为密切的社会联系，进而促成社会团结并以此为基础重塑社会秩序。

《中国社会组织报告（2018）》（黄晓勇，2018）指出，新时代中国社会组织发展进入了新的历史机遇期。首先，破解新时代社会主要矛盾问题，需要社会组织发挥更大的作用。社会组织一方面需要立足于我国城乡基层社区这一主战场，积极参与社会治理并为城乡社区居民提供更多优质服务来满足人们日益增长的美好生活需要；另一方面，社会组织还需要迈向海外，参与到国际社会、"一带一路"国际合作和民生服务项目中来。其次，社会组织将成为政府社会治理创新的主要依靠力量，其不仅成为人民有序政治参与的协商主体之一，而且对提高社会主义协商民主的规范化水平和全社会文明程度具有积极作用。最后，打造共建共治共享的社会治理格局，更加离不开社会组织的参与。社会组织在教育、就业、医疗、社保、养老等基本公共服务领域，日益成为重要的服务提供者，而在新增公共服务领域，社会组织发挥了主力军作用。随着社会需求不断增加，社会组织不断扩大服务领域，目前在帮教、助残、青少年、外来人口、环保、

---

① 《上海目前已有近5000个青年社会组织》，http://society.people.com.cn/n/2015/0113/c136657-26378741.html，最后访问日期：2018年12月20日。

社会救助、法律援助、特殊人群服务、社会工作服务等多个领域提供服务，已经成为社会治理不可或缺的主体力量。

参考文献

埃里克·霍弗，2011，《狂热分子：群众运动圣经》，梁永安译，广西师范大学出版社。

陈振明，2003，《政府再造——西方"新公共管理运动"述评》，中国人民大学出版社。

崔开云，2011，《当下西方国家政府与非政府组织关系研究述评》，《理论参考》第6期。

达维久克主编，1988，《应用社会学词典》，于显洋等译，黑龙江人民出版社。

丹尼·罗德里克，2011，《全球化的悖论》，廖丽华译，中国人民大学出版社。

丁惠平，2017，《市场化、全球化与网络化——当代中国社会组织变迁的影响机制及内在逻辑》，《吉林大学社会科学学报》第6期。

丁元竹，2013，《现代社会组织体制建设的国际视角》，《中国社会组织》第2期。

范如国，2017，《"全球风险社会"治理》，《中国社会科学》第2期。

斐迪南·滕尼斯，1999，《共同体与社会》，林荣远译，商务印书馆。

费正清，1995，《中国：传统与变革》，陈仲丹等译，江苏人民出版社。

格里·斯托克、华夏风，1999，《作为理论的治理：五个论点》，《国际社会科学杂志》（中文版）第1期。

顾昕、王旭，2005，《从国家主义到法团主义——中国市场转型过程中国家与专业团体关系的演变》，《社会学研究》第2期。

海贝勒、舒耕德，2009，《从群众到公民——中国的政治参与》（城市卷），张文红译，中央编译出版社。

贺艺、刘先江，2007，《非政府组织与社会治理：作用、困境及其出路》，《武汉科技大学学报》（社会科学版）第4期。

胡薇，2013，《双轨制：中国社会组织发展的现实路径分析》，《中国行政管理》第6期。

黄晓春、张东苏，2015，《十字路口的中国社会组织》，上海人民出版社。

黄晓勇主编，2018，《中国社会组织报告（2018）》，社会科学文献出版社。

黄宗智，2005，《中国的"公共领域"与"市民社会"——国家与社会间的第三域》，载邓正来、亚历山大编《国家与市民社会——一种社会理论研究路径》，中央编译出版社。

贾西津，2007，《中国公民社会图纲》，载张立升主编《社会学家茶座》第1期，山东人民出版社。

杰里米·里夫金，2012，《第三次工业革命：新经济模式如何改变世界》，张体伟、孙豫宁译，中信出版社。

金观涛、刘青峰，2000，《中国现代思想的起源》，香港：香港中文大学出版社。

敬义嘉，2013，《政府社会组织公共服务合作机制研究——以上海市的实践为例》，《江西社会科学》第 4 期。

康晓光、韩恒，2005，《分类控制：当前中国大陆国家与社会关系研究》，《社会学研究》第 6 期。

莱斯特·M. 萨拉蒙等，2002，《全球公民社会——非营利部门视界》，贾西津、魏玉译，社会科学文献出版社。

李怀印，2017，《中国是怎样成为现代国家的？——国家转型的宏观历史解读》，《开放时代》第 2 期。

李培林，2013，《我国社会组织体制的改革和未来》，《社会》第 3 期。

李亚平、于海编，1998，《第三域的兴起——西方志愿工作及志愿组织理论文选》，复旦大学出版社。

李友梅，2006，《全球化背景下的人类合作新机制的生成》，《社会理论》第 1 期。

李友梅，2014，《在新的历史起点上推进社会体制改革》，《光明日报》5 月 5 日第 11 版。

李友梅等，2016，《新时期加强社会组织建设研究》，经济科学出版社。

李友梅、汪丹，2014，《改善民生　创新治理——社会发展活力的源泉》，上海人民出版社。

李友梅、肖瑛、黄晓春，2007，《社会认同：一种结构视野的分析》，上海人民出版社。

李友梅、肖瑛、黄晓春，2012，《当代中国社会建设的公共性困境及其超越》，《中国社会科学》第 4 期。

林尚立，2007，《两种社会建构：中国共产党与非政府组织》，《中国非营利评论》第 1 期。

林尚立、王华，2006，《创造治理：民间组织与公共服务型政府》，《学术月刊》第 5 期。

刘创楚，1977，《工业社会学》，台北：巨流图书公司。

卢文刚、王雅萱，2018，《社会治理视域下社会组织信任危机应对与品牌重塑》，《社会科学文摘》第 3 期。

玛丽－克劳德·斯莫茨，1999，《治理在国际关系中的正确运用》，肖孝毛译，《国际社会科学杂志》（中文版）第 1 期。

彭克宏，1989，《社会科学大词典》，中国国际广播出版社。

闫志刚，2006，《关于后工业社会的治理模式——兼评张康之的〈公共管理伦理学〉》，《重庆科技学院学报》第 2 期。

史柏年，2006，《"全球性结社革命"及其启示》，《中国青年政治学院学报》第 3 期。

汤蕴懿，2008，《"志愿失灵"现象值得关注和反思》，《人民论坛》第 14 期。

陶传进，2018，《社会组织发展的四阶段与中国社会演变》，《文化纵横》第 1 期。

田凯，2004，《国外非营利组织理论述评》，《学会》第 10 期。

托克维尔，1988，《论美国的民主》，董果良译，商务印书馆。

托克维尔，1992，《旧制度与大革命》，冯棠译，商务印书馆。

王名、张严冰等，2013，《谈谈加快形成现代社会组织体制问题》，《社会》第 3 期。

王天夫等，2017，《社会企业：社会治理创新的新动力》，《社会政策研究》第 2 期。

王烨捷，2017，《上海杨浦：社会组织全面参与社会治理》，《中国青年报》7 月 12 日第 5 版。

徐家良、廖鸿主编，2015，《中国社会组织评估发展报告（2015）》，社会科学文献出版社。

徐彤武，2018，《新时代呼唤与时俱进的"民间社会组织"定义》，《社会与公益》第 6 期。

杨和焰，2006，《第三部门的兴起：理论假设检视和现实原由分析》，《南京社会科学》第 1 期。

杨丽、赵小平、游斐，2015，《社会组织参与社会治理：理论、问题与政策选择》，《北京师范大学学报》第 6 期。

杨团、葛道顺，2002，《中国城市社区的社会保障新范式——大连与杭州社区个案研究与探索》，《管理世界》第 2 期。

袁世全、冯涛，1990，《中国百科大辞典》，华夏出版社。

张济顺，1996，《沦陷时期上海的保甲制度》，《历史研究》第 1 期。

张静，2000，《基层政权：乡村制度诸问题》，浙江人民出版社。

张澧生，2015，《社会组织治理研究》，北京理工大学出版社。

张研、牛贯杰，2002，《19 世纪中期中国双重统治格局的演变》，中国人民大学出版社。

周军，2014，《后工业化进程中社会治理责任承担的新路径》，《社会主义研究》第 3 期。

朱贻庭，2002，《伦理学大辞典》，上海辞书出版社。

Blumer, B. 1986. *Symbolic Interaction：Perspective and Method.* University of California Press, California.

Everett, W. J. 1997. *Religion，Federalism，and the Struggle for Public Life.* New York：Oxford University Press.

ILO. 2017. The Future of Work We Want：A Global Dialogue. http：//www. ilo. org/global/topics/future-of-work/dialogue/WCMS_570282/lang—en/index. htm. 08. 17.

Kornhauser, William. 1959. *The Politics of Mass Society.* Glencoe：The Free Press.

Rodrik, Dani. 1998. Has Globalization Gone Too Far? *Challenge*, Vol. 41, No. 2.

Rodrik, Dani. 2011. *Globalization Paradox: Democracy and the Future of the World Economy*. W. W. Norton.

Weber, M. 1978. *Economy and Society*. Berkeley: University of California Press.

Weisbrod, B. A. 1988. *The Nonprofit Economy*. Cambridge, Massachusetts: Harvard University Press.

Yang, Anthony. 2000. "Alternative Models of Government and Non-profit Sector Relations: Theories and International Perspective." *Nonprofit and Voluntary Sector Quarterly*, Vol. 29, No. 1.

第三编
社会生活

第七章　变迁中的中国家庭

　　在进入本章的正题之前，让我们先来看一则社会新闻。在四川宜宾深山的一个村子里，有一对年近九旬的老夫妻陈大爷和张婆婆，两人育有7个子女，但在历次分家后已不再与子女同住，而是依靠老年津贴独自生活。不幸的是，2017年11月，陈大爷摔伤后右腿骨折，卧床不起，子女中无人承担赡养责任。长子陈文的儿子陈大在屡次劝说父亲和叔叔、姑姑共同赡养爷爷奶奶无果后，协同几兄妹，在宜宾县法律援助中心的帮助下向法院起诉了父亲和叔叔。最终，陈大爷的7个子女接受法院调解方案，共同赡养老人，每人每月支付二老300元，每月轮流护理卧床的陈大爷5天；如不愿护理或没时间护理，则须以每天80元的标准支付护理费。然而，就在记者采写这篇报道时，陈大却正在为爷爷奶奶尚未收到当月的赡养费而忧虑（罗敏，2018）。

　　这是一则关于一个中国家庭的新闻，但这个家庭似乎不符合传统家庭观所描绘的父慈子孝、老人享天伦之乐的画面。恰恰相反，我们看到一个多子女的家庭在分家后成为多个小家庭，包括由两个高龄老人组成的纯老夫妇家庭。同时，我们既看到了子女拒绝赡养老年原生父母的现象，也看到了孙辈子女诉诸法律抗衡父代在养老问题上的不作为。中国的家庭正在改变。那么，是什么让我们认为今天的家庭和以往不同了呢？家庭确实变小了吗？家庭内的代际关系不再以父辈为权威中心了吗？高龄老人是否会和陈大爷夫妇一样老无所依？在本章，我们将着重探讨转型社会中的家庭变迁主题，逐一讨论家庭结构、家庭关系、家庭风险等议题。

第一节　转型社会中的家庭结构变迁

作为社会生活的基本单位，家庭不是静态的，而是在社会发展的过程中与社会变迁不断互动。家庭是社会变迁的载体，受到社会发展的影响。但是，家庭变迁也是社会变迁的一个重要方面，对社会发展具有反作用力（杨善华，2006）。纵观20世纪，中国家庭受到中国社会在政治、文化、经济等各领域巨变冲击的深刻影响，从家庭制度、家庭情感到家庭责任等都发生了变化（孟宪范，2008）。然而，要全方位理解中国家庭的变迁，首先应了解中国家庭在组成方式和居住安排上的演变。

在家庭社会学的研究中，家庭规模与家庭结构这两个从不同侧面反映家庭构成的指标常常被视为判断一个社会现代化程度的依据之一。根据西方的家庭现代化理论，家庭核心化与现代化之间具有内在价值的统一性和适应性（赫特尔，1987），因此一个社会的现代化进程终将导致核心家庭超越其他家庭类型，成为现代家庭的标准模式和主导类型。此外，如帕森斯所说，现代社会中的核心家庭是独立于亲属网络的家庭生活单位，对其原生父母的家庭也没有义务关系（Parsons，1943）。不少关注当代中国家庭变迁的学者致力于探讨中国家庭是否会在现代化的进程中进入核心化阶段，但研究结论并不尽一致。尽管中国的家庭和婚姻变迁程度与社会变迁程度基本相应，但相当一部分学者试图提出更切合中国文化和制度背景的解释理论（唐灿，2010）。本节着重讨论改革开放以来中国城乡家庭成员居住安排的变化。具体而言，我们关注的是中国人在家庭规模与家庭结构方面所经历的重要变化，以及这些变化受到哪些因素的影响。

一　中国的家庭越来越"小"了？

在西方学者提出的家庭现代化理论中，我们可以看到这样几个基本假说（参见马春华等，2011）。

（1）在工业化和城市化进程中，个人主义和平等主义价值观兴起，而核心家庭的模式能够最大限度地适应这些变化，因此必将成为主导家庭模式（Goode，1963）；

（2）不同社会的家庭变迁路径将以单线演进的模式从扩大家庭走向核心家庭；

（3）工业化对家庭变迁有必然的影响，技术变迁被视为家庭变迁的单一影响因素（古德，1986）；

（4）在核心化趋势下，独立于亲属网络的核心家庭呈现孤立化现象，即便对原生父母的家庭也没有义务（Parsons，1943）。

在后续发展中，家庭现代化理论得到进一步修订，如现代社会中的家庭变迁并非单线演进的一元化模式，而是可能出现不同变迁路径和复杂的多元发展模式；在技术变革因素之外，家庭变迁还受到文化和意识形态等非经济因素影响。同时，现代社会中的亲属网络尽管不再具有传统社会中的支配权力，但仍然承担着重要功能，保持与核心家庭的互动（马春华等，2011）。

家庭现代化理论是由西方学者基于西方发达国家的情况提出并发展，并非一种普适性的理论。在以往的研究中，国内外学者也多次探讨了家庭现代化理论是否适用于描述中国社会的家庭变迁。对中国家庭史的回顾显示，中国家庭的规模改变并非始于工业化时期，而是一个自秦汉时期即已开始的从聚族而居到家族制度弱化、家庭网兴起，再到小家庭的渐变演进过程。自近代以来，中国家庭的规模在贫困、战乱等因素影响下呈现不断缩小的趋势（陶希圣，1934；张小军，2011）。当我们把关注的重点放在当代中国社会上时，对于转型时期中国家庭的变迁，人口学家和社会学家的核心关注点之一是：优化进程中，中国的家庭是不是越来越"小"了？所谓变"小"，既指家庭规模缩小，也涉及家庭在组成方式上趋于简化。换言之，①组成家庭的绝对人数是否变少了？②家庭的结构是否比以往简化？尽管当代中国家庭的变迁与历史发展趋势之间存在不可割裂的联系，但本节侧重探讨工业化和现代化进程中家庭规模与家庭结构的变化。

正如家庭规模和家庭结构是两个不同的概念，与之相对应的家庭小型化与家庭核心化也表述了两种家庭变迁趋势，二者未必存在必然的联系。就单个家庭而言，结构复杂可能意味着该家庭的组成人数较多。然而，一个家庭的规模较大则有可能仅仅是因为夫妇生育的孩子较多，在家庭结构上则是以核心家庭的形式存在。因此，对于一个社会而言，家庭核心化和家庭小型化之间的关系取决于总和生育率等因素（张翼，2014）。此外，在发生顺序上，这两种趋势既有可能同时出现（如大多数西方社会），也可能并非相伴而生。例如，有学者指出，中国的家庭小型化出现在家庭结构核心化之后（张小军，2011）。

就家庭规模而言，自 20 世纪 50 年代起，中国家庭的户均人口数就已呈现明显的下降趋势。1953 年第一次全国人口普查时，家庭户平均人口为 4.33 人，此后直到 2010 年第六次全国人口普查，户均人口依次为 4.43 人（1964 年）、4.41 人（1982 年）、3.96 人（1990 年）、3.46 人（2000 年）、3.09 人（2010 年）（张翼，2014）。与此同时，历次人口普查中的总和生育率[①]也呈现显著的递减趋势。1953 年第一次全国人口普查时的总和生育率为 6.05，到 1964 年第二次全国人口普查时小幅升至 6.18。至 1982 年第三次全国人口普查时，计划生育政策的效果已明确显现——总和生育率锐减到 2.86。此后的几次人口普查，总和生育率一路走低，依次为 2.31（"四普"，1990 年）、1.23（"五普"，2000 年）、1.18（"六普"，2010 年）。及至 2015 年全国 1% 人口抽样调查，尽管 3.10 人的家庭户平均人口数和"六普"基本持平，但中国的总和生育率已降至 1.05，低于 2014 年世界银行报告的所有其他 199 个国家和地区的总和生育率（国家统计局，2016c）。总和生育率持续走低引起了学界和政府部门的警惕。

基于上述两个指标我们可以看到，生育率低迷和中国家庭规模缩小之间存在密切的关联。如果我们将家庭规模按照组成人数多少分类，可以发现以 1~3 人户为代表的小家庭明显增加。1990 年，5 人或多于 5 人组成的大家庭占所有规模类型家庭的约 1/3（33.15%）；2010 年，"五普"数据显示的相应比例已下降了一半多，仅为 16.46%（2000 年为 21.73%）。相对而言，三人户在所有家庭中所占的比例较稳定，先从 1990 年的 23.71% 升至 2000 年的 29.95%，后又降到 2010 年的 26.86%。与之相比，二人户的比例明显上升，从"四普"到"六普"，依次为 11.05%（1990 年）、17.04%（2000 年）、24.37%（2010 年）。同样值得关注的是，1990 年"四普"时，全国的单人户仅占 6.27%，2000 年该比例略有提高（8.3%），而到 2010 年"六普"时已达到 14.53%。2015 年全国 1% 人口抽样调查数据显示的相应比例与 2010 年相比基本持平，一人户、二人户、三人户、五人或五人以上人数大家庭分别占 13.15%、25.28%、26.42% 和 17.25%。[②] 由此，从 1990 年到 2015 年的 25 年间，五人或五人以上的大家庭比例下降了近一半，像二人户和一人户这样的极小家庭户比例则都

---

① 总和生育率为某一特定时间点各年龄别妇女生育率的总和，代表特定国家或地区妇女育龄期间每个妇女平均生育的子女数。

② 本段内数据为笔者基于相应人口普查数据计算。四人户比例未报告。

增长为原有水平的两倍多。按照当前的水平，中国家庭户平均组成人数为
3 人，最为常见的家庭规模为二人户或三人户——平均每两个左右的家庭
中就有一个为二人户或三人户。尽管五人或五人以上人数的大家庭仍占一
定比例，但未来可能会继续减少。同时，在工业化和城市化程度继续提
高、人口性别比失衡、老龄化、婚恋观和生育观渐变等诸多因素影响下，
我们有理由认为，未来，一人户比例可能还会进一步上升，而家庭户均人
数将进一步减少。

　　基于 20 世纪 90 年代调查数据的研究发现，中国的城乡社会处于工业
化和现代化进程中的不同阶段，城乡的家庭与婚姻变迁也呈现不同的特征
（杨善华、沈崇麟，2000）。因此，关于中国家庭制度变迁的讨论应当重视
长期的城乡二元对立和社会经济梯级发展所形成的社会变迁背景（杨善
华，2011）。就家庭规模小型化而言，如果我们对比"五普"和"六普"
中城、镇、乡的数据就可以看到，家庭规模缩小的趋势在城市家庭中尤为
明显。2000 年，城市家庭户的平均人数为 3.03 人，到 2010 年则减少到
2.71 人。"五普"时，农村家庭户平均人数为 3.68 人，"六普"时略有减
少，为 3.34 人。进一步比较家庭规模，我们还能够了解城乡家庭组成人数
更具体的情况。相比城镇地区，四人或五人以上的大家庭更可能出现在农
村地区：2000 年，农村家庭中超过半数为四人或五人以上的大家庭
（53.32%），而镇居家庭的相应比例已下降到 37.33%，城市家庭更是仅略
超 1/4。2010 年"六普"时，这一比例在三类家庭中都再次降低，但仍有
鲜明的城乡差异。12.13% 和 8.85% 的城市家庭分别为四人家庭和五人及
以上的大家庭，而农村家庭中仍有 21.03% 和 21.83% 的家庭分别为四人家
庭和五人及以上家庭。另一明显的家庭规模城乡差异体现在一人户上。
2000~2010 年，城市的一人户家庭比例从 10.16% 增至 17.95%，而农村
一人户家庭比例则由 6.93% 升至 12.44%。

二　核心化趋势下的多元家庭结构

　　家庭的"小"还可以从家庭结构的角度理解。在这一视角下，一个家
庭是"大家庭"还是"小家庭"不取决于它的成员人数，而是由家庭内的
代际层次多少决定的（潘允康，1986）。当一个家庭仅由父母及其未婚子
女组成时，它就是一个核心家庭（杨善华，2006）。如前文所说，家庭现
代化理论的一个基本假设就是核心家庭成为主导家庭类型。所谓家庭结构

的核心化，就是指核心家庭所占比例逐渐提高成为主导模式的现象。有学者认为，一个社会的家庭核心化过程可以按照核心家庭所占比例不同分为三个阶段：初步核心化阶段、中度核心化阶段、高度核心化阶段。其中，初步核心化阶段指核心家庭达到50%以上，同时生活在核心家庭中的人数不低于家庭总人口数的50%；当这两项指标均达到60%时，即为中度核心化阶段；如果二者都达到70%，则可认为达到了高度核心化阶段（王跃生，2007）。核心化是一个渐进的过程，意味着家庭结构从复杂到简单的转变，不等同于核心家庭比例的一般增加（郭志刚，1995）。

除核心家庭外，常见的家庭类型还包括以下几种（杨善华，2011）。

（1）主干（直系）家庭：由父代（父母二人或其中之一）与一对子代夫妻和孙代共同组成的家庭；

（2）夫妻家庭：仅由夫妻二人组成的家庭，无子女，或有子女但已不再共同生活；

（3）联合家庭：①父代（父母二人或其中之一）与两对（或两对以上）子代夫妻和孙代共同组成的家庭；或②同代两对夫妻及其子女共同组成的家庭；

（4）单亲家庭：由父或母一人与未婚子女组成的家庭；

（5）隔代家庭：指子代不共同生活的情况下，由祖代和孙代组成的家庭。

在中国社会长期的自给自足小农经济生产方式和以父权为中心的家庭制度影响下，中国家庭尽管在规模上缺乏人数意义上"大家庭"的物质基础，但在结构方面长期以主干（直系）家庭为"基本家庭模式"。主干家庭既能够以相对充足的劳动力为小生产提供支持，又可以避免家庭内多重复杂人际关系成为矛盾源头（杨善华，2006）。20世纪80年代以来的中国人口史研究则指出，即便在近代以前，一些文献中所渲染的四代或四代以上同住的多代家庭并不普遍存在于中国社会（张翼，2014）。有学者通过对历史资料的分析认为，核心家庭在18世纪中后期的中国家庭中超过半数（57.04%），和直系家庭（29.04%）一起构成家庭结构的主导模式（王跃生，2000）。该研究还调查了20世纪50年代土改前到改革开放前河北、浙江、湖北等省内农村家庭的结构，发现几地之间尽管存在地区差异，但土改前三代及以上的复合家庭在农村地区占比并不高，主要的家庭结构类型为核心家庭和直系家庭。到20世纪60年代中期，复合家庭无论在北方还是在南方都已萎缩至极低水平，核心家庭成为中国农村的主导家庭类型，同时直系家庭仍然是重要的家庭模式（王跃生，2006）。

这种核心家庭主导、直系家庭为辅的格局一直延续到改革开放初期。1982年，核心家庭在全国家庭总数中所占的比例为68.3%，远远高于位居第二和第三的直系家庭和一人户家庭。1990～2000年的10年间，核心家庭比例先达到70.61%，之后又轻微回落到与80年代初基本相同的水平（68.18%）（王跃生，2013）。按照前文所说的标准，1982～2000年近20年间，中国家庭基本维持在中度核心化水平，核心家庭是毋庸置疑的主导家庭类型。值得注意的是，2010年的"六普"数据显示，核心家庭比例呈下降趋势（60.89%），明显低于之前三次人口普查，但仍然是主导家庭模式。[①] 此后几年的抽样调查数据显示，核心家庭比例基本维持在六成以上（国家卫生计生委家庭司，2015；国家卫生计生委家庭司，2016）。也就是说，中国家庭变迁在核心化这一指标上正处于一个较为稳定的阶段。但是，考虑到此处所引的数据中核心家庭包括了夫妻二人户，实际符合标准核心家庭定义（父代与未婚子代共同居住）的家庭比例会有所减少，而据此判断的中国家庭核心化程度也会随之降低。

在核心化程度逐渐趋于稳定的同时，直系家庭也总体稳定，保持略高于20%的水平，在1982～2010年的四次人口普查中，分别占21.74%（1982年）、21.33%（1990年）、21.72%（2000年）和22.99%（2010年）（王跃生，2013）。相比前三次人口普查，2010年直系家庭的比例略微上升。这说明，现代化进程中的中国家庭变迁并不符合核心化的"单线演进图式"（古德，1986）。尽管直系家庭所占比例远远低于核心家庭，但长期稳定地以较高比例位居第二，反映了当代中国家庭变迁过程中传统与现代的交织共存。近几年，基于北京大学"中国家庭追踪调查"（CFPS）数据所做的年度《中国家庭发展报告》所报告的直系家庭比例始终高于23%，2015年达到26.2%（国家卫生计生委家庭司，2015）。该报告还预测未来一定时期内，直系家庭所占比例还将继续显著增长。

改革开放以来，单人户一直是位于核心家庭和直系家庭之后排名第三的家庭结构类型，1982年时占比为7.98%。1990年，单人户比例小幅下

---

① 此处引用核心家庭比例由王跃生（2013）基于第三次、第四次、第五次、第六次全国人口普查长表1%抽样数据计算所得。与前文定义不同，该研究中的"核心家庭"包括由夫妻二人组成的二人户和由夫妻（或其中一人）与未婚子女共同生活组成的家庭。

降（6.34%），十年后回升到 2000 年的 8.57%。到 2010 年，全国的单人户比例已经达到 13.67%（王跃生，2013），是 2000 年的 1.6 倍，比 20 世纪 80 年代初增加了 71.3%。也就是说，每 7~8 个家庭户中就有一个是独自一人生活的家庭。与其他家庭结构类型相比，单人户不是一般意义上完整的家庭模式，而是一种一个人生活和居住的单位。在美国、日本等发达国家，单人户的快速增长已成为后工业社会中的一个明显趋势，并带来相应的社会问题（克里南伯格，2015；日本 NHK 特别节目录制组，2014）。有学者认为，尽管中国家庭的结构变迁与西方社会未必有相同的推动力量，但经历工业化和城市化的不同社会在单人户增长问题上很可能殊途同归，进入单人户不断攀升的阶段（张翼，2014）。2016 年国务院发布的《国家人口发展规划（2016~2030 年）》也对这一趋势做了预测，指出单人户家庭的比例将逐步提高。

如果把核心家庭限定为由夫妻（或其中一人）和未婚子女组成的标准核心家庭，我们还可以看到另一类比单人户家庭增长趋势更为明显的家庭结构类型是不与子女共同生活（或无子女）的夫妇二人家庭。根据王跃生（2013）基于人口普查数据的计算结果，1982 年，夫妇二人家庭比例仅为 4.79%，远远低于标准核心家庭；1990 年第四次全国人口普查，相应比例略有增加（6.49%）。到"五普"时，夫妇二人家庭比例显著上升，达到 12.93%，是改革开放初期的 2.7 倍。2010 年，夫妇二人家庭比例继续大幅增加，达到 18.46%。与此同时，标准核心家庭比例则从 1982 年的 48.16% 降至 33.14%。通过重组王跃生（2013）分析中的标准核心家庭和夫妇二人家庭比例，我们会发现，在改革开放初期的 1982 年，标准核心家庭比例是夫妇二人家庭的 10.05 倍，此后这一数字逐步缩小，分别是 8.25 倍（1990 年）、3.62 倍（2000 年）、1.80 倍（2010 年）。《中国家庭发展报告》（国家卫生计生委家庭司，2015；2016）也呈现了夫妇二人家庭增长的趋势。标准核心家庭和夫妇二人家庭的比例逐步递减既反映了家庭类型多样化的总体趋势，也体现了婚姻生活的变迁趋势。造成夫妇二人家庭比例渐增的因素包括婚姻观和生育观变化、空巢家庭增加、人口流动等，我们将在下一小节中再做探讨。

除了几种占比较高的家庭结构类型，由祖代和孙代组成、父代缺失的隔代家庭尽管在家庭总数中占比甚微，但却呈现上升趋势。2010 年的"六普"数据显示，隔代家庭占全部家庭户的 2.78%，高于 2000 年（2.11%），而

1982 年的相应比例仅为 0.95%（王跃生，2013）。这一趋势在中国社会科学院的一项城市家庭变迁研究中也有所体现（马春华等，2011）。一般情况下，"隔代"一词蕴含着家庭生活中的两种可能，即祖辈照料孙辈和孙辈照料祖辈。然而，对 1982~2000 年隔代家庭成员代际平均年龄的分析显示，85% 以上的隔代家庭为祖父母照料孙辈子女，由成年孙辈赡养照顾老年祖父母的隔代家庭仅占 10%~15%（王跃生，2009）。由此可见，隔代家庭比例增长的主要原因是父代在子女养育中缺席。

三　家庭结构为什么变化？

基于以上两小节的梳理，我们可以看到，在总和生育率持续降低的同时，中国城乡家庭的家庭户规模缩小；家庭结构变迁则呈现核心家庭主导但比例下降、直系家庭稳定、夫妇二人家庭和单人户家庭比例显著上升、隔代家庭明显增多等特征。当然，总和生育率只是影响家庭规模和家庭结构的因素之一。除此之外，家庭结构还受到社会经济发展水平以及观念与规范在内的社会文化变迁、家庭生命周期等因素制约（杨善华，2006）。同时，还应注意生育政策的城乡差异对家庭变迁的影响。

（一）社会经济梯级发展，人口流动影响家庭结构

改革开放以来，原有的计划经济逐步向社会主义市场经济转型，社会经济发展迅速。生产方式的改变也推动了家庭制度和家庭结构的转变。由于地理、资源、发展政策、人口素质等多方面的差异，城乡地区的发展速度不均，呈现梯级发展的模式。长期的城乡二元社会经济结构导致城乡发展差距不断扩大，并与地区发展差异交织，形成复杂的分化格局。因此，在考察中国家庭的变迁时不应忽略城乡差异的视角。同时，大幅推进的城镇化进程伴随着数以千万计的流动人口交替往返于城乡之间，其家庭也因此成为"动态的、离散化"的家庭，使家庭结构和家庭形态呈现流动性与复杂性（吴小英，2017）。以下逐一讨论。

城乡经济发展差异和城市吸引农村劳动力大批流出都会对城乡的家庭结构产生影响。尽管城市家庭不乏家庭成员长期外出导致家庭居住安排改变，但实际比例较低（2010 年为 10%），而农村家庭却有 30% 以上有人口外出半年以上（王跃生，2013）。从 20 世纪 90 年代开始，大批农村青壮劳动力外流到城市地区寻找非农就业机会。尤其是当女性农业人口也开始大批加入流动择业大军时，对农村家庭结构的直接影响不仅是形成大量夫

妻分居的家庭，还有父母缺位、由祖辈抚育孙辈的隔代家庭。表现在统计数据上是，核心家庭比例降低、离位型隔代家庭和缺损型核心家庭的比例增加。① 细观农村隔代家庭，我们会发现，有家庭成员长期外出的家庭比例达到 2/3 以上（2000 年为 67.89%，2010 年高达 82.93%），其中主要是有 2 个及以上家庭成员外出（2000 年为 57.33%，2010 年为 68.75%）（王跃生，2013）。另一方面，在理解城市地区的单人户家庭时，也需要考虑流动人口的影响。对城乡单人户家庭人口的年龄分析显示，进入 21 世纪以来，单人户的主要增长来源在年龄方面呈现两端突出、35 岁以下群体和老龄人群中单人户比例迅速提高的特征，并出现年龄和户籍、性别等因素交织的特点（王跃生，2013）。在年青一代的单人户中，男性比例高于女性，流动人口比例高于户籍人口；而在老年单人户中，女性比例高于男性。值得注意的是，单人户的增减并不能和单身比例的升降直接对应。事实上，有相当一部单人户是因已婚夫妇中一人流动、另一人单独居住形成。全国性调查数据显示，30 岁以下的流动人口中男性比女性更可能单独居住（国家卫生计生委家庭司，2016）。

（二）社会经济快速发展，家庭观念和规范悄然改变

社会经济快速发展时期，人们的家庭观念和相应的社会规范也在悄然改变。改革开放至今，中国社会在经历市场转型的同时也经历了婚恋观变迁和个性的解放。就城市地区而言，有学者提出"个体家庭"（iFamily）的概念来描述以个体需求和选择为中心建构家庭的模式（沈亦斐，2013）。自由择业、脱离原生家庭独立生活、夫妻平权等意识的增强成为个体化时代城市居民的重要观念特征。个体意识的崛起并不能作为结婚率下降、生育率下降、离婚率上升等变化趋势的唯一解释，但确实提供了帮助我们理解这些现象的视角。就生育率而言，与改革开放大致同步实施的计划生育政策严格限制了城市夫妇的生育行为，制度环境人为地导致中国社会的低生育模式，这一因素和现代化进程一起共同推动了人们生育观念的改变。婚后推迟生育或选择性不生育成为夫妇二人家庭比例增长的原因之一。年

---

① 离位型隔代家庭指由于父代夫妇离家而人为造成缺位、由祖父母抚育照顾隔代孙子女的家庭形式。离位型隔代家庭和由于父代早亡、孙辈依附于祖父母的生物性缺位隔代家庭有些相似，但形成原因不同。另一种隔代家庭前文已提及，即赡养型隔代家庭，指成年孙子女替代父辈赡养祖父母所形成的隔代家庭（王跃生，2009）。

青一代的个体意识增强、离家独立生活、婚后"从夫居"等变化则对单人户和"空巢"夫妇二人家庭的增加有所贡献。在农村地区，家庭结构的变迁同样受到观念变化的影响。家庭作为唯一生产组织单位的功能逐步弱化，使传统农村家庭中原有的权力结构受到挑战，家庭成员看待家庭内权力分配的态度发生了转变，曾经集中于父代的家庭权力逐渐分散（杨善华，2011）。此外，年青一代离乡背土寻求非农就业，导致家庭收入结构发生重大变化，加之地域流动造成的分离，使旧有的父权家庭制度难以为继。与此同时，大批流向城市的农村青壮劳力又往往因为要维持农业生产、子女养育等家庭功能而必须依赖父代。其结果就是：一方面，如阎云翔在 20 世纪 90 年代东北农村所发现的，年青一代已经实现了"私人生活的变革"——从择偶到居住安排等诸多方面都发生了变化，父代逐渐失去了控制和支配子代私人生活的权力（阎云翔、龚小夏，2017）；另一方面，农村地区在家庭小型化的趋势下出现了大量的隔代家庭。

然而，我们必须注意到，家庭观念的变迁并不是单向的。随着社会保障体系的改革和市场经济下竞争话语的兴起与不断强化，个体比以往面临更多的风险，相当一部分社会成员需要家庭"避风港"的支持。此外，人口转型已将中国社会带入老龄化时代，但老年人期望由子女照料晚年生活的观念并未随着现代化的发展而发生根本转变，加之社会养老不足以承担日益加重的养老压力，家庭的养老责任必将逐渐增加，进而推高直系家庭比例。在城市地区，计划生育政策的长期严格实施造就了大量独生子女家庭。在这些家庭中，亲子关系可能比传统多子女家庭更为亲近，因而成年子女尽管在父母尚有生活自理能力时渴望离家居住、独立生活，但对赡养老年父母的责任更可能感到无可推卸。由此，尽管核心家庭成为主导家庭模式，但直系家庭和一些传统的家庭行为规范在现代化的城市中仍得以稳定存在并产生影响。农村三代直系家庭增长的原因与城市同类家庭有所差异。和城市家庭相比，农村家庭子代和孙子女更可能与高龄老人共同居住，承担照料职责。但是，农村三代直系家庭也比城市同类家庭具有更强的抚幼功能，尤其是对父代流动而导致的残缺家庭而言（王跃生，2014）。换言之，传统中国家庭的养老和跨代参与婴幼儿抚育的家庭观念在农村三代直系家庭中得到了更为突出的体现。

（三）家庭生命周期

除社会经济制度和环境的影响外，家庭结构还受到家庭生命周期的影响，亦即受到"自然变化的因素"的影响（杨善华，2006）。子女婚后离开原生家庭居住、孙代出生、离异、丧偶、父母进入生活难以自理的老年阶段等生命事件都可能导致一个家庭的结构发生变化。当大批家庭进入相似的家庭生命周期，一个社会的家庭结构变迁就会或多或少呈现相应的趋势。

为了理解家庭生命周期对家庭结构的影响，我们来虚拟一个异性恋框架下个体家庭的结构变化。为了简化描述，我们假定这个家庭只生育一个孩子，并排除离异等会带来更多变化可能的复杂因素。同样，为便于理解，我们假定亲代的死亡早于子代。如图7-1所示，一对新婚夫妇面临两种居住安排的选择。如果他们选择离开原生家庭独立生活，就会构成一个夫妇二人家庭。一旦他们的孩子出生，这个家庭就成为由亲代和未成年子代组成的标准核心家庭。然而，初为人父母的夫妇可能由于无法充分兼顾工作与家庭责任而在这个阶段重新和一方的原生父母共同居住，从而组成一个三代直系家庭。诚然，如果新婚夫妇没有选择独立居住，而是与一方原生父母同住构成主干家庭，那么在有了孩子后也仍然会形成三代直系家庭。而对于选择不生育的夫妇来说，无论婚后是否选择与一方原生父母同住，只要亲代死亡早于子代，最终都会以无子女的夫妇二人家庭形式存在。对于生育子女后进入核心家庭模式的夫妇而言，其核心家庭结构将维持到子女结婚成家时。如已婚子女离家独立，则他们也将以"空巢家庭"的形式回到夫妇二人家庭状态。此后，配偶死亡又会使家庭结构进一步转变为结构残缺的单人户。

从图7-1的极简示例中我们可以看到，只要已婚夫妇选择生育，就会随着家庭生命周期的自然变化进入核心家庭或直系家庭结构。随着家庭生育的子女数增多，家庭结构变化的可能性也会相应地增加；而先同住后分家及夫妻分居、离异、再婚再育等当代社会常见的因素也会使家庭结构变得更为复杂。但是，图7-1的目的在于用简化的信息呈现家庭结构的动态变化性质。基于这一示例，我们也更易于理解各种家庭结构类型的分布情况。图7-1忽略了一些现实生活中的可能性，如"丁克"夫妻可能在父母年老后重新回到原生家庭履行赡养义务。但是，已有的分析显示，城市三代直系家庭的抚幼功能尤为突出，而70~75岁老年人与儿女同住的比例近年来显著降低，同时老年"空巢家庭"和单人户比例提高。与此相对应的是，标准核心家庭比例在子女上中小学的中年夫妇中最为普遍（王跃

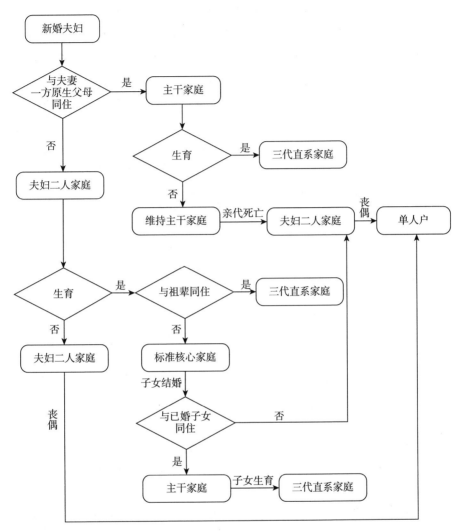

图 7 - 1　家庭生命周期对家庭结构影响的极简示例

生，2013）。

　　以上仅梳理了影响家庭结构变迁的一些因素。未来，中国家庭在规模和结构方面的变迁趋势仍有待考察，并且可能会受到更多复杂因素的影响，如家庭成员在物质和精神方面的需求增加、老龄化程度日渐加深、儿童养育期待和成本逐步上升乃至全球化等都可能进一步改变中国家庭的结构。未来，中国家庭的主导模式仍将是核心家庭和直系家庭，但核心化的程度会受到老龄人口增加和晚婚晚育观念下夫妇二人家庭、单人户增加等趋势的影响。此外，家庭结构可能呈现更清晰的年龄分化：标准核心家庭将以中年夫妇与他们的子女为主要组成群体，直系家庭中的祖辈则以具有抚幼能力的中低龄老年人为主。夫妇二人家庭比例的增长主要来自生育观念变迁下无子女夫妇家庭和年轻人独立意识崛起、离家独自生活所造成的"空巢"家庭增多。尽管农村和城市的独生子女家庭比例上升可能推高城乡直系家庭比例，但我们应注意到，人口跨地域流动甚至跨国流动的趋势也让一些家庭面临长期异地而居甚至分居异国的居住安排模式。

第二节　家庭生活和家庭关系

　　家庭变迁的另一个核心范畴是家庭关系，即家庭内所有共同生活的家庭成员之间的关系（杨善华，2006）。从家庭内人际关系的形成原因来看，家庭关系包括血缘关系、婚姻关系和基于婚姻关系形成的姻亲关系。前者如亲子关系和兄弟关系，后者如婆媳关系、妯娌关系等。由于家庭关系是嵌套在家庭结构中的人际关系的总和，因此不同的家庭结构有不同的家庭内人际关系组合，而家庭结构的繁简程度无疑也会影响家庭关系的繁简程度。例如，在夫妇二人家庭中，家庭内的关系只有夫妻二人的婚姻关系；而在一个四代直系家庭中，家庭关系就会基于成员各自的家庭角色扩展为一个较为复杂的网络。当家庭关系向家庭外部延伸时，还会出现包括亲属网络在内的家庭网（杨善华，2006）。在家庭网中，我们能够观察家庭成员和亲属群体的关系。此外，广义的家庭关系还涉及家庭与其所处社区的关系。

　　鉴于篇幅有限，本节讨论不涉及亲属网络，只限于家庭内的人际关系变迁。在传统中国社会，家庭制度以父权制为基础，家庭成员在社会化的过程中逐步习得各种家庭内人际关系的维系方式和相应的行为规范。然而，在重大的社会变革后，中国人的家庭内人际关系也在传统家庭制度遭遇挑战、家庭规模和结构显著变化的同时逐步转变。以下着重探讨家庭内纵向的代际关系变迁和横向的夫妻关系变迁。此外，本节还单列小节介绍与探讨儿童在当代中国家庭生活中的境遇。

一　变化的代际关系

　　顾名思义，家庭内的代际关系指两代人之间的关系，其基础是血缘和婚姻关系。① 首先，代际关系并不仅指相邻两代人之间的关系，还包括隔代（如祖孙）之间的关系。其次，代际关系是一种双向关系。所谓"代"，通俗来讲也是一个人在家庭（以及家族）中的辈分。基于"代"或"辈分"的代际关系，在家庭和家族内形成了一种内部的结构与秩序（吴帆、李建民，2010）。当然，在下一小节中，我们会看到，代际关系并不代表家庭中唯一的结构与秩序。在传统中国社会，作为父权制下"绵续性的事业社群"，家庭的主轴是父子和婆媳组成的纵向代际关系（费孝通，2013）。沿着这条主轴，家庭内部形成了适应小农经济生产方式的父系父权家长制和"主从型"代际关系（杨善华，2006）。就代际关系而言，主从型关系规定了父权不容置疑的地位和嫡长制的继承模式。在家族和家庭的资源分配与其他重大家庭事务的决策上，代表父权的长辈拥有绝对的权力。"代"在家庭中的增加本身即暗示着时间的流逝，而代际关系的变化与发展在各种家庭关系中尤能反映社会变迁和社会转型过程中的价值变迁、文化变迁和制度变迁在家庭生活中留下的印记（沈晖，2017）。

　　费孝通在 20 世纪 80 年代初论述中国家庭结构时指出，亲子关系是构成整体社会结构最基本群体的基础，而亲子关系模式的差异比家庭结构差异更能体现中西社会的不同。一个主要的差异在于，在作为"团体性社群"的西方家庭中，子女不承担对父母的赡养义务，而中国家庭中的子女则对赡养父母有着义不容辞的责任。由此，西方家庭的亲子关系属于一代一代向下传递的"接力模式"，而中国家庭则呈现抚育和赡养共在的"反馈模式"，即每一代人在年幼时接受上一代人的抚育，在成年后则需要赡养已经年老的上一代人（费孝通，1983）。在父权制和代际反馈模式下，传统中国家庭更像是一个即便分家后也"异居通财"的"连续体"。也有学者认为，这种由抚育和赡养行为构成的双向关系也反映了一种代际的交换逻辑（郭于华，2001）。和反馈模式对经济支持和生活照料的强调相比，代际交换理论认为亲子两代间既存在有形的物质和照料交换，也存在无形的情感交换。

　　如同家庭结构，包括代际关系在内的家庭关系可能为生产方式、社会文化、社会和政治制度、道德价值观念等多重力量形塑。在现代化的进程

---

① 本章所讨论的代际关系概念不应与以出生世代为主要识别标准的"社会代际关系"混淆（吴帆、李建民，2010）。

中，中国家庭的规模逐渐缩小；同时，尽管直系家庭比例保持稳定，但家庭结构总体趋于简化。这一发展趋势的出现给家庭关系带来了问题：传统家庭中的家庭关系主轴是否已经由纵向的亲子代际关系转向横向的夫妻关系？父权是否式微了？中国家庭的反馈模式是否已随着现代化的进程让位于西方社会常见的接力模式？既有的家庭社会学研究对于这些问题并无一致的答案。例如，20 世纪末开展的城乡家庭变迁研究认为，亲子关系已经不再是中国家庭的主轴（徐安琪，2001；杨善华、沈崇麟，2000），但也有 21 世纪开展的家庭研究指出亲子关系变迁的关键特征在于平等化，而非其主轴地位是否为夫妻关系取代（康岚，2009）；亲子关系或夫妻关系的主轴地位可能取决于家庭的具体现实情况（沈亦斐，2013）。由此可见，中国家庭内部的代际关系仍处在变化中，要在城乡差异和持续的家庭变迁中得出定论并非易事。尽管如此，在回顾既有的相关研究时，我们仍可发现改革开放以来的代际关系变化具有如下几个基本特征。

（一）父权制衰落，代际关系总体趋于平等化

工业化程度提高、教育机会增加等因素为家庭中的个体成员创造了重要的前提条件，使之得以减少对长辈教导和资源分配的依赖。发展市场经济以来，我国的产业结构和整体职业结构发生了显著变化，大批农村人口离开家乡进入城市地区从事非农工作。就知识和技能的获得而言，子代对亲代或祖代经验传递的依赖程度极大地降低，而是更多地从学校教育和职业培训等渠道获取。即便是对于未能获得充分教育机会的个体来说，其经验也未必来自家庭。城市化过程中，子代跨地域流动造成代际分离，亲代因此失去了支配和干预子代生活的现实环境。同时，具有更高就业能力的子代往往成为家庭中更重要的经济来源，导致家庭经济结构的代际逆转，奠定了子代在家庭内获得平等话语权甚至是优势话语权的物质基础。此外，受教育程度的提高让子代逐渐习得亲代不熟悉的现代社会的各类观念和知识，为父权制的衰落做好了观念层面的铺垫。阎云翔等学者从 20 世纪90 年代在东北农村开展的田野调查中发现，夫妻关系已取代亲子关系，居于家庭生活的中心位置。年轻夫妇在婚后就开始单独居住已不是罕见现象。尽管一些主干家庭仍以父母为实际当家人，但父代行使权力的方式已"较为克制"、"比较温和"（阎云翔、龚小夏，2017）。反之，子女开始能够公开对父代提出意见，已婚的儿子在父母和妻子发生争执时则或公开或间接地支持自己的妻子。

在城市地区，家庭小型化和核心化推动了夫妻关系走向家庭生活的中心地位。社会保障制度和社会养老服务体系的逐步建立也进一步打破了亲代抚育和子代反哺之间的平衡（王跃生，2012）。此外，长期实行的独生子女政策为城市家庭的子代赋予了独特的中心地位，进而为其成年后和亲代形成平等关系奠定了基础。简言之，无论城市还是农村，中国家庭的代际关系都呈现平等化的趋势，子代在家庭中的话语权和个体意识增强。20世纪60~70年代，中国家庭的代际关系一度发生严重扭曲和错位（沈晖，2017）。因此，中国家庭的代际关系平等化并不能被理解为父权制的线性衰落，而是在经济发展、生育政策、观念传播、社会保障制度等多重因素影响下传统与现代博弈的结果（马春华等，2011）。

（二）代际重心下移，代际互惠不对等

关于代际关系平等化的讨论主要涉及亲代与成年子代之间的关系。如上文所说，这一平等化过程包括亲代权威的衰落和夫妻关系取代亲子关系成为家庭关系的主轴。然而，在20世纪80年代以来的当代中国家庭，尤其是城市家庭中，随着生育率的降低，还出现了鲜明的代际关系重心下移现象。鉴于家庭对子女养育日渐提升的重视程度，加之3岁以下托幼服务匮乏，不少双收入夫妇无暇应对工作和家庭的平衡难题，很多城市家庭在子女年幼时选择祖辈参与孙辈的抚育甚至成为孙辈的主要照顾者。如：2014年的中国家庭追踪调查数据显示，全国1~5岁幼儿中，祖辈为主要照料者的比例高达41.1%（国家卫生计生委家庭司，2016）。协助子女抚育孙辈只是亲代长时间投入、维持传统代际关系的方式之一。

多项以往的代际关系研究指出，过去几十年，中国家庭尽管呈现明确的家庭小型化和核心化趋势，但亲代在代际关系中的资源和情感投入不减反增，然而子代的义务和责任承担却明显弱化（陈皆明，2010）。王跃生通过对七省区的数据进行分析发现，在养老保障制度相对健全的城镇地区，相当一部分老年人倾向于独立生活，显著减少了对子代的赡养需求；在养老保障制度相对缺失的农村，老年人更倾向于和子代共同居住，但也往往以参与家庭生产劳动、提高自养能力的方式来减轻子女的赡养负担（王跃生，2012）。总的来说，随着代际"可交换的资源、交换关系的经济基础和使交换得以维持的结构性约束"陆续发生变化（郭于华，2001），在传统代际关系中基于双向平衡的"哺育－反哺"的公平逻辑在城乡家庭都已被打破，出现抚育和赡养不对等、代际互动错位、代际重心下移的

"代际倾斜"现象（刘桂莉，2005）。这意味着"既有物质、经济的有形交换"与"情感和象征方面的无形交换"原则都已发生变化，中国家庭的养老规范也随之改变（郭于华，2001）。也有学者指出，"反馈"模式的改变反映了社会变迁过程中传统和现代在代际关系层面的"冲突与整合"，意味着中国家庭代际关系正处于达到新的动态平衡前的过渡阶段（沈晖，2017）。

（三）"代沟"与"代差"并存，"文化反哺"改变代际关系

古德在其著作中强调，价值观念的变迁对于家庭变迁有深刻的影响（Goode，1963）。中国家庭代际关系中传统与现代的博弈不仅仅受到经济发展的影响，同时还受到文化变迁和观念传播等非经济因素的影响。当中国家庭中的亲代仍在勉力维系传统的家庭价值和道德与情感互惠模式，以至于从中看到一种"宗教性的价值意义"（贺雪峰、郭俊霞，2012）时，子代对代际关系的理解却逐渐体现出现代社会的理性，在行为上也倾向于采取一种与市场交换不无相似的行为方式（沈晖，2017）。关于代际关系，亲代和子代在价值观念和行为模式上都出现了差异与隔阂，与米德所指出的"代沟"现象相吻合（米德，1987）。改革开放后，年青一代在社会的快速变化中不断吸纳新的价值观念、展露出新的行为取向，与传统价值观念和行为规范开始产生隔阂、发生碰撞乃至冲突。20世纪80年代末，"代沟"概念被引入中国，"代沟"问题随即引起学界和公众的广泛关注（沈晖，2017）。周怡于20世纪90年代开展的代沟问题研究显示，"代沟"现象在城乡社会普遍存在，但并未形成严重的代际冲突，处于适度的良性阶段（周怡，1994）。然而，随着社会转型的深入、价值观日趋多元，尽管人们对"代沟"的理解逐步加深，但"代沟"所造成的行为困境也会进一步加深（周怡，1995a）。进入21世纪以来，一些学者开始使用"代差"概念，强调从代际协调的视角看待代际差异，而"代沟"被视为代际距离的反映（康岚，2009）。

无论是"代沟"还是"代差"，都不仅仅意味着代际对立或距离，同时还暗含着不同的"代"之间求同存异的可能性。周怡（1995b）认为，"代沟"虽然意味着代际冲突的可能，但也提供了跨越代际对立的双向选择功能——年青一代对传统有选择的延续和老一辈对新事物和新观念的选择性吸收。周晓虹基于米德的"后喻文化"理论，提出"文化反哺"一词来概括年青一代将新的价值观、知识文化、行为模式等反向传递给年长一

代的现象，亦即"在疾速的文化变迁时代所发生的年长一代向年青一代进行广泛的文化吸收的过程"（周晓虹，1988）。在日常生活中"文化反哺"涉及范围广泛，包括价值观念和行为模式，在器物层面表现得尤为突出（周晓虹，2015）。从日常消费、电子产品使用到网络信息传播，年青一代在消费主义浪潮中不但掌握了主动权，甚至已经和他们的长辈相隔"数字鸿沟"。老年人尽管也对互联网使用和智能手机、微信等新的信息获取方式表现出热情，但其信息获取技能常需倚赖家中年青一代的"反哺"，获取内容也往往难以像年轻人一样深入。并且，即便是受过良好教育的老年人，仍然可能因网络使用不够娴熟而受骗上当（朱迪、高文珺、朱妍桥，2018），进而面临错失网络话语权的可能。但是，也有学者认为代际的单项错置不是长期趋势，并进一步提出代际互补的"文化互哺"概念（沈晖，2017），认为子代和亲代在器物层面和阅历方面各有所长。

二　家庭生活中的两性平等

除代际关系的基本模式外，传统农业社会中的主从型家庭关系还包括对夫妻在家庭中角色的明确期待。在以农业收入为家庭收入主要来源和生产基础的小生产模式下，男性是家庭的经济支柱，而女性则成为无可争议的家务劳动承担者。在劳动性别分工模式的背后是根深蒂固的"男主外、女主内"社会性别观念，与之相对应的是"夫唱妇随"的家庭关系。新中国成立后，城市妇女在"妇女能顶半边天"的性别意识形态下大量走上就业岗位。为充分鼓励妇女就业，城市地区建立了大量依托于单位制的托儿所、幼儿园和食堂，以家务劳动部分社会化来消除劳动妇女的后顾之忧。经济独立为已婚女性打破"男主外、女主内"的角色设定创造了可能性；同时，由于男性收入不再是家庭内唯一的经济来源，旧有的妻子服从丈夫的不平等格局也开始改变。在农村地区，父权家庭制度逐步衰落，年轻夫妇开始选择更为独立的生活方式；近年来，农村女性劳动力外出从事非农工作也进一步为农村家庭中的夫妻平权提供了物质基础。此外，新中国成立以来，女性受教育程度的持续提高为城乡女性争取家庭内的平等地位奠定了观念基础。

诚然，家庭内的夫妻关系是否出现平权化趋势是一个不易得出一致结论的复杂问题。夫妻双方在家庭中的权利义务平等涉及多个方面，如家务劳动的分配、家庭决策权、家庭内部角色分配等。市场转型后，劳动力市场的性别收入不平等不断加剧，已婚女性和有低龄子女的女性面临更严峻的挑战（Zhang, Hannum, & Wang, 2008；贺光烨、吴晓刚，2015）。因此，虽然女性获得了经济独立，但大多数家庭的两性收入格局并没有发生实质性变化，仍然认同男性的收入是家庭的主要经济来源。此外，改革开放40年来，中国社会的性别话语逐渐由国家主导转向市场主导的模型。一度由国家自上而下建构的性别平等意识形态让位于强调个体素质的市场话语，而后者同时在日渐复苏的传统性别话语中寻求支持（吴小英，2009）。其结果是，传统的性别角色模式和行为规范尽管有所改变，但仍在家庭生活中产生重要的影响。

传统性别角色意识不仅得到了延续，甚至在近年来出现了反弹趋势（徐安琪，2010）。有研究发现，女性的性别观念更趋于现代和平等，而各个年龄群体的男性都倾向于认同传统的性别观念（刘爱玉、佟新，2014）。具体到日常生活中的夫妻关系，中国城乡家庭的一个普遍分工模式仍是妻子承担家务劳动。於嘉（2014）基于CFPS 2010数据的分析发现，城镇女性的家务劳动负担可以借由与丈夫相比的相对收入增长而持续减少；然而，在传统性别观念影响更深远的农村地区，相对收入的增加无助于提高女性在家务劳动方面的议价能力。刘爱玉等学者的研究发现，经济独立（或经济依赖）对于家务劳动的影响存在性别差异——和男性相比，女性从事家务劳动的量和时间受到经济依赖程度和性别角色观念的交织影响，存在不同程度的"性别表演"。经济依赖程度越高，女性越有可能在家务劳动中进行"性别表演"（刘爱玉、佟新、付伟，2015）。在夫妻权力结构方面，有研究基于夫妻权力模式的地域差异发现，在经济发达地区，妻子未必掌握更大的家庭权力，而在经济发展程度略逊一筹的城市，妻子承担的家务更多，掌握的家庭权力也更多（马春华等，2011）。在另一项研究中，徐安琪（2004）也揭示了家务劳动和家庭权力之间的高度关联，但拥有日常家庭事务方面的权力无助于提高妻子对婚姻和家庭地位的满意度。

从代际关系来看，中国家庭在现代化进程中似乎确实出现了父权衰落的迹象。然而，既有文献告诉我们，中国家庭的变迁并不仅仅受到经济发展的影响。在由来已久、根深蒂固的家庭文化观念及性别刻板印象等非经济因素影响下，现代化、家庭规模小型化、家庭结构核心化等都未能真正改变中国家庭"男主外、女主内"的角色分配格局。同时，女性在家庭中获得的所谓实权恰恰反映了女性仍然是家务劳动的主要承担者。

三　"中心"与边缘：家庭生活中的儿童

在大量关于当代家庭变迁的社会学研究中，与儿童相关的研究并不引人注目。然而，从 20 世纪 80 年代至今，儿童始终处于家庭变迁的中心。可以说，儿童在家庭中处境的变化既反映了社会发展和变革对处于人生早期的个体的影响，也在一定程度上预示着未来社会可能发生的新变化。因此，理解儿童处境的变化也就成了理解当代中国社会的重要途径之一。在每个社会，儿童都会成为社会分化的承载群体之一。当我们回顾过去几十年的中国家庭生活时不难发现，城乡二元对立和阶层分化等结构性力量对儿童发展产生了深刻的影响，导致儿童的"中心化"和"边缘化"——两种截然不同的处境。

从 20 世纪 70 年代末起执行的计划生育政策造就了中国庞大的独生子女群体，也使儿童逐渐成为家庭的注意焦点。尽管独生子女并不只存在于城镇家庭，但"小皇帝"、"小太阳"等早期指代独生子女的词主要在城镇地区的大众媒介和日常生活中广为传播，喻示着孩子在城镇家庭中的地位达到了前所未有的高度。独生子女的身份显示出一种独特的双重性：他们既是无可替代的家庭成员，也是家庭的一种稀有"资源"，其成长和家庭的未来发展有着直接关联，因此受到所有成年家庭成员的关注和爱护。随着第一代独生子女成年后陆续进入婚龄和育龄阶段，更是出现了所谓的"四二一"家庭结构，即三代共存、夫妻均为独生子女、家庭内连续两代均为独生子女（梁秋生，2004；宋健，2000）。从家庭日常消费到家庭决策，儿童都可谓毋庸置疑的关注焦点。以儿童的食品支出为例，郭于华于 20 世纪 90 年代在北京和江苏两地开展的研究发现，在消费革命和计划生育政策环境下成长的孩子已不再可能传承上一两代人的食物观念。在物质匮乏年代成长的祖辈和父辈在消费文化扩张和少子化的大环境下逐渐开始面对"消费型的饮食理念"，儿童的食品消费受到大众媒体的深刻影响（郭于华，2017）。进入 21 世纪，一项对北京城乡家庭的研究发现，子女养育显著影响北京家庭的消费结构和消费行为。例如，尽管各类家庭的日常生活消费构成存在差异，但在因孩子而发生的食品类支出上却表现出高度的一致，如用于孩子的食品类支出均占到家庭同类支出的 1/3，同时用于孩子的消费往往成为家庭内主要的高额、专项消费（刘爽、商成果，2013）。CFPS 的全国性数据则显示，儿童食品支出受到家庭收入、父母受教育程度等因素的显著影响。家庭收入越高、父母受教育程度越高，儿童食品支出越高。此外，全国性数据还显示出儿童食品支出的鲜明地域差异，如北上广等一线城市的该类支出是非北上广城市的近两倍（171.4%）（国家卫生计生委家庭司，2016）。

对孩子饮食的精心照顾只是城市家庭对孩子投入大量关注的第一步。伴随着持续的低生育率和教育市场化程度的加深，城市家庭对子女的教育表现出高度关注。自计划生育政策实施初期就逐渐浮现的"望子成龙"心态不仅没有改变，而且愈演愈烈，成为引发城市父母焦虑心态的重要原因之一（李春玲，2016）。在北上广等一线城市，众多城市父母不满足于就近入学的政策安排，早在孩子四五岁时就开始通过各种商业机构课程训练孩子的各种技能，以期进入更理想的小学。为达成就学目标，肩负养育责任的城市家庭在资源投入方面出现了明显向孩子倾斜的现象，包括课业补习和兴趣班的子女教育投入占了家庭消费的相当比例，由此也进一步拉开了城乡家庭在课外补习或培训方面的消费差距（刘爽、商成果，2013）。此外，为孩子投入的家庭资源自然还包括成年家庭成员的劳动。近年来，一些新的家庭现象逐渐浮现，如强调女性在家庭内教育职责的"教育拼妈"现象（金一虹、杨笛，2015）、三代直系家庭中由祖辈负责生活照顾、母亲负责教育的"严母慈祖"式养育分工模式（肖索未，2014），以及和重视子女养育不无关联的家庭主妇比例悄然上升等现象（吴小英，2014）。

虽然有研究指出，城乡家庭在子女抚养行为和亲子观念上呈现一定的"趋同性"，因为处于不同社会阶层的父母对孩子的未来有着共同期盼（刘爽、商成果，2013）。更值得注意的是转型社会中子女养育的社会分化现象。如前所述，伴随着城镇地区儿童逐渐成为家庭生活中心，农村家庭在人口流动的大背景下却开始出现大批与父母长期分离的留守儿童和随父母进行乡城迁移的流动儿童。2013年全国妇联课题组的一份报告指出，2010年第六次全国人口普查数据显示，全国的农村留守儿童多达6102.55万，比2005年全国1%人口抽样调查估算结果增加了242万，占全国儿童的21.88%、农村儿童的37.7%。同时，17岁以下农业户口流动儿童达到2877万，占全国城乡流动儿童的80.35%（全国妇联课题组，2013）。2016年，民政部在全国范围内开展了"全国农村留守儿童精准摸排"，将"农村留守儿童"定义为"父母双方外出务工或一方外出务工另一方无监护能力，无法与父母正常共同生活的不满十六周岁农村户籍未成年人"。与2013年的数据相比，农村留守儿童数量锐减至902万，其中九成以上集中在中西部地区（罗争光、王思兆，2016）。

和城镇家庭中位处"中心"的儿童相比，农村留守儿童和乡城流动儿童的处境表现出边缘化的特征。由于进城后难以分享城市地区的托幼服务和义务教育资源，大批进城务工的农民工父母选择将未成年子女留在农村，造成了城乡二元结构下的"留守儿童"群体，也因此推高了农村地区的隔代家庭比例。然而，城乡教育资源分配失衡、家庭经济困难和厌学情绪、同龄人外出务工的示范作用等多重因素又导致留守儿童辍学问题严重（牛建林，2012；谭深，2011）。此外，留守儿童的成长也受到留守模式、与父母分离的年龄和持续时间、祖辈照料力不从心、家庭贫困等因素的影响（谭深，2011）。虽然要谨防对留守儿童的大面积"问题化"，但在多种负面影响叠加的情况下，不可否认会有一部分留守儿童出现心理问题。

随父母迁移的流动儿童多集中在中东部经济发达地区，但在全国其他省市城镇地区均有分布。和留守儿童一样，流动儿童的义务教育问题也受到学界、媒体和政府的关注。从学前教育到高中的各个学段，流动儿童都面临各种就学障碍，如入园难、延迟入学、学业终止、异地高考等（全国妇联课题组，2013）。流动儿童虽然得以和父母（或其中的一方）共同生活，却和留守儿童一样面临成长环境中的保护性要素缺失、风险因素难以控制、抗逆力弱等问题。除难以融入当地社会外，和城镇地区的非流动儿童相比，流动儿童由于居住环境不利、卫生条件差、部分父母监管缺位等还更容易面临健康、安全、社会交往等方面的风险（吴帆、杨伟伟，2011）。留守儿童同样也面临这些风险。在家庭关系层面，留守儿童和流动儿童所处的家庭呈现离散化生存模式，其成员在分散居住、分散就业的同时处于结构性破损的状态。为了适应、维系和修复这种家庭的结构性破损，流动家庭往往需要付出巨大的努力，而儿童在其中付出了沉重的代价（金一虹，2009）。尽管我们无法否认留守儿童和流动儿童的父母对他们的关爱，但他们在家庭生活中的边缘化处境确实与城市儿童在家庭中的"中心"位置形成了鲜明对照。

第三节 老龄化、"独居时代"和家庭新风险

近年来，与家庭相关的新闻和讨论时常吸引大众媒体、学界和公众的注意，其话题纷杂多样，从婴幼儿抚育到老龄人口激增，几乎覆盖了家庭

生命周期的每个阶段。家庭规模、家庭结构和家庭关系的变迁在为城乡家庭带来新的面貌的同时，也蕴藏着新的风险和挑战。本节着重从老龄化和性别视角下的单身群体两个方面关注当代中国家庭可能存在的问题与挑战，并探讨可能的对策。

一　老龄化、养老困局和家庭风险

（一）老龄化时代的来临和家庭变迁

改革开放 40 年，也是中国人口转型的 40 年。从 20 世纪 70 年代未实施的"晚、稀、少"计划生育政策，到 1980 年开始全国普遍实施独生子女政策，中国社会在严格的人口控制政策下经历了总和生育率和人口自然增长率的持续下降，直至成为全球生育水平最低的国家之一。与此同时，人口平均预期寿命却与全球同步，不断延长。1981 年，我国人口平均预期寿命为 67.77 岁。根据此后 1990 年、2000 年、2010 年三次全国人口普查数据，人口平均预期寿命先后提高到 68.55 岁、71.4 岁和 74.83 岁（国务院第六次全国人口普查领导小组办公室，2012）。到 2015 年，人口平均预期寿命进一步提高到 76.34 岁（国家统计局，2016b）。在出生人口持续减少和平均预期寿命持续提高的双重因素影响下，老年人口在总人口中的比重不断上升。2000 年，我国 60 岁及以上老年人口首次突破 10%（国际通用的老龄社会标准），进入老龄社会。截至 2015 年底，全国总人口中有16.1% 为 60 岁及以上老年人口，其中包括占总人口 10.5% 以上的 65 岁及以上人口（民政部，2016）。到 2017 年，老年人口占比进一步达到总人口的 17.3%，绝对数量增长到 2.4 亿（《人民日报》，2018）；在老龄化程度最高的上海，60 岁及以上户籍老年人口占户籍总人口的比例更是已经升至33.2%，人口平均预期寿命达到 83.37 岁（曹玲娟，2018）。据人口专家预测，未来 30 年，中国的老年人口还将持续增加，到 2050 年绝对数量将达到 4 亿人，分别占中国人口总量的 30% 以上和世界老年人口总量的 20%以上（中国老龄工作委员会，2006）。

中国社会的老龄化并非个例，而是全球人口平均预期寿命稳步提高和人口结构老龄化趋势的一部分。然而，由于发展中国家的基础薄弱，人口平均预期寿命的提高幅度更为显著，加之计划生育政策的影响，老龄化进程尤为迅速。从家庭的视角看来，快速增加的老年人口无疑也推高了有老年人的家庭数量和户均老年人数量。根据"六普"数据，我国有 60 岁和

65 岁以上老年人的家庭数量分别达到 1.23 亿户和 8803.6 万户，分别相当于全部家庭户数量的 30.6% 和 21.9%，且"家有多老"的家庭户增长速度明显快于"家有一老"的家庭户（彭希哲、胡湛，2015）。此外，与老年人口相关的家庭结构变迁也值得重视。一方面，与后辈家人同住仍是老年人的主要居住安排。亦即，家庭的物质、精神与照料支持仍是老年人重要的养老资源。同时，具有劳动能力的低龄或中龄老人也可能在同住家庭中更多地扮演支持者的角色，而非物质或照料的需求方。另一方面，无论城乡，各类纯老家庭（即所有成员均为老年人的家庭）数量也呈现快速增多的趋势。从家庭内部结构看，纯老家庭既包括由低龄老人和高龄老人组成的跨代老年家庭，也包括仅由夫妇或兄弟姐妹组成的同代老年家庭。其中，三人及以上纯老家庭户也呈增长趋势，并主要集中在农村地区（彭希哲、胡湛，2015）。此外，以老年人口和孙辈组成的隔代家庭近年来也有所增长，且集中在农村地区。

（二）老龄化时代的养老困局与风险

社会进入老龄化时代意味着劳动年龄人口比例下降，人口红利时代最终将会转变为人口负债阶段。同时，老龄化也给中国家庭带来了新的挑战，甚至推高一部分家庭的风险。由于社会保障制度的城乡差异，老龄化对城乡家庭的影响并不一致。在城市地区，随着第一代独生子女逐步接近中年，独生子女父母的养老问题开始受到关注。有学者发现，独生子女父母比非独生子女父母更可能进入"空巢"家庭状态（风笑天，2009；宋健、黄菲，2011）。同时，已有的学术研究显示，尽管多年来大众媒体中常见关于独生子女人格、个性特征、行为习惯等方面的负面描述，但随着婚姻、就业等生命历程不同阶段的展开，独生子女比非独生子女表现出更密切的向上代际互动，并可能在能力提高时给予父母更多的经济反馈（宋健、黄菲，2011）。与此同时，近年来城市家庭中核心家庭比例下降、三代直系家庭比例上升的现象也值得关注。如前文在讨论代际关系变迁时所指出的，城市年青一代的家庭观念变迁正在重塑家庭关系和家庭功能。一方面，随着家庭关系中代际重心下移，众多三代直系家庭的现实情况是，并非老年家庭成员依靠家庭获取支持和照料，而是低龄或中龄老人为已婚育的子女提供大量的照料支持。年青一代与父母的互动关系已不同于传统中国家庭中由抚育子女和赡养老人两种行为构成的"反馈模式"，而更类似于代际交换的模式。但是，这并不代表城镇家庭没有养老照料需求。例如，国家卫生计生委家庭司（2016）基于 CFPS 全国性数据的分析显示，城镇家庭的老年人照料需求甚至高于农村。现实情况是，传统的家庭养老功能趋于弱化，一旦父母身体不再健康甚至失去生活自理能力，大批城镇家庭在养老服务不足、家庭政策尚不完善的情况下就可能面临巨大的抚养和养老双重照料负担与压力。

对农村家庭而言，养老困局更加难以打破。首先，由于大批青壮劳力流出，继而转为举家迁移，农村的老龄化较城镇地区更为严峻。其次，和城镇老年人相比，农村老年人在社会经济地位、社会保障福利、生活来源等各方面都处于明显的劣势。再次，尽管近年来国家不断推动农村地区各类社会保障制度的完善，如养老、医疗、低保、新型农村合作医疗、社会救助等制度，但人口流动导致的家庭离散往往使留守老人不仅难以获得足够的家庭支持，而且可能面临抚养孙辈的压力。和城镇家庭中的老年人相比，农村老年人面临的家庭照料资源短缺的问题更为严重。例如，虽然城乡老年人均以"自我照料"为主要照料方式，并以代际支持为重要照料来源，但是一旦他们进入不能完全自理的状态，城镇老年人更可能由子女照料，而农村老年人更可能由老伴照料。此外，城镇地区的完全失能老人得到照料的比例也高于农村的完全失能老人（国家卫生计生委家庭司，2016）。

除养老保障、生活照料等问题外，老年人成为新压力群体还体现在其远远高于总人口的自杀率上。进入 21 世纪以来，我国总人口的自杀率呈现明显的下降趋势。但是，农村居民的自杀率降幅小于城市。更为严峻的现实是，无论城乡，自杀率均随年龄的增长而升高（刘肇瑞等，2017）。尽管城乡老年人群的总体自杀率均呈现下降趋势，但城乡之间差异明显。农村老年人的自杀率显著高于城市老年人，并呈现 65 岁及以上人群上升趋势最为明显、高龄尤为突出且男性自杀率随年龄的增长比女性明显的特征。自杀是老年群体的极端负面现象，但并非均衡分布在老年人口中，甚至并不均衡地发生在底层老年群体中。景军等学者指出，造成城市老年人自杀的原因常为久病厌世和家庭纠纷等；自杀行为还受到相对剥夺感、医疗保障制度不完善、居住空间格局由传统的街巷熟人社会转向陌生邻里小区等人为与制度力量的形塑（景军、张杰、吴学雅，2011）。此外，在遭遇赡养、家庭财产纠纷、代际冲突、再婚等问题时，一些老年人难以充分借助法律诉讼等手段突破困境。对于农村老年人的自杀现象，有研究指出其中的阶层分化和代际剥削问题：底层的老年人群成为资源不均衡积聚所导致的底层问题的特定承载者，而其自杀现象也可能在一种去道德化的机制中被合理化（杨华、欧阳静，2013）。

简言之，作为一种全新的社会形态，中国社会的快速老龄化对制度安排和政策设计都提出了新的挑战，同时也隐藏着新的社会和家庭风险。未来，大部分老年人仍将生活在家庭环境中，并高度依赖家庭养老。然而，当前的社会政策体系对有老家庭的支持不足，缺乏覆盖老年人和家庭中老年人的赡养与照料者的有针对性的公共政策。社会经济快速发展过程中制度与文化变迁、城镇化与人口流动等因素对老年群体和有老家庭造成的影响也应得到高度关注。在优化老年群体相关家庭公共政策、完善社会养老保障体系、制定法律法规维护老年人合法权益、降低家庭养老风险的同时，全社会应加深对老龄化社会形态的认识、增强代际平等意识、减少代际冲突，建立互助互利的代际关系。

二　性别视角下的单身群体

婚姻家庭制度是社会制度的有机组成部分。在当代社会，婚姻仍然是组建家庭的基础。改革开放 40 年来，中国人在婚姻方面经历的变迁既与日、韩等东亚其他社会有相似之处，也体现出受本国人口结构限制而形成的独有特征。在初婚年龄方面，中国人的婚姻体现出如下两个主要特征：（1）无论男性还是女性，初婚年龄均有所推迟；（2）单身比例升高，并且呈现显著的性别差异，即适婚年龄人口中单身男性的比例远高于单身女性（Yu & Xie，2015）。20 世纪 80 年代末，欧洲学者提出"第二次人口转变理论"，指出婚姻、家庭和生育模式的转变是欧洲社会人口发展的阶段性特征，并将结婚年龄推迟、单身比例升高和超低生育率等现象归因于婚育观念的变迁（吴帆、林川，2013）。对东亚社会婚育行为的诸多研究显示，中、日、韩等国的未婚男性和女性大多有结婚意向，而且往往希望将来为人父母（Raymo，Park，Xie，& Yeung，2015）。那么，如何理解中国社会的初婚推迟、单身比例升高等现象呢？本小节将分别对男性和女性的单身现象做一讨论。

（一）出生人口性别比失衡与男性的婚姻挤压

2017 年末，世界经济论坛发布《2017 年全球性别差距报告》。该报告用经济参与和机会、教育获得、健康和生存、政治赋权四大指标对 144 个经济体测评排名，中国的性别平等状况位居第100，比2016年下滑一位。影响中国排名的一个重要指标是出生人口性别比。在长期的出生人口性别失衡后，中国成为世界上出生人口性别结构失衡最严重的国家（World Economic Forum，2017）。出生人口性别比衡量的是一个社会中男女两性人口的均衡程度，其定义为每出生100名女婴所对应的出生男婴数。人口学家指出，该指标的正常水平一般为105，即每出生100名女婴，相应地有105名男婴出生。从1982年第三次全国人口普查起，中国的出生人口性别比一直高于107的警戒线，1990年后始终处于110~120之间，部分省份的出生人口性别比甚至超过130，引起学界的广泛关注（张翼，2013）。截至2015年，出生人口性别比在连续下降7年后达到113.5，仍明显高于正常水平（国家统计局，2016c）。早在20世纪90年代末，就有学者总结过中国出生人口性别失衡现象的主要特征：（1）全国范围内总量失衡；（2）长时期持续失衡；（3）年龄越小的出生队列性别比失衡越严重；（4）东南沿海地区出生人口性别比高于西北内陆地区；（5）少数民族出生人口性别比远低于汉族（张翼，1997）。

出生人口性别比和一个社会的婚配性别比有着密切的关系。如果出生人口性别比过低，那么相应的出生队列进入婚姻市场后就会出现男性短缺的现象；反之，如果出生人口性别比过高，则会导致婚姻市场中女性短缺的现象。由于出生人口性别比长期失衡，中国社会已开始出现并将持续面临严重的男性婚姻挤压现象。此外，婚姻挤压还受到出生人口规模和年龄结构波动的影响（于潇、祝颖润、梅丽，2018）。20世纪90年代中期，人口学家测算，在出生人口性别比失衡与人口转型的共同作用下，大规模的未婚男性将集中出现，婚姻市场失衡，从而导致每年数以百万计的未婚男性无法找到婚配对象（郭志刚、邓国胜，1995）。对男性婚姻挤压模式的研究显示，从1982年以来历次全国人口普查数据来看，尽管30岁以上未婚男性占各对应年龄段男性总人口的比例变化并不明显，但男性和女性的未婚人口总量差距不断扩大（果臻、李树茁、Feldman，2016）。该研究还发现，各个年龄段的女性成婚水平（即初婚概率）都高于男性。但是，相比城镇男性，农村男性的初婚年龄较小，同时初婚概率显著低于城镇男性。因此，城镇男性的初婚年龄推迟可能存在一定的"选择性"，而农村男性则更可能是在女性数量不足的情况下"被迫"婚姻推迟。

在人口流动的影响下，婚姻挤压也逐渐从社会经济发展相对滞后的内陆地区向经济发达的沿海地区扩散。研究者认为，尽管婚姻挤压的地域扩散相对减缓了未婚人口性别比较高地区的压力，但部分经济欠发达的偏远地区可能会出现婚姻挤压程度加深的现象，甚至引发社会风险（果臻、李树茁、Feldman，2016）。人口学家预测，未来三十年，中国仍将面临严重的大龄未婚男性婚姻挤压问题，并且对农村大龄未婚男性的影响更大（于潇、祝颖润、梅丽，2018）。由于出生人口性别比失衡的首要肇因是家庭对出生性别的偏好与选择，加之长期计划生育政策对人口数量的严格限定，出生人口性别比的长期失衡已经形成累积效应。有学者指出，近年来实施的全面二孩政策会有助于改善未来婚姻市场中的性别不均衡状况（国家统计局，2018；于潇、祝颖润、梅丽，2018）。然而，生育和抚育成本日渐高昂、家庭友好型公共政策缺失等因素往往令育龄夫妻止步不前；同时，社会环境在性别平等方面仍存在巨大的改善空间，中国家庭仍未普遍接受"生男生女都一样"的生育观念，农村地区的儿童性别平等状况仍有待进步。要实现正常水平的出生人口性别比、真正达致婚姻市场的性别均衡，仍有待政策、市场和社会多方努力。一方面，各级政府应尽快出台并确保实施有利于生育和养育的家庭友好型公共政策，建设儿童友好型社会，降低生育和抚育成本，鼓励适龄夫妻的生育行为；另一方面，全社会应进一步普及性别平等观念，实施各类性别平等政策和措施，构建性别平等的生育观念，平衡对儿女生活机遇的预期。最后，由于长期累积而成的未婚人口性别比失衡问题，大量男性单身人口将给家庭和社会带来多方面的风险。政策制定者应未雨绸缪，充分考虑未婚男性的婚配问题。尤其是在婚姻挤压严重和养老保障薄弱的农村地区，应为大批男性单身人口进入老龄阶段的社会治理做好准备。

（二）"剩女"是一个问题吗？

由于出生人口性别比高于正常水平，女性在婚姻市场中理应处于优势地位。然而，在大批男性面临婚姻挤压问题的同时，女性推迟婚姻和持续单身的现象似乎是一个和出生人口性别比失衡矛盾的现象，并成为独居家庭增长的又一潜在来源。"剩女"一词最初仅仅是指代大龄单身女性的贬义网络用语。2007年，该词被教育部列为当年度汉语新词之一，并曾出现在全国妇联网站的专栏文章中，近年来在各类大众媒体上被广泛传播。大龄单身女性的初婚年龄推延或不婚更多地是快速现代化过程中个体婚恋观念、婚姻决策与行为变迁和性别公共话语的互动结果。

　　"剩女"现象常常被诟病为媒体建构的一个伪问题，且该称谓也被认为是对单身女性的歧视。一个关键的问题是，单身女性是否真的是在婚姻市场中被"剩"下的群体？根据张翼（2013）对"六普"数据的分析，2010 年 25～29 岁单身女性人口占相应年龄段总人口的 21.62%，远高于2000 年的 8.67%。[①] 同时，30～34 岁和 35～39 岁的单身女性人口比例也有所增长，分别为 5.35% 和 1.76%。从城乡差异的角度分析，城市地区适婚年龄女性人口的未婚比例明显高于镇和农村。例如，25～29 岁和 30～34岁的城市女性中分别有 29.13% 和 7.35% 的人为单身，而农村女性中相应的比例为 16.74% 和 4.42%。35～39 岁城、镇、农村女性人口的单身比例分别为 2.72%、1.18% 和 1.32%。但是，在任何一个年龄段内，无论是城市、镇还是农村，男性的未婚比例都明显高于甚至远高于女性。和男性婚姻挤压以内陆农村为"重灾区"不同的是，单身女性的分布明显集中在城市地区。在除 60 岁及以上老年人以外的所有年龄段女性人口中，50% 以上的未婚者都集中在城市地区。分析还显示，在受教育程度相同的情况下，男性在特定受教育程度未婚人口中所占比例都高于女性。但随着受教育程度的提高，未婚人口中的男性比例降低，女性比例提高。亦即，受教育程度越高，女性的未婚比例越高。总体而言，大龄女性的单身现象主要集中于城市受教育程度较高的人群中，但这并不代表这一人群应被视为"剩女"一词所喻指的被动单身者。正如男性的婚姻挤压需要以出生人口性别比失衡导致的婚姻市场女性短缺解释，我们不可能以单一性别的视角来解释女性单身现象。当大龄单身女性是当代中国婚姻和家庭变迁的整体画面中的一个组成部分时，我们至少可以从以下几个方面理解这一现象。

　　首先，改革开放以来，随着市场转型，再分配经济让位于倡导个体竞争的市场经济，家庭开始全面承担起养育、住房、医疗、养老等责任。为此，家庭必须具备一定的经济实力，并尽可能提高自身的抗风险能力，以便在经历负面遭遇变故时确保家庭的维续。其次，改革开放 40 年来经济的快速发展促进了个体绝对收入的大幅提高和物质资源的不断丰富，同时也推动着消费主义快速蔓延，促进了人们对优质物质生活的追求。基于这两点考虑，寻找家庭背景及自身社会经济地位与自己"门当户对"或优于自

---

① 2000 年数据为笔者根据"五普"长表 5－4 计算而来；2010 年数据摘自张翼（2013）基于 2010 年"六普"数据的计算结果（表 3－9）。

身条件的婚姻伴侣，既有助于降低未来家庭的风险，也有利于保障未来家庭的生活质量。近年来，关于婚姻匹配的社会学研究发现，改革开放后初婚夫妇在教育、职业阶层等自致因素上的匹配程度上升，但家庭背景在婚姻匹配中的重要性呈现先降后升的 U 形趋势，且农业人口和非农业人口在婚配方面存在清晰的边界（齐亚强、牛建林，2012）。李煜和徐安琪（2004）在一项择偶标准研究中发现，和男性相比，女性的择偶条件更为周全，表现出更为谨慎的态度。这一研究发现也涉及理解女性单身现象所必须考虑的第三种社会变迁——市场转型后的性别不平等态势与性别话语变迁。如前文所述，改革开放以来，中国的性别公共话语从国家主导的性别平等话语转变为基于市场的个人素质话语，并与逐渐复苏的传统性别话语共同作用于女性的生活与个人发展（吴小英，2009）。伴随着市场经济条件下女性连续就业保障总体弱化，劳动力市场的就业与性别收入不平等加剧和家庭领域的性别分工固化之间形成了巨大的张力，它们彼此强化，导致女性婚育的机会成本上升。因此，尽管缺乏大规模经验证据，单身女性中既不乏在对公私领域双重负荷的预期之下谨慎择偶、提高标准导致婚姻推迟的女性，也不乏受教育程度较高、个体意识较强、脱离中国传统性别话语的婚嫁规范、重新审视传统性别分工的婚姻模式所能提供的效用和回报的女性，她们在单身状态下追求经济独立和个人发展。在这一意义上，我们看到，如果性别不平等的现状得不到实质缓解，未来选择性退出婚姻市场的女性比例可能会提高，由城市单身女性构成的单身家庭可能也会增多。

在本章中，我们讨论了改革开放以来中国家庭在家庭规模、家庭结构、家庭关系等方面发生的变迁，并侧重于老龄化和城乡青年的婚姻形成问题探讨了未来中国社会将要面对的家庭问题和风险。关于中国社会的家庭变迁，我们可以总结出以下几个特征。

（1）就户均人口数而言，中国家庭的规模的确在缩小。当然，这并不是说所有家庭的人数都在变少，必须考虑到单人户和夫妇二人家庭比例增加等因素对户均人口数的影响。随着全面二孩政策的实施，未来会有一部分标准核心家庭的人口数略有增加；但另一方面，单人户等极简型家庭的比例也可能会进一步升高。

（2）在核心化的趋势下，中国家庭呈现多元的家庭结构。尽管核心家庭占据主导地位，但近年来标准核心家庭的比例略有下降，而直系三代家庭、夫妇二人家庭、单人户等家庭类型的比例在增长。鉴于生育政策改变、人口流动、个体意识崛起等多重因素的复杂合力作用，家庭结构核心化的变迁趋势可能还伴随着其他家庭类型的变化，如老年空巢家庭增多、标准核心家庭阶段性向三代直系家庭回归、老年和青年单人户共同构成独居群体等。

（3）伴随着结构变迁，中国家庭的人际关系整体呈现平等化的特征。就代际互动而言，成年子女和老年父母的关系不再是父权制社会中的反馈模式，但也并未彻底颠覆传统的亲子关系。一方面，家庭仍是老年人的主要养老支持者和压力承担者；另一方面，成年子女，尤其是已婚已育子女同样需要由父母提供经济、照料等支持。城乡家庭的代际关系都呈现交换和互助的特征。然而，一定程度的父权衰落并没有带来家庭领域的性别平等。在家庭小型化和核心化的变迁之下，"男主外、女主内"的性别分工格局依然主导着中国人的家庭生活，甚至在近年来随着传统性别观念的复苏被进一步强化，进而和劳动力市场的性别不平等彼此强化。

（4）儿童和其所生活的家庭的关系呈现反差巨大的分化图景。在众多城市居民家庭，儿童在精细化育儿的趋势下备受成年家庭成员关注；在大批农村家庭中，留守儿童和流动儿童却和家庭中的成年人一起进入离散化生存模式。尽管近年来留守儿童和流动儿童问题广受学界和政府关注，但他们在教育、养育等多方面仍然处境堪忧。儿童是社会的未来，而儿童世界的分化若不能有效缓解，将不利于未来社会的和谐稳定。

（5）伴随着老龄化时代的到来和不同原因导致的男性和女性单身比例升高，未来中国社会在家庭领域将会面临新的结构变迁，也对社会治理提出了新的挑战。

我们每个人都来自家庭，但最终未必会终于传统定义中基于婚姻关系而形成的家庭。通过本章的讨论，我们看到，家庭的变迁受到人口转型、制度环境、经济发展水平、文化语境、性别观念等多种因素的影响；而一些看似相似的现象（如男性和女性的单身比例上升、城乡老年人口的自杀等）可能由于相去甚远的原因导致，因此在完善相应的治理措施时应有的放矢，针对不同的人群制定有效的公共政策。当然，家庭变迁所涉及的问题远比本章所呈现的内容更为庞杂，由于篇幅有限，本章未涉及残缺家庭、家庭政策等。即便如此，笔者仍希望既有的讨论能够使读者对中国家庭变迁有所了解，从而在未来可以深入了解其中某个方面的社会学问题。

参考文献

艾里克·克里南伯格，2015，《单身社会》，沈开喜译，上海文艺出版社。

曹玲娟，2018，《上海户籍人口预期寿命83.37岁》，《人民日报》4月2日，第13版。

陈皆明，2010，《中国养老模式：传统文化、家庭边界和代际关系》，《西安交通大学学报》（社会科学版）第6期。

费孝通，1983，《家庭结构变动中的老年赡养问题——再论中国家庭结构的变动》，《北京大学学报》（哲学社会科学版）第3期。

费孝通，2013，《乡土中国》，中华书局。

风笑天，2009，《第一代独生子女父母的家庭结构：全国五大城市的调查分析》，《社会科学研究》第2期。

古德，1986，《家庭》，社会科学文献出版社。

郭于华，2001，《代际关系中的公平逻辑及其变迁——对河北农村养老事件的分析》，《中国学术》第3卷第4期。

郭于华，2017，《食物和家庭关系：餐桌上的代沟》，载景军编《喂养中国小皇帝：食物、儿童和社会变迁》，华东师范大学出版社。

郭志刚，1995，《当代中国人口发展与家庭户的变迁》，中国人民大学出版社。

郭志刚、邓国胜，1995，《婚姻市场理论研究——兼论中国生育率下降过程中的婚姻市场》，《中国人口科学》第3期。

国家统计局，2016a，《中国统计年鉴2016》，中国统计出版社。

国家统计局，2016b，《2015年国民经济和社会发展统计公报》，Retrieved from http://www.stats.gov.cn/tjsj/zxfb/201602/t20160229_1323991.html。

国家统计局，2016c，《2015年全国1%人口抽样调查主要数据公报》，Retrieved from http://www.stats.gov.cn/tjsj/zxfb/201604/t20160420_1346151.html。

国家统计局，2018，《2017年我国"全面两孩"政策效果继续显现》，http://www.stats.gov.cn/tjsj/sjjd/201801/t20180120_1575796.html。

国家卫生计生委家庭司编，2015，《中国家庭发展报告2015》，中国人口出版社。

国家卫生计生委家庭司编，2016，《中国家庭发展报告2016》，中国人口出版社。

国务院第六次全国人口普查领导小组办公室，2012，《我国人口平均预期寿命达到74.83岁》，Retrieved from http://www.stats.gov.cn/tjsj/tjgb/rkpcgb/qgrkpcgb/201209/t20120921_30330.html。

果臻、李树茁、Marcus W. Feldman，2016，《中国男性婚姻挤压模式研究》，《中国人口科学》第3期。

贺光烨、吴晓刚，2015，《市场化、经济发展与中国城市中的性别收入不平等》，《社会学研究》第 1 期。

贺雪峰、郭俊霞，2012，《试论农村代际关系的四个维度》，《社会科学》第 7 期。

金一虹，2009，《离散中的弥合——农村流动家庭研究》，《江苏社会科学》第 2 期。

金一虹、杨笛，2015，《教育"拼妈"："家长主义"的盛行与母职再造》，《南京社会科学》第 2 期。

景军、张杰、吴学雅，2011，《中国城市老人自杀问题分析》，《人口研究》第 3 期。

康岚，2009，《论中国家庭代际关系研究的代差视角》，《中国青年研究》第 3 期。

李春玲，2016，《中国中产阶级的不安全感和焦虑心态》，《文化纵横》第 4 期。

李煜、徐安琪，2004，《择偶模式和性别偏好研究——西方理论和本土经验资料的解释》，《青年研究》第 10 期。

梁秋生，2004，《"四二一"结构：一种特殊的社会、家庭和代际关系的混合体》，《人口学刊》第 2 期。

刘爱玉、佟新，2014，《性别观念现状及其影响因素——基于第三期全国妇女地位调查》，《中国社会科学》第 2 期。

刘爱玉、佟新、付伟，2015，《双薪家庭的家务性别分工：经济依赖、性别观念或情感表达》，《社会》第 2 期。

刘桂莉，2005，《眼泪为什么往下流？——转型期家庭代际关系倾斜问题探析》，《南昌大学学报》（人文社会科学版）第 6 期。

刘爽、商成果，2013，《北京城乡家庭孩子的养育模式及其特点》，《人口研究》第 6 期。

刘肇瑞、黄悦勤、马超、尚莉莉、张婷婷、陈红光，2017，《2002～2015 年我国自杀率变化趋势》，《中国心理卫生杂志》第 10 期。

罗敏，2018，《8 旬老人育 7 子女却无人赡养 孙子替祖父母告状父亲》，《成都商报》4 月 28 日。

罗争光、王思兆，2016，《全国农村留守儿童精准摸排数量 902 万人，九成以上在中西部省份》，www.gov.cn/xinwen/2016 – 11/09/content – 5130653. htm。

马春华、石金群、李银河、王震宇、唐灿，2011，《中国城市家庭变迁的趋势和最新发现》，《社会学研究》第 2 期。

马克·赫特尔，1987，《变动中的家庭——跨文化的透视》，宋践、李茹译，浙江人民出版社。

孟宪范，2008，《家庭：百年来的三次冲击及我们的选择》，《清华大学学报》（哲学社会科学版）第 3 期。

米德，1987，《文化与承诺——一项有关代沟问题的研究》，周晓虹、周怡译，河北人民出版社。

民政部，2016，《截至 2015 年底我国 60 岁及以上老人人口占总人口的 16.1%》，人民网，7 月 1 日。

牛建林，2012，《农村地区外出务工潮对义务教育阶段辍学的影响》，《中国人口科学》
　　第 4 期。

潘跃，2018，《全国 60 周岁及以上老年人口逾 2.4 亿》，《人民日报》8 月 18 日，第
　　4 版。

潘允康，1986，《家庭社会学》，重庆出版社。

彭希哲、胡湛，2015，《当代中国家庭变迁与家庭政策重构》，《中国社会科学》第 12 期。

齐亚强、牛建林，2012，《新中国成立以来我国婚姻匹配模式的变迁》，《社会学研究》
　　第 1 期。

全国妇联课题组，2013，《全国农村留守儿童城乡流动儿童状况研究报告》，《中国妇
　　运》第 6 期。

《人民日报》，2018，《全国 60 周岁及以上老年人口逾 2.4 亿》，8 月 18 日，第 4 版。

日本 NHK 特别节目录制组，2014，《无缘社会》，高培明译，上海译文出版社。

沈晖，2017，《代际关系的再变动》，载周晓虹等编《中国体验：全球化、社会转型和
　　中国人社会心态的嬗变》，社会科学文献出版社。

沈亦斐，2013，《个体家庭 iFamily：中国城市现代化进程中的个体、家庭与国家》，上
　　海三联书店。

宋健，2000，《"四二一"结构：形成及其发展趋势》，《中国人口科学》第 2 期。

宋健、黄菲，2011，《中国第一代独生子女与其父母的代际互动——与非独生子女的比
　　较研究》，《人口研究》第 3 期。

谭深，2011，《中国农村留守儿童研究述评》，《中国社会科学》第 1 期。

唐灿，2010，《家庭现代化理论及其发展的回顾与评述》，《社会学研究》第 3 期。

陶希圣，1934，《婚姻与家庭》，商务印书馆。

王跃生，2000，《十八世纪中后期的中国家庭结构》，《中国社会科学》第 2 期。

王跃生，2006，《当代中国城乡家庭结构变动比较》，《社会》第 3 期。

王跃生，2007，《中国农村家庭的核心化分析》，《中国人口科学》第 5 期。

王跃生，2009，《中国当代家庭结构变动分析：立足于社会变革时代的农村》，中国社
　　会科学出版社。

王跃生，2012，《城乡养老中的家庭代际关系研究——以 2010 年七省区调查数据为基
　　础》，《开放时代》第 2 期。

王跃生，2013，《中国城乡家庭结构变动分析——基于 2010 年人口普查数据》，《中国
　　社会科学》第 12 期。

王跃生，2014，《三代直系家庭最新变动分析——以 2010 年中国人口普查数据为基
　　础》，《人口研究》第 1 期。

吴帆、李建民，2010，《中国人口老龄化和社会转型背景下的社会代际关系》，《学海》

第 1 期。

吴帆、林川，2013，《欧洲第二次人口转变理论及其对中国的启示》，《南开学报》（哲
　　学社会科学版）第 6 期。

吴帆、杨伟伟，2011，《留守儿童和流动儿童成长环境的缺失与重构——基于抗逆力理
　　论视角的分析》，《人口研究》第 6 期。

吴小英，2009，《市场化背景下性别话语的转型》，《中国社会科学》第 2 期。

吴小英，2014，《主妇化的兴衰——来自个体化视角的阐释》，《南京社会科学》第 2 期。

吴小英，2017，《流动性：一个理解家庭的新框架》，《探索与争鸣》第 7 期。

肖索未，2014，《"严母慈祖"：儿童抚育中的代际合作与权力关系》，《社会学研究》
　　第 6 期。

徐安琪，2001，《家庭结构与代际关系研究——以上海为例的实证分析》，《江苏社会科
　　学》第 2 期。

徐安琪，2004，《夫妻权力模式与女性家庭地位满意度研究》，《浙江学刊》第 1 期。

徐安琪，2010，《家庭性别角色态度：刻板化倾向的经验分析》，《妇女研究论丛》第
　　2 期。

阎云翔、龚小夏，2017，《私人生活的变革：一个中国村庄力的爱情、家庭与亲密关系
　　（1949～1999）》，上海人民出版社。

杨华、欧阳静，2013，《阶层分化、代际剥削与农村老年人自杀——对近年中部地区农
　　村老年人自杀现象的分析》，《管理世界》第 5 期。

杨善华，2006，《家庭社会学》，高等教育出版社。

杨善华，2011，《家庭与婚姻》，载李培林编《中国社会》，社会科学文献出版社。

杨善华、沈崇麟，2000，《城乡家庭：市场经济与非农化背景下的变迁》，浙江人民出
　　版社。

于潇、祝颖润、梅丽，2018，《中国男性婚姻挤压趋势研究》，《中国人口科学》第
　　2 期。

於嘉，2014，《性别观念、现代化与女性的家务劳动时间》，《社会》第 2 期。

张小军，2011，《宗族与家族》，载李培林编《中国社会》，社会科学文献出版社。

张翼，1997，《中国人口出生性别比的失衡、原因与对策》，《社会学研究》第 6 期。

张翼，2013，《单身未婚："剩女"和"剩男"问题分析报告——基于第六次人口普查
　　数据的分析》，《甘肃社会科学》第 4 期。

张翼，2014，《家庭结构变迁及其治理》，载李培林编《中国社会巨变和治理》，中国
　　社会科学出版社。

中国老龄工作委员会，2006，《中国人口老龄化发展趋势预测研究报告》，http：//www.
　　china. com. cn/chinese/news/1134589. htm。

周晓虹，1988，《试论当代中国青年文化的反哺意义》，《青年研究》第 11 期。

周晓虹，2015，《文化反哺：变迁社会中的代际革命》，商务印书馆。

周怡，1994，《代沟现象的社会学研究》，《社会学研究》第 4 期。

周怡，1995a，《传统与代沟——兼析"孝"、"中庸"在代际关系中的正负两面性》，《社会科学战线》第 2 期。

周怡，1995b，《代沟理论：跨越代际对立的尝试》，《南京大学学报》（哲学社会科学版）第 2 期。

朱迪、高文珺、朱妍桥，2018，《中国老年人互联网生活调查报告》，载李培林、陈光金、张翼编《2018 年中国社会形势分析与预测》，社会科学文献出版社。

Goode，W. J. 1963. *World Revolution and Family Patterns*. Glencon，IL：The Free Press.

Parsons，T. 1943. "The Kinship System of the Contemporary Unites States." *American Anthropologist*，45（1），22 – 38.

Raymo，J. M.，Park，H.，Xie，Y.，& Yeung，W. J. 2015. "Marriage and Family in East Asia：Continuity and Change." *Review of Sociology*，41（1），471 – 492.

World Economic Forum. 2017. "The Global Gender Gap Report 2017"，https：//www. weforum. org/reports/the-global-gender-gap-report – 2017.

Yu，J.，& Xie，Y. 2015. "Changes in the Determinants of Marriage Entry in Post-Reform Urban China." *Demography*，52（6），1869 – 1892.

Zhang，Y.，Hannum，E.，& Wang，M. 2008. "Gender-Based Employment and Income Differences in Urban China：Considering the Contributions of Marriage and Parenthood." *Social Forces*，86（4），1529 – 1560.

第八章　中国人的信任与面子

社会角色的构建和社会联系的发生都要基于一个标准，那就是与对方的相互信任，这种以信任为基础的社会关系的建立，不仅发生在人与人之间，也发生在企业、政府和国家之间。但是，有一个不言而喻的事实是，当今中国社会，信任危机已然成为一个不可忽视的社会现实，弥漫在不同人群、不同行业、不同组织的内部，不同程度/性质的信任危机会使政府和市场的合法性受到质疑，陷入互不相信的防备状态中。不可忽视的是，社会信任危机在中国并非突如其来，而是有很深厚的历史积淀在韦伯、福山等西方学者对传统中国社会的考察中，就已经做出"中国社会信任度一直不高"的论断，直到信任危机初见端倪的现代，信任才更加成为众多中国学者热衷讨论的社会问题，因此信任研究具有相当重要的地位。

信任研究相当复杂，反映出人性层面、社会层面及价值层面的深刻文化。信任危机不仅在中国突出，而且是全球性的问题。西方学者对信任问题的研究已经达到较高的水平，并且不同学科的学者都在各自领域展开了研究，对于信任的建立机制有着各种不同的解释路径和分析视角。中国学者更多的是从本土视角出发，将信任问题与本土情况相结合，构建本土化的信任危机研究机制。

在日常生活中我们可以发现，对国人而言，信任制度的构建更多地缘自生活交流，中国人的信任建立机制是在日常交往的情境中形成的，并不能用简单个体的信任或社会的信任来进行解释。在这个社会信任机制的建立过程中，不可忽视的是国人对"面子"的重视。面子交往心理成了社会联系的充分而不必要的条件，面子在中国社会中最重要的象征便是其人际背后的关系，但是面子与关系并不是同样的概念，面子这一中国本土化概念对于中国社会信任的解释来说是独一无二的。

第一节　中国人的信任

不论是何种形式的社会结构，信任都是构建社会稳定秩序的基础之一，是一个不容忽视的现实和理论议题。中国古代就将"诚"和"信"作为人品和治国的标准之一，欧洲人将信守契约作为建立信任的基石。到了现代社会，随着社会分化和社会融合的加剧，社会交往也逐渐建构在他人行动和交往场所的基础上，我们必须与他人协作才能更好地生存，信任变得越发可贵。

一　中国社会的信任危机

近几年，信任危机事件屡见不鲜。食品卫生质量危机、诚信危机及人情冷漠、行业运作潜规则等不信任事件的出现，使得群众信任感下降，信任危机成为全社会高度关注的热点问题。对于当下正处在转型期的中国来说，更需要加以重视。

2006 年新华社曾有过一则报道："国家质检总局 21 日公布了各级质监部门对全国蛋制品生产加工企业专项检查结果，结果显示有 7 家企业的 8 个批次产品涉嫌含有苏丹红。"（刘雁军，2006）食品安全问题逐渐被大众重视。2008 年，三鹿奶粉事件爆发，更是引起民众热议，政府迅速启动国家重大食品安全事故一级应急预案措施。三鹿奶粉事件，将食品安全、食品信任问题推上了风口浪尖。然而事过两年，2010 年 7 月 12 日央视"财经频道"报道，"消费市场上许多打着黑龙江五常'稻花香'旗号的大米，实际上是用杂牌米加香精拌出来的假冒香米"①。2010 年 9 月，"在江苏省海洋渔业局对外发布经检测小龙虾合格率为 100% 之后不久，央视《质量调查报告》栏目称，江苏乃至全国的小龙虾从引进、养殖、销售、烹调等各个环节都存在严重问题"②。食品信任危机不断出现，使民众由对企业利欲熏心的批评转向对食品药品监督的忧虑，民众的食品恐慌感不断升级。

---

① 《杂牌米加香精造假　上海家乐福下架所有五常香米》，http://finance. sina. com. cn/consume/puguangtai/20100715/07298297281. shtml，2010。

② 石小磊：《南京多人疑食小龙虾患病，检测称养殖环节无问题》，http://www. hlj1964. com/article/3174. html。

信任恐慌，不仅存在于食品行业，也逐渐蔓延至医药行业。从 2009 年开始就出现的疫苗事件，在 2018 年非但没有弱化反而引起了公愤。疫苗安全事件不断发生，最惶恐的莫过于家长。正如《京华时报》文章所说"人们的恐慌和疑虑将不断升级，最终的结果可能是很多人从此拒绝疫苗，将直接威胁公共卫生防疫这道屏障"①。至此，药品信任危机带来的社会安全威胁越来越明显，直接影响社会公共卫生安全保障工作。保障药品质量安全，成为民众对医疗保障制度改革的重要期盼。在医疗领域，除了药品质量安全，医患关系也在撼动着社会信任的基石。

近年来发生的幼儿园安全事件，更是动摇了民众对企业信任的基石。从红黄蓝幼儿园虐童事件到"携程幼儿园事件"再到不断被爆出的幼师不称职事件，我们不得不考虑是否还能继续信任幼教企业，甚至政府机构。社会群体心态的日益开放，使中国社会由熟人社会向陌生人社会转变，频发的幼儿园安全事件，成为动摇社会交往契约准则的事实之一。

社会互信的缺失在近几年似乎有越演越烈的趋势。共享经济大热的社会基础便是社会群体之间的相互信任，也是社会文明发展到一定阶段的产物，然而令人心酸的是，这种群体间的信任正在被逐渐打破，从"滴滴空姐遇害事件"到"温州滴滴女孩事件"、"共享单车的随意丢弃和损坏"，社会大众对共享平台予以足够的包容和谅解，可是资本和企业一味逐利，最终导致大众对企业信任度下降。

社会生活的衣食住行似乎都存在着严重的信任危机，不可否认的是，在经济领域同样也存在着信任危机，体现为"三角债"、合同纠纷、金融欺诈、信用卡恶意透支等。在体育领域，信任危机同样也存在着，比如中国三大球国字号队伍国际比赛成绩的全面滑坡，2009 年底的中国足坛反腐扫黑行动，体育界的信任危机事件似乎在不断挑战着体育爱好者的信任底线。再看学术领域，信任危机也屡见不鲜，学术抄袭、学术信任缺失似乎使高校也陷入了尴尬境地，学术诚信成为高校必须坚守的最后一方净土。当下，社会诚信体系的建立迫在眉睫。

存在于方方面面的信任危机，并不是空穴来风，2010 年的全国人口普查工作难以展开，就是信任危机带来的最直观的后果之一。中国新闻网曾

---

① 《别让问题疫苗引发"拒打潮"》，http://news.163.com/10/0408/00/63N5IGQO000146BD.html，2010。

进行过一项网络调查，对"人口普查入户登记，你最大的顾虑是什么"这一问题进行了调查，结果发现有 39.1% 的网民担心个人隐私遭泄露，有 35.9% 的被调查人员担心不法分子假扮公务人员（徐敏，2010）。回到我们的现实生活，可以发现，手机号码泄露现象屡见不鲜，个人隐私空间越来越小。

伴随着网络作为社会新兴媒体的迅猛发展，中国社会信任危机被放大。无论是 2011 年在网络上震撼全国的"小悦悦"事件，还是 2017 年被全网关注的"江歌案"审判的前前后后，网络的发达让我们看到了当今中国社会最为冷漠的一面，无论是陌生人之间还是闺蜜之间，信任变得薄如蝉翼。甚至在信息快速传播的今天，刘鑫还能为了自己的利益在镜头面前说谎，导致大众在知道真相的时候对其行为更加深恶痛绝，也对现代社会中的朋友关系产生了担忧。网络媒体对于社会负面事件的报道一定程度上放大了整个社会的信任危机，信任基础不再牢固，我们正在面临一个逐渐失去信任的冷漠的现代社会。

综上所述，在当代现实社会生活中，信任危机的影响广泛而深刻，社会对信任的呼唤十分急迫，信任正日益成为影响我国社会和谐发展的重要因素之一。

二　什么是信任？

信任，是人与人之间、人与社会之间、国家及国际组织之间互动的基础，也是国际社会政治互信、经济合作、文化交流、人际交流的重要纽带。信任的程度反映着一个社会整合的状况，信任现象，也映射着社会制度变迁。在从传统社会向现代社会转型的过程中，信任的基础发生了很大变化，社会逐步陷入信任危机，成为影响中国转型期社会发展的重大现实问题。

但是，社会信任的重要性在中国社会并没有得到足够的关注，这主要是因为信任本身的不可预见性，只有当信任体系不断瓦解之时，才能引起人们的注意。对信任问题的研究热从 20 世纪 90 年代开始，研究呈现跨学科态势，信任成为人文社科领域重要的研究对象，多学科的信任研究成果不断面世，有关"信任"研究的文献不断积累。

（一）传统文化中的"信任"

关于信任的概念自古就有，但是关于信任的观念并不是实时更新的。

在中国古代对字源的解释上，对信任的解释总是与"诚"和"信"二字不可分割。《说文解字》对"诚"和"信"的解释是："诚"，即"诚，信也，从言成声"。"信"即"信，诚也，从人从言"。总体而言，信任就是诚实诚信的意思，是人与人之间密切联系的表现之一。

中国传统的"诚"和"信"的内涵实则更加丰富，它们既包含对人伦规范的思考，又有对宇宙秩序的规划，最终聚焦于个人的本性和价值。我们今天所谈的信任与古时的信任相比，其内涵变得更加具有局限性，更多的是强调个人的内在，而忽视了对社会整体秩序的构建。当前社会存在严重的社会失信，人与人之间的交往存在一种"质疑"心理，互不信任，"止于防"，也"止于欺"，因而需要从传统文化中汲取营养，加强对社会道德的建设。"人无信则不立"，将诚、信上升到个人存在论的高度，上升到社会整体主义的架构层面。

（二）社会学中的"信任"概念

自社会学信任研究初始，有关信任的概念解释，一直是与信任产生的基础相联系的。

1. 从社会功能角度关注社会信任

在西方古典社会学中，德国社会学家齐美尔最早对信任做专门研究，从社会功能的角度关注信任的社会作用。他发现"现代生活在远比通常了解的更大程度上建立在对他人诚实的信任基础之上"（Simmel，1950a）。他在《货币哲学》中明确提出，信任是"社会中最重要的综合力量之一"（Simmel，1950b）。进而，他比较了个人信任与社会信任的基础，"对金钱的占有所给予个人的安全感，是社会政治组织和秩序的信任的最集中和直接的形式与体现"（Simmel，1950b）。齐美尔的研究开了信任研究的先河，关注到信任在现代社会中的重要性。

2. 在社会秩序中认识信任

秩序性是人类开展活动要遵循的标准之一，这种秩序性既可以是内在的自我暗示，也可以是外在的规则制度。秩序在整个社会发展中起到了规范性和条理性的作用，使得社会各职能部门能够有组织、有计划、有顺序、有逻辑地合理运行。但是，如果规则制度不被待见，无法获得人们的信任和支持，其功效就会下降。所以，从某种程度上说信任促进了社会秩序的有效构建，加速了制约机制的建立。美国社会学家伯纳德·巴伯（1982）曾在《信任的逻辑与局限》中指出，信任，即"对于自然的和道德的秩序的坚持和履行的期望"。郑也夫（2003a）在研究中将信任喻为一种态度，愿意主动相信环境中的人与事的运行秩序符合自己的愿望。不难发现，信任其实充当着交换行为发生的桥梁角色。郑也夫（2003b）的表述呈现出对信任的三种期待：对自然与社会的秩序性，对合作伙伴承担的义务，对某角色的技术能力。信任与社会秩序共同构成了"互帮互助"的关系。

3. 社会关系视角中的信任

我们试图将信任这一整体现象假设成一种社会关系，这种社会关系的存在起到了链接、传递、促进的作用，但在复杂的社会环境下，链接某种社会关系，实则承担了某种社会风险。同时，这种关系不仅仅存在于人与人的交往中，同时还存在于社会的各个层面，涉及政治、经济、文化，从而对社会关系中信任的解释也呈现多样性。布迪厄（1997）认为信任其实是多种关系交织下的产物，只有在关系系统中，信任才能真正被赋予含义。彼得·布劳（Blau，1964）将信任描述为有效维持社会稳定的基本因素，对社会关系的构建具有良性作用。涂尔干（2001）眼中的信任关系更多地源自家庭，以及由家庭产生的社会亲缘关系，这种基于血缘的社会信任往往比其他社会关系中的信任更加牢固。同时这种信任也是特殊的，血缘关系下的信任以共同的信仰为基础，当信任关系断裂时，又会通过血缘关系再建，于是在家庭成员之间便建立起了普遍信任。在格兰诺维特（2019）那里，个人之间的信任关系对整体社会关系的维系具有良性作用，个人之间的信任关系越强，则整体社会信任越强。社会信任作为一种社会资本，也是个人微观层面的信任积累而成。弗朗西斯·福山（2001）从组织成员之间的信任关系出发，指出社会组织中的信任承担起了组织成员之间合作交往的基础性责任，组织成员之间拥有共同的规范和隶属于团体的特有价值观，能够加强成员之间的诚信合作，增强个人的角色功能。

4. 从制度分析视角来看信任

不可否认，信任从高层到低层贯穿于整个制度。从宏观上看，社会整体制度的良性构建有利于各层次制度信任体系的确立；从微观上看，社会部门功能和信任体系的失范，影响着社会整体制度的建立。尼古拉斯·卢曼在《信任与权力》一书中从制度分析的角度出发，认为信任的缘起不能刨除社会结构和制度变迁，它们三者之间存在互动关系，在卢曼看来，信任从某种程度上说就是简化了的社会机制，人们将复杂的社会机制内化简化为简单的行为方式，这是人类生存的策略之一（Luhmann，1979）。

5. 社会资本视域中的信任

似乎社会资本从出现开始，就与信任有着千丝万缕的联系。众多研究理论将信任、社会关系、社会结构与资本的分析范畴相联系，信任在社会资本的理论论述中占据重要位置，社会资本是社会群体之间信任关系的普及，二者相互交织、相辅相成。

但是在有些研究中信任等同于社会资本，正如佛丹纳（2003）所言，"狭义的作为信任在社会中展示的社会资本一直是解释经济增长和政治稳定的核心要素"。

在彼得·什托姆普卡（2005）看来，信任的定义其实是简单且单一的，类似于一场博弈，是否相信他人未来成功的可能性，其中包含了两种心理状态：一种是拥有相信对方的信心，提前预料未来行为的可能性；另一种是遵守与对方的承诺，努力承担起为行动而需要付出的责任。彼得·什托姆普卡的社会生成模型从信任的社会生成分析角度出发，认为资本在其中起到的是资源链接的作用，其中包含五种个人资本机制和八种集体资源的整合。

罗伯特·D. 帕特南（2001）认为信任是社会资本的基本特征之一，通过信任的方式能够协调行动者之间的联系，提高行动效率。在普特南的研究中，信任被放在了最核心的位置，他认为社会网络和社会规范都统一服务于产生信任的机制。从社会发展的角度来看，社会信任带动了社会经济发展，为社会稳步前进提供了动力和支持，确保政府的高绩效。

三　信任的功能

（一）简化功能

卢曼认为，"信任是简化复杂性的需要"（卢曼，2005）。他认为，信任是用来降低社会交往复杂性的机制，能超越现有的信息去概括出一些行为预期，从而用一种带有保障性的安全感来弥补所需要的信息（Luhmann，1988）。

郑也夫在《信任的简化功能》一书中指出，人类生存环境变幻莫测，但人类应对纷繁复杂的社会现象的理性能力是有限的，因此这种不确定性会使人们对现在确定性的需求增长，这种增长的机制之一就是信任。正如尼可拉斯·卢曼（1979）所说"信任靠着超越可以得到的信息，概括出一种行为期待，以内心保证的安全感代替信息匮乏"。因此，信任通过简化复杂，使人们降低了对不确定行动的恐慌，增强了对不确定性的理解，从而增加了人们行动的勇气和概率。在郑也夫（2001）的表述中，不信任也具有一定的积极作用，甚至促进信任行为的产生。

（二）维持社会秩序

对于信任在维系社会秩序的影响方面，笔者认为信任对建立良性社会秩序有促进作用，能够提高社会运行效率。在霍布斯（转引自 Misztal，1996）的视角里，"信任这一人造的结构，对于弥合暴力与理性在建立社会秩序时留下的裂缝是必要的"。

社会秩序的建立是人们在认识世界和改造世界的过程中实现的，通过对社会的控制保证人类社会在正确的轨道上运行。信任是建立社会秩序的重要工具之一，因为信任能够增强人类行动的可能性和确定性。首先，在社会秩序的维系过程中，信任在政治、经济、文化等方面发挥了极大的效力，在对信任的共同感知下，人类社会逐渐形成稳定的社会环境，对道德感的重视和对契约精神的重视，都是社会和谐的基础。其次，在人际交往过程中，信任有助于增强人与人之间的了解和互动，简化人际关系的复杂性。

《货币哲学》（Simmel，1950b）将信任作为社会群体之间的黏合剂，信任将社会这盘散沙重新黏合。信任的这种功效源于信任关系建立在对他人的确切认知基础上，信任的感染力似乎强于个人理性或者个人经验，在更强的感染力下形成的关系更牢固。齐美尔（Simmel，1950b）认为，无论是组织还是个人，增强其安全感的手段之一就是金钱的给予，这是彼此信任的最直接和有效的表达方式之一。就个人理解而言，现代生活良性互动的基础在很大程度上是建立在彼此间的互相信任之上。信任除了有黏合剂的作用外，也有润滑剂的作用，它能促进群体或组织高效运转，同时，个人的良好信任记录能让他获得更多的社会资本。

事实上，信任是我们生存生活的基础，如若个人或群体之间缺少最基本的信任，在中国的熟人环境中可能寸步难行。有合作意味着有信任，有信任意味着可能会产生合作行为。离开了相互信任，交往行为的开展就会受限，更无法构成人类社会。

（三）调整社会行为

吉登斯认为，现代性社会具有时空分离及在时空分离基础之上的脱域特质（吉登斯，1998a）。交往手段的革命，从根本上动摇乃至否定了传统的熟人社会交往方式，把人们置于一个广袤无限的交往世界中，并超越交往活动具体场所的限制及渐次扩散的局限性，进入普遍交往的境地。在现代社会中，"'自我'和'社会'在人类历史中首次在全球性背景下交互联结了"（吉登斯，1998b）。在这里，社会成员普遍交往并与世界互动，并不意味着面对面的在场直接交往，而是通过符号标志系统与专家系统不在场的在场交往，这是缺场与在场统一的普遍交往。"全球化使在场和缺场纠缠在一起，让远距离的社会事件和社会关系与地方性场景交织在一起。"（吉登斯，1998b）

约翰·邓恩认为："信任既是一种人类情感又是一种人类行为的方式：一定程度上是应对他人行动之自由的策略。作为一种热情，一种情感，信任可能短暂，也可能持久。但作为一种行为方式，信任意味着长期的不确定性。"（参见什托姆普卡，2005）

从社会资本角度看声望，良好的声望会促进信任想法的产生同时增强合作愿望。高兆明（2002）指出，建立在时空分离基础之上的缺场，使得作为信任基础的承诺本身发生了变化。要使全社会从根本上克服信任危机，建立起普遍的信任关系，一方面当然需要社会成员自身人格素质的提高，另一方面，更重要的是建立起一种现代性生活方式，确立一种能为社会成员普遍信任的社会制度性安排与制度性承诺。

（四）制度建构的需要

我国传统社会是熟人社会，邻里之间因互相信任而产生更多的交往，这种直接的信任内化为"人格化信任"，这种无契约的相互依赖关系的可靠性甚至高于有契约关系的信任的可靠性，因此对地区的管理，也不可避免地加入了些许"人情"因素。而西方社会更多地看重理性的契约信任，这是因为西方人之间的人际交往超越了血缘关系，在"陌生人社会"中，白纸黑字的契约似乎比口头承诺的可靠性更高，这种契约信任被称为"制度化信任"。

在制度经济学中，大多数情况下将制度划分为正式制度与非正式制度。进入现代社会以后，信任的构建更多的是基于制度化信任（就是上文提到的正式制度）。制度化信任逐渐代替了建立在道德观念、价值理念等基础上的"人格化信任"。这种制度化信任包含一系列社会运行规则、经济制度、政治制度、法律法规等，甚至包含某些特殊细则和私下签订的个别契约。

迪尔凯姆在《社会学方法的准则》中认为，作为研究对象的社会制度实则是一种社会事实。迪尔凯姆认为，"一切由集体所确定的信仰和行为方式都称为制度"（迪尔凯姆，2002）。他提出，"一切行为方式，不论它是固定的还是不固定的，凡是能从外部给予个人以约束的，或者换一句话说，普遍存在于该社会各处并具有其固有存在的，不管其在个人身上的表现如何，都叫做社会事实"（迪尔凯姆，2002）。在巴伯（Barber，1983）的视角里，社会制度充当了补充社会不信任空白的角色，社会机制实则是一种强制性手段，这种手段的存在恰恰是为了弥补信任中的不信任部分，以确保行为的有效展开，当不信任行为发生时，制度的功效就是避免损失或者减少损失，由此保证社会选择行为的正常开展。马克·E. 沃伦分析了民主与信任的关系，指出"信任只在民主国家才是一种理性博弈，只有在民主国家——而且并非在所有民主国家——你会对陌生人给予信任"（沃伦，2004）。而且，信任文化深刻影响了政治信任度。"一种'普遍信任'和社会团结的公民文化，受公民们合作意愿和能力的支持，是一个有活力的民主政体的重要社会前提。"（沃伦，2004）

我国著名社会学家吴文藻（1941）在《论社会制度的性质与范围》一文中指出，"制度是由于人类团体活动而引起的某种社会关系"，"是有组织的人类关系的形式或说是有组织的人类活动的体系"。我国当代经济学者樊纲（1996）认为："所谓制度，是由当时在社会上通行或被社会所采纳的习惯、道德、戒律、法律、规定等构成的一组约束个人社会行为，因而调节人与人之间社会关系的规则。"蔡志强（2006）认为，"一个由信任建构的社会网络和一个有着很高信用的政府，将有效实现危机中的社会动员和资源配给。在危机治理中，社会自觉的组织能力发挥，也将在信任网络中降低社会救治的成本"。翟学伟（2011a）在讨论人性假设与制度安排对于社会信用建构的作用时指出，"社会资源理论中人们丰富的互相交换内容大致有货物、信息、金钱、服务、地位和情感等六大类。但无论哪一种交换都离不开以信任作为前提，因为任何一种不守信用的行为要么导致社会协作乃至群体自身的解体，要么只能靠更高成本的投入与伴随着潜在风险继续运行。比如中国奶粉出了问题导致许多中国母亲求助于进口奶粉，在相对封闭的层面上看，整体信用的缺失，的确会导致社会要么解体要么靠高成本来运行"。

四 信任危机的社会根源解释

2017 年冯小刚导演拍摄的电影《芳华》引起了全民怀旧和追忆青春的热潮。电影改编自严歌苓同名小说，讲述的是 20 世纪 70～80 年代的年轻人为梦想而努力的故事。在充满激情的文工团内，一群充满活力的芳华少年，感受着爱情和命运的馈赠。男主角黄轩饰演的是一位乐于助人、淳朴善良的青年学子，和来自农村、同样拥有青春梦想的舞蹈女学生何小萍相遇，并卷入战争，在战场上继续绽放血染的芳华的故事。那段时光从来不需要想起，永远也不会忘记。电影中的文工团就是一个小型的社会，"活雷锋"没有得到好报，农村出生的女主角也没有被信任，而是受到了排挤。善良是每个人最初的本性，但是在时代的动荡和利益面前，人与人之间的信任薄到不用戳就破了。如果社会动荡会影响社会信任体系，会影响个人的信任选择，那么在安稳的现代社会，又是什么因素导致了更加严重的信任危机呢？

（一）人口流动

按照费孝通的说法，传统的中国社会，是一个乡土社会，邻里之间彼此信任熟悉，但是随着社会的发展与城市化进程的推进，中国人的社会关系网络不断扩大并且变得复杂，"信任"也被迫进入新时代的社会关系网络，从而变得不再"稳定"。传统儒家所说的"放心关系"是建立在一个流动性低、互相了解的乡土社会基础之上。社会的流动性或称个体化进程的不断加深所带来的社会结构的变革在于固定关系的瓦解，所有关系都可能从长久的变成短暂的。

翟学伟（2011b）指出，现代社会发展程度高，个人流动性大，加之语言传播和交通工具的便捷性，促进了区域之间的人口流动，这种高频率的人口区域变化带来的最直接的变化就是传统信任根基的不稳定，它打破了传统信任观念下的自我约束、破坏了超强道德感，增强了心理防备和不信任感的产生。上文说到，解决不信任问题的手段之一就是加强制度建设。当然，如果一个地区的群体流动性较低，则该地区传统的信任会保留得比较好。翟学伟在分析儒家理论与现代社会信任的时候提出，社会流动使得传统社会结构中的社会关系逐渐松散，在还没有形成完整的契约关系之前，所有的关系都是暂时的。也因此，社会流动成为导致中国信任危机产生的一个重要原因之一。

（二）世俗哲学的兴起

王姝（2007）指出，中国传统儒家文化中的性善论使中国人对于他人的人性估计趋于善的一面，但是在儒家讨论五伦关系时，并没有将陌生人纳入其中，所以即便将他人估计得善，也无法在行动上对他人充分信任。

在现代性背景中，高兆明（2002）从社会哲学的维度理解现代化进程中的信任危机。他认为，日常生活世界的根本性变革所造成的传统断裂、存在的孤独以及制度性承诺的乏力，是现代化进程中信任危机的基本成因。现代化进程中个体自我的发现，从根本上动摇乃至否定了传统社会那种"家"之宗法血缘关系结构。个体虽然获得了自身独立与自由，然而，当人们从"家"中独立出来之时，就意味着同时陷入一种无"家"可归之境地，"我"必须独立地面对可能发生的一切，必须独自承担起所有的责任与风险。这就是萨特（J. Sartre）所说"存在的孤独"、人是被抛到自由中来的境况。这是一种人际的孤独、离散状态。这种孤独是无对话、无依托、无所信赖的本体论孤独。

翟学伟（2015a）认为，虽然社会流动是产生社会信任危机的指标之一，但不是决定性因素。社会信任危机产生的原因纷繁复杂，除了人口流动之外，还有个人价值观的变化等，根深蒂固的家国思想在西方进化论思想的影响之下逐渐动摇，传统的道德、伦理等感性因素更是逐渐被世俗化的规则制度取代。可见，由自然主义进化论融合而来的中国生存哲学为当下中国经济市场的发展提供了社会能量。

（三）社会同质化

翟学伟（2014a）指出，"大范围甚至中范围的家人关系在现代社会中逐渐模糊并转变为朋友关系。这是产生中国式信任危机的一个重要原因。现代社会的特征就在于个体所面临的许多社会关系都产生于地位平等又有不同诉求、同时有着合作需要的社会个体之间，因此迫切需要在他们之间建立一种可以让人放心的信任关系"。他在对中国社会性质和信任危机进行分析后指出，"一个社会的信用如何，不是单纯地指望道德回归、加强监管或者完善制度来实现。社会在自身的传统与变迁中有其形态、思维方式、价值导向和机制上的运行特征。如果意识不到中国社会的整体性问题，那么很多具体措施往往不是收效甚微，就只能做些面子功夫，而社会自身则依然一波又一波、一浪又一浪地释放出自身的能量"（翟学伟，

2014b）。

蔡志强（2006）提出，一个由信任建构的社会网络和一个有着很高信用的政府，将有效实现危机中的社会动员和资源配给，而社会在危机治理中自觉的组织能力发挥，也将在信任网络中降低社会救治的成本。

当下的社会结构被翟学伟称为"社会的同质化"，同质化社会倾向于追求大环境、赶热潮、讲攀比等，比如当下的城市建设过分追求现代化而放弃传统色彩，各地区吃穿住行也都向同质化看齐，这就解释了为什么当下社会对恢复传统文化的呼声如此之高。被现代化洗礼之后的中国，过分追随"热点消费"，过分跟风，大到组织建设、组织发展，小到个人都喜欢一哄而上，由此造成中国社会同质化现象的加剧，再加上很多人事都借助关系和权力来加以庇护，最终导致原本可以分辨的社会单位品质烟消云散。于是，社会整体信用危机发生了（翟学伟，2015b）。

冯海琳（2006）指出，中国当前社会微观水平的信任遭到破坏，宏观水平的信任尚未建立，我国正经历着一场严重而持久的信任危机。在制度变迁过程中，原有的特殊信任的约束力量在逐渐减弱，而新的普遍信任的约束还没有建立，而区域经济差距的拉大、社会贫富差距的扩大等，都进一步加剧了这场信任危机。

第二节　中国人的面子

一部比较老的电影叫做《Saving Face》，这虽说是一出轻喜剧，但看完留给人的思考却是极其深刻和残酷的。这部电影中文译作《爱·面子》，连起来读或者分开，有两种不同的意味。故事情节比较简单：年轻的华裔女医生 Wil 有个在纽约华人社区生活了 20 多年还讲不好英语的母亲，Wil 的尴尬在于她喜欢女生，她是同性恋者，却还得被妈妈拉去参加中国圈里名为派对的相亲聚会。突然有一天，40 多岁的妈妈怀了孕，且绝口不提孩子父亲是谁。在华人圈里德高望重的教授外公动了很大的气，说女儿不结婚就别回家。这样一个怀孕的中年单身母亲，她的社会角色在很多中国家庭中存在：对父母，她是女儿；对女儿，她又是母亲。Wil 为母亲的事大为头疼，她的生活被拉成了疲于奔命的三角形：医院，跳现代舞的女友，怀孕在家的母亲。她试图同时兼顾，却有些手忙脚乱。与此同时，她发现自己的家被母亲逐步改造成一间陌生的中国屋子，喜气洋洋地充斥着些许俗气、些许温暖。这个故事虽然发生在美国，但是一部很"中国"的电影，外公和妈妈之间、妈妈和 Wil 之间，所有交锋都发生在一个有着中国传统文化的家庭单位之中。爱，面子，在爱与面子之间，在真实内心和表面光鲜之间，是为了所爱的家人保持缄默，缄默到走自己不得已而走的路，还是把一切说出来，打破所谓的面子，让他人看到这个家庭所谓的"家丑"。这种抉择也正是东西方文化的差异所在。电影《Saving Face》最终走向了 Happy ending，妈妈没有随便把自己嫁掉遮丑，女儿也追回了总认为她不够勇敢的爱人，就连老外公也和青年女婿以及外孙女的女友坐在了一起。这一幕也许只可能发生在大银幕上吧。那么，中国人的"面子"到底是什么？面子又有多重要？

一　什么是面子？

中国人独特的"面子文化"也是西方学者想要研究却又研究不透的地方。因为中国人的"面子"问题和中国传统文化不可分割，有其独特性。面子是中国人日常生活中的重要用语，是中国人交往时产生的特有的社会心理，更是"理解中国人心理与行为的关键"（翟学伟，2011b）。

中外学者对面子及面子文化有着不同的概念界定和解释路径。人类学家胡先晋对面子的界定是"面子是人从社会成就中拥有的声望，是社会对人看得见的成就的承认"（胡先晋，2010）。西方学者中面子研究的代表人物戈夫曼将面子界定为："面子指在特定的社会交往中，个人成功地获得其向他人声讨的同时也是他人认为他应该获得的社会正向价值。面子是依据被认可的社会态度，给自我描绘的形象。"（参见陈之昭，2006）但是之后的中国学者对戈夫曼的面子定义表现出批判态度，认为其定义缺乏中国本土色彩，与声誉概念完全重叠。所以周美伶、何友晖（1992）认为"脸面就是个体要求别人对他表现出的尊敬和顺从"。

翟学伟（2016a）在《耻感与面子：差之毫厘，失之千里》中说，"众所周知，耻感和'脸面'是一对亲和性很高的概念，有时似乎就是一枚硬币的两面，比如无耻之人就会'不要脸'，而'要脸'是指一个人要维持害羞或者知耻的状态。耻和脸面的关系也可以表述为因果关系，比如一个人因为知耻，所以要面子，一个人因为无耻，所以就不要脸。启用脸面概念，会引入另一个亲和性概念'名'，也就是名声、名望、名誉或者荣耀。按照帕森斯（T. Parsons）的说法，中国人活着就是为了获得一个好名声。"

霍学伟在细分了"脸"、"面子"的基础上，认为"面子"是"具有某种形象的个体（或群体），判断他人的评价与自我期待是否一致的心理过程及其结果，其基本目的是获得或维持自己在他人心目中的地位序列，简称心理地位，其外在效果体现于社会赞许的程度"。这样，"面子"成为一种明确的社会心理学概念，而不再是一种日常生活中泛化使用的"声誉"（张金阳，2014）。

因此，在中国社会，许多事情不是个人想不想做的问题，而是家里人想不想他做和他做了为家人带来了什么的问题。翟学伟给"脸"、"面目"、"颜面"等在社会学和社会心理学上下的定义是："脸是一个体为了维护自己或相关者所积累的同时也是一个社会圈内公认的形象，在一定的社会情境中表现出的一系列规格性的行为。"（翟学伟，2004a）后来他把这个定义修改为"脸是个体为了迎合某一社会圈认同的形象，经过印象整饰后表现出来的认同性的心理和行为"（翟学伟，2004b）。"人人皆有其人格特征，表现出来就是'脸'的意思，也即'形象'。当'脸'产生后，由于社会互动的作用，他人会对此人的'脸'进行评估或留下特定印象，这就是面子，即为心理地位或心理效应，最终无论此人的脸面表现如何，他都会同他人建立关系，诸如有面子，有点面子，没面子，不给面子等。"（翟学伟，2016b）据此，我们可以知道脸是人格的体现，而面子则是关系的体现。中国是一个人情社会，人情就是关系，所以显而易见面子比"脸"更重要。这就不难解释为什么在当下中国社会会出现挪用公款买奢侈品或农村借钱给天价彩礼等"打肿脸充胖子"的行为了。

二　中国人的面子问题

（一）"面子"的来源

中国人为何这么好面子？张金阳（2014）从中国人的联结方式和面子的来源、象征两方面进行解释。一方面，在中国传统社会中，小农经济的经济形态、家族本位的伦理观、儒家思想的价值观从根本上影响了中国人的心理特征、日常生活和社会交往等。这便是面子产生的文化基因：在中国，多做些光宗耀祖、彰显门楣之事，便可有面子。另一方面，中国社会是一个重视关系的社会（翟学伟，1993），这也被众多学者佐证。中国人的关系不同于西方所言的交往关系，而是一种更接近于"长期性"、"无选择性"的固定关系，是以血缘和地缘为纽带形成的"内群体"，中国人的"关系"就此发展出来，这便是关系理论的逻辑起点。因此，由于中国社会长期以来特有的经济形态和社会组织形态，中国人形成了一种同一时空内持久性的交往类别，这便是中国人的关系（翟学伟，2007）。

面子作为一种炫耀性的心理符号，本身也象征着可使用的社会资源，作为面子获得的最重要的社会资源，关系网也被面子所象征。翟学伟（1994）认为，面子是中国人心理和行为的原生概念，讲面子的行为过程通过加强和稳定，就有可能建立起关系网，关系网的最终建立又反过来影响和增加该网中个体的面子，达到关系网中个体联结的目的。关系网为面子提供了来源，有面子能让中国人调动关系网中的社会资源，从而决定了中国人对面子的热衷，甚至用满足虚荣心的方式来实现对面子的追求。

（二）"脸"与"面子"

关于当下中国社会面子问题的利害关系阐述，翟学伟（2016c）指出，"如果一个社会强调人格的重要性，那么脸就跟着重要；如果一个社会强调关系，那么面子就跟着重要。这两种不同的利害关系慢慢展现了一个中国社会：在这样一个关系型的社会中，当面子的作用压倒了脸的作用的时候，就意味着'玩面子'的人比'做脸'的人要多，中国人为了'面子'而忽略'脸'，因为把'面子'玩成功能做成事，而把'脸'玩成功却做不成事。"

"脸"的真实含义指向形象，"面子"指向的心理地位是社会地位或者声望。关于脸面观，翟学伟做了细致的解释，在中国，"脸"的基本含义可以表述为一个单位行动者（包括个人、群体、组织、社区、机构等）根据（为迎合）其所处的社会圈所认同的行为标准，而表现出来的自身形象。所谓"面子"就是该单位行动者根据他人的正反面评价而形成的自我感受和认定。其中正面的自我认定叫"有面子"，也就是由此表现获得了良好的名声、声誉、社会赞许或感到光彩；负面的自我认定叫"没面子"，也相当于名誉扫地、斯文扫地、无地自容、羞愧难当、抬不起头来等。因此从理论上讲，一个单位行动者的"面子"有无或大小，是根据其"脸"的展示情况而定的（翟学伟，2012）。

俗话说得好："脸是自己赚的，面子是别人给的。"通过自己的努力，光宗耀祖是自己赚脸，而别人对你的尊重和欣赏才是面子。但是当社会中"面子"比"脸"重要的时候，产生的后果往往是"死要面子活受罪"，甚至导致整个社会价值观的扭曲，人们不再追求人格的高尚或勤奋的努力，换言之，追求"面子"而忽视了自身修养，这样的社会是不健康的。

翟学伟（2012）针对"什么是中国人的脸面观"这一疑问指出，"脸面观是中国人文化心理的一个隐喻"。但是理想型的脸面观在现实社会中会遭遇许多问题。其中一个就是由于受官本位制度与心理的影响，中国人的脸面观很容易形成一种更为势力的心理机制。在自身演变过程中，中国人的脸面观形成了对"面子"的高度重视和对"脸"的不重视。

就像格兰诺维特在《Getting a Job》一书中所呈现的一样，人们通过关系找到工作的比例更高，但绝不是100%。真正的人才选拔不应该建立在社会网络关系的基础上，而应该建立在能力或人格基础上。就如同信任危机一样，死要"面子"的社会同样有可能导致社会道德滑坡。

第三节 信任与面子

对于中国社会的信任危机，许多学者认识到其严重性，展开了一系列学理上的讨论和分析，"面子"作为建立信任机制的一种解释视角被重视。

第一节提到过产生信任危机的一系列社会根源，有学者从哲学角度来阐释，认为日常生活世界的根本性变革所造成的传统断裂、存在的孤独以及制度性承诺的乏力，是现代化进程中信任危机的基本成因（高兆明，2002）。有学者从公共治理的角度指出，民间的监督力量过于薄弱、社会管理水平较低、信息公开不足、客观中立第三部门的缺乏是政府、专家、企业产生信任危机的共同根源。破除信任危机的对策建议为：增强民众的监督力量、社会管理创新、增加公共服务供给、建立服务型政府、疏导信息公开渠道、发展与扶持第三部门（臧豪杰，2011）。也有学者从道德的角度指出道德观的崩塌是信任危机的根源，因此需要倡导建设新道德观（彭泗清，1999）。大多数学者则是从社会形态和特征的角度来进行研究，认为当前社会的信任危机是相对而言的，它是在与中国传统社会高度乡土型和熟识型社会人际关系的比较中形成的，在某种程度上体现了人们对现代性社会的不适应。正是社会转型破坏了原有的社会设置，降低了人们对现代社会的安全感和信赖感，从而产生了相对的信任危机（史根洪，2009）。中国社会的文化根基在于家庭生活，它限制了社会信任的范围。而当今中国经济的发展，非但没有建立一种新型的信任机制，反而使其传统根基也受到动摇，这是中国信任危机产生的根源（翟学伟，2008）。此外，翟学伟提出了同质性社会与异质性社会的全新概念来对中国社会的信任危机进行解读，他认为同质性社会提供了一种丧失社会单位区分度与纯粹度的动力，导致社会名实分离，形式主义盛行。中国社会形态应该向异质性转化，提升社会单位区分度和纯粹度（翟学伟，2014b）。

以上学者的分析都是站在总体的社会形态、宏观的制度建设或是道德高度的角度诠释信任危机，而缺乏从微观角度近距离观察中国人的实际情况，从而难以深层次地了解信任危机产生的原因。

现代化的基本特征之一是社会风险凸显，即社会不确定性大量增加。当下中国社会更加追求"面子"的倾向同时加剧了社会生活中的不确定性，人与人之间的关系更多地建立在利益而非人格基础之上。当个体性投机、市场逐利以及不同团体间的利益争夺等成为人们生活的主旋律时，人与人之间的信任就只能是一种暂时性的存在，也许下一时刻信任就土崩瓦解了。翟学伟（2015a）在《同质化社会诱生信用危机》一文中提到，"社会流动带来的特征之一就是朋友失信的成本被大大降低了。若能进一步提升法律、制度、规则的公信力，对'朋友失信'的行为加以预防、限制和惩戒，在降低信任建立成本的同时增加失信的成本，'朋友有信'这种人际信任就应能在现代制度的引导与激励下，以中国人熟悉的方式而重新回归于中国社会"。

"面子"和个人的社会关系网络紧密相关，有"面子"就相当于名声好。一个值得被信赖的人一定是一个拥有好名声的人，这也正是信任和"面子"间无形的一种联系。因为网络在没有其他形式社会控制的情况下发挥着其特有的控制功能，所以一个人的行为受制于他身处的社会网络。在这种情况下，它对个人的处罚并不是借助社会规范程序，比如司法审判等，而主要通过对其名声的控制。如果一个人要"面子"，那么他也会努力成为一个值得信赖的人。所以在信任危机的今天，除了建立完善的制度制约机制外，还可以通过中国人对"面子"的重视情况间接地改善整个社会的信任状况。

参考文献

彼得·什托姆普卡，2005，《信任：一种社会学理论》，程胜利译，中华书局。

伯纳德·巴伯，1982，《信任的逻辑与局限》，牟斌、李红、范瑞萍等译，福建人民出版社。

蔡志强，2006，《认同、信任和宽容：危机治理的重要社会资本》，《科学社会主义》第 5 期。

陈之昭，2006，《面子心理的理论分析与实际研究》，载《中国人的心理》，江苏教育出版社。

程倩，2007，《论社会信任与政府信任的适配性——结构化视角中的信任关系考察》，《江海学刊》第 4 期。

迪尔凯姆，2002，《社会学方法的准则》，狄玉明译，商务印书馆。

樊纲，1996，《渐进式改革的政治经济学分析》，上海远东出版社。

冯海琳，2006，《信任及中国信任危机的制度分析》，西北大学硕士学位论文。

弗朗西斯·福山，1998，《信任：社会关德与创造经济繁荣》，李宛容译，远方出版社。

弗朗西斯·福山，2002，《大分裂：人类本性与社会秩序的重建》，刘榜离等译，中国社会科学出版社。

福山，2001，《信任：社会美德与创造经济繁荣》，彭志华译，海南出版社。

高兆明，2002，《信任危机的现代性解释》，《学术研究》第 4 期。

胡先晋，2010，《中国人的面子观》，载黄光国编《人情与面子中国人的权力游戏》，中国人民大学出版社。

吉登斯，1998a，《现代性与自我认同》，赵旭东等译，三联书店。

吉登斯，1998b，《社会的构成》，李康等译，三联书店。

刘雁军，2006，《质检总局公布蛋制品苏丹红检查不合格企业名单》，http://news.enorth.com.cn/system/2006/11/21/001468379.shtml。

卢现祥，2003，《西方新制度经济学》，中国发展出版社。

罗伯特·D. 帕特南，2001，《使民主运转起来》，王列、赖海榕译，江西人民出版社。

马克·E. 沃伦，2004，《民主与信任》，吴辉译，华夏出版社。

马克·格兰诺维特，2019，《社会与经济：信任、权力与制度》，王水雄、罗家德译，中信出版社。

米尔恩，1995，《人的权利与人的多样性人权哲学》，夏勇、张志铭译，中国大百科全书出版社。

尼古拉斯·卢曼，2005，《信任》，瞿铁鹏译，上海世纪出版集团。

彭泗清，1999，《信任的建立机制：关系运作与法制手段》，《社会学研究》第 2 期。

皮埃尔·布迪厄，1997，《文化资本与社会炼金术》，包亚明译，上海人民出版社。

皮埃尔·布迪厄、华康德，1998，《实践与反思——反思社会学导引》，李猛、李康译，中央编译出版社。

齐美尔，2002，《货币哲学》，陈戎女等译，华夏出版社。

史根洪，2009，《信任危机：一种社会转型视角的分析》，《湖北社会科学》第2期。

涂尔干，2001，《社会分工论》，渠东译，上海三联书店。

王姝，2007，《中国信任模式的嬗变———一种制度分析视角》，《社会科学论坛》（学术研究卷）第8期。

吴文藻，1941，《论社会制度的性质与范围》，《社会科学学报》（云南大学）第1卷。

徐敏，2010，《人口普查高度重视隐私保护 为何仍遭遇"入户难"》，http://www.chinanews.com/gn/2010/08 - 26/2492071.shtml。

雅森特·佛丹纳，2003，《集体行为理论的比较分析框架》，载曹荣湘选编《走出囚徒困境———社会资本与制度分析》，上海三联书店。

俞可平，2003，《社会资本与草根民主———罗伯特·帕特南的〈使民主运转起来〉》，《经济社会体制比较》第2期。

臧豪杰，2011，《信任危机根源探究及对策》，《党政干部学刊》第12期。

翟学伟，1993，《中国人际关系的特质——本土的概念及其模式》，《社会学研究》第4期。

翟学伟，1994，《面子·人情·关系网：中国人社会心理与行为的特征》，河南人民出版社。

翟学伟，2004a，《人情、面子与关系：中国式人际关系背后的权力与话语权争夺》，《社会学研究》第5期

翟学伟，2004b，《人情、面子与权力的再生产——情理社会中的社会交换方式》，《社会学研究》第5期。

翟学伟，2007，《关系研究的多重立场与理论重构》，《江苏社会科学》第3期。

翟学伟，2008，《信任与风险社会——西方理论与中国问题》，《社会科学研究》第4期。

翟学伟，2011a，《社会信用：人性假设与制度安排》，《开放时代》第6期。

翟学伟，2011b，《中国人的脸面观——形式主义的心理动因与社会表征》，北京大学出版社。

翟学伟，2012，《脸面运作与权力中心意识——官本位社会的心理机制研究》，《人民论坛·学术前沿》第13期。

翟学伟，2014a，《信用危机的社会性根源》，《江苏社会科学》第1期。

翟学伟，2014b，《信任的本质及其文化》，《社会》第1期。

翟学伟，2015a，《同质化社会诱生信用危机》，《北京日报》9月7日第18版。

翟学伟，2015b，《中国信用危机源于社会同质化》，《新华日报》7月24日第14版。

翟学伟，2016a，《"朋友有信"与现代社会信任》，《光明日报》7月20日第14版。

翟学伟，2016b，《耻感与面子：差之毫厘，失之千里》，《社会学研究》第1期。

翟学伟，2016c，《中国人的脸面》，《阅读》第72期。

张金阳，2014，《面子：一种信任建立的机制》，南京大学硕士学位论文。

郑也夫，1999，《信任：溯源与定义》，《北京社会科学》第 4 期。

郑也夫，2000，《信任的简化功能》，《北京社会科学》第 3 期。

郑也夫，2001，《信任论》，中国广播电视出版社。

郑也夫、彭泗清等，2003a，《中国社会中的信任》，中国城市出版社。

郑也夫、彭泗清等，2003b，《中国社会中的信任》，中国城市出版社。

周美伶、何友晖，1992，《面子的互动性：概念与研究方向之探讨》，"中国人心理与行为"第二届研究会抽印本。

Barber, B. 1983. *The Logic and Limits of Trust*. New Brunswick.

Blau, P. 1964. *Exchange and Power in Social Life*. John Wiley & Sons Inc. New York, p. 259.

Luhmann, N. 1979. *Trust and Power*. Chichester: John Wiley & Sons Ltd.

Luhmann, N. 1988. " Familiarity, Confidence, Trust: Problems and Alternatives. " In D. Gambetta (Ed.), *Trust: Making and Breaking Cooperative Relations*, pp. 94 – 107, MA: Basil Blackwell.

Misztal , Barbra A. 1996. *Trust in Modern Societies*. Blackwell Publishers Inc. 26.

Simmel, G. 1950a. *The Sociology of Simmel*. Ed. by K. Wolff. New York: Free press.

Simmel, G. 1950b. *The Philosophy of Money*. London: Routledge.

图书在版编目（CIP）数据

理解中国社会／张海东主编. -- 北京：社会科学
文献出版社，2019.7（2020.12 重印）
ISBN 978 - 7 - 5097 - 7343 - 7

Ⅰ.①理… Ⅱ.①张… Ⅲ.①社会发展 - 研究 - 中国
Ⅳ.①D668

中国版本图书馆 CIP 数据核字（2018）第 286382 号

理解中国社会

主　　编／张海东

出 版 人／王利民
责任编辑／杨桂凤

出　　版／社会科学文献出版社·群学出版分社（010）59366453
　　　　　　地址：北京市北三环中路甲 29 号院华龙大厦　邮编：100029
　　　　　　网址：www.ssap.com.cn
发　　行／市场营销中心（010）59367081　59367083
印　　装／三河市龙林印务有限公司

规　　格／开 本：787mm × 1092mm　1/16
　　　　　　印 张：16　字 数：262 千字
版　　次／2019 年 7 月第 1 版　2020 年 12 月第 2 次印刷
书　　号／ISBN 978 - 7 - 5097 - 7343 - 7
定　　价／79.00 元

本书如有印装质量问题，请与读者服务中心（010 - 59367028）联系